等待时间受限的

紧凑型流水车间调度模型与算法

DENGDAI SHIJIAN SHOUXIAN DE JINCOUXING LIUSHUI CHEJIAN DIAODU MOXING YU SUANFA

王柏琳 著

TIME

中国经济出版社
CHINA ECONOMIC PUBLISHING HOUSE
·北京·

图书在版编目（CIP）数据

等待时间受限的紧凑型流水车间调度模型与算法/王柏琳著.
--北京：中国经济出版社，2021. 8

ISBN 978-7-5136-6577-3

Ⅰ.①等… Ⅱ.①王… Ⅲ.①工业生产-流水生产线-车间调度-调度模型-算法分析 Ⅳ.①F406.2

中国版本图书馆 CIP 数据核字（2021）第 163247 号

责任编辑 杨 莹
文字编辑 孙超群
责任印刷 巢新强
封面设计 任燕飞

出版发行 中国经济出版社
印 刷 者 北京九州迅驰传媒文化有限公司
经 销 者 各地新华书店
开　　本 710mm×1000mm 1/16
印　　张 17.5
字　　数 204 千字
版　　次 2021 年 8 月第 1 版
印　　次 2021 年 8 月第 1 次
定　　价 58.00 元
广告经营许可证 京西工商广字第 8179 号

中国经济出版社 **网址** www.economyph.com **社址** 北京市东城区安定门外大街 58 号 **邮编** 100011

本版图书如存在印装质量问题，请与本社销售中心联系调换（联系电话：010-57512564）

序言

FOREWORD

随着智能制造、精益生产等概念的提出，现代制造业对生产管理水平的要求不断提高，生产流程逐渐紧凑连续化，由此产生了紧凑型生产模式。紧凑型生产模式主要出现在具有高温连续工艺约束、中间产品性质不稳定、阶段内连续加工等特殊需求的生产过程中，如钢铁生产、化工制造、半导体制造、食品加工等。其中，高温连续工艺约束、中间产品性质不稳定要求工件在阶段内的等待时间必须在指定的范围内，即等待时间受限，而阶段内连续加工则对指定阶段的成组批量加工特征、机器空闲时间做了严格限定。

流水车间广泛存在于流程工业的生产过程，紧凑型流水车间则常见于钢铁生产、化工制造等行业的生产过程，生产对象兼具物理和化学变化，生产过程具有非线性、随机性、不确定性等特点。等待时间受限作为紧凑型生产模式下的一类典型约束，虽然在流水车间环境下的调度研究在结合各种实际生产背景的应用方面取得的成果丰硕，但是在问题性质和算法的理论方面却仍需进一步研究。本书以等待时间受限的紧凑型流水车间调度为主要研究对象，从问题基本性质的理论解析、结合性质特征的求解策略设计、基于求解策略的调度算法研发三个层面展开研究，并结合工业生产的实际需求，进一步探讨混合流水车间环境和订单承诺决策管理下的两类扩展问题，旨在丰富和推动先进制造管理和生产调度理论的发展，在实践上为石油化工、钢铁生产、新材料制造等高端制造业领域的精益化生产管理提供理论依据和核心技术。

感谢北京科技大学李铁克教授、刘青教授、张文新副教授、崔健双副教授，加拿大麦克马斯特大学 Huang Kai 副教授等对相关研究工作给予了指导和建议，感谢中国经济出版社的大力支持，感谢钢铁生产制造执行系统教育部工程研究中心（依托北京科技大学）科研团队的支持。特别感谢教育部人文社会科学研究青年基金资助项目（No. 17YJC630143）、国家自然科学基金资助项目（No. 71701016）、北京市自然科学基金项目（No. 9174038）、中央高校基本科研业务费资助项目（No. FRF-BR-19-004B）对相关研究工作的资助。

由于作者水平有限，许多内容还有待完善和深入研究，对于不足之处，诚望读者批评指教。

王柏琳

2020 年 9 月 1 日

目录
CONTENTS

第1章　绪论

◎1.1　生产调度概述

生产调度（Production Scheduling）问题是依据生产计划拟定的生产任务，利用有限的生产资源（如机器、人员等），在满足一定约束的前提下，确定每个工件在机器上的加工顺序和时间参数，若存在平行机，还要为工件指派加工机器，以实现生产目标的优化。

调度问题是一类经典的组合优化问题，大多具有“NP-难”（NP-hard）的复杂性，相关研究能够在学术上丰富和完善组合优化理论与算法的研究。同时，生产调度具有很强的工程背景，是现代制造系统，例如，制造执行系统（Manufacturing Execution System，MES）、高级计划与排程（Advanced Planning and Scheduling，APS）等的重要决策问题，在空间上将生产计划细化到每个工件和单台机器，在时间上根据生产节奏精确到分钟调度甚至是秒调度，能够直接用于指导生产过程，并及时响应生产中的动态变化，对于生产管理过程优化的实践具有重要的指导意义，有利于提高设备利用率、降低生产成本、减少生产能耗等，进而增强企业的竞争优势。

在生产过程中，机器的种类、数量和特征构成了调度问题的生产环境。根据生产环境的不同特点，调度问题可以分为单机调度问题、平行机调度问题和车间调度问题。

单机（Single Machine）调度问题，即只有一台加工机器的调度问题，是调度领域最为简单的基本问题，对其他调度问题具有重要的指导意义。

平行机（Parallel Machine）调度问题，即由多台具有相同功能的机器构成的调度环境，换言之，每个工件只经过一个阶段的加工，且此阶段存在若干台加工机器。根据机器加工速度的不同，平行机调度问题可以进一步分为：①同速机（Identical Machine），即所有的机器具有相同的速度；②恒速机（Uniform Machine），即机器的速度为恒定常数，与工件无关；③变速机（Unrelated Machine），即机器速度不同，且依赖于加工工件。

车间调度问题，即在生产环境中，存在多台具有不同功能的机器，工件需要经过多台不同的机器（对应多个生产阶段）才能完成加工。根据工件的加工路径特征，车间调度问题可以进一步分为流水车间调度问题、作业车间调度问题、开放车间调度问题、混合流水车间调度问题等。

第一，流水车间（Flow Shop）调度问题。即每个阶段仅有一台机器，每个工件以相同的顺序经过各个阶段，换言之，所有工件的加工路径是相同的。流水车间调度问题是车间调度中最基础的一类问题，然而，即使这类车间调度中相对简单的问题，其求解难度也与非对称 TSP 问题的难度相当。

第二，作业车间（Job Shop）调度问题。即每个阶段仅有一台机器，每个工件经过各阶段的顺序已定，换言之，各个工件有自己的加工路径。当所有工件的加工路径相同时，作业车间调度问题即为流水车间调度问题。

第三，开放车间（Open Shop）调度问题。即每个阶段仅有一台机器，每个工件可以按照任意顺序加工，换言之，每个工件的加工路径并未指定，需要在调度过程中确定。

第四，混合流水车间（Hybrid Flowshop）调度问题。混合流水车间是流水车间和平行机的推广，即所有工件经过各阶段的路径是相同的，且至少一个阶段存在多台平行机。

由生产调度的定义可以看出，生产环境、约束条件和优化目标是组成调度问题的三要素。由于生产环境具有不同的特征，工件和资源的约束条件错综复杂，再加上度量不同指标的目标函数，形成了种类繁多的生产调度问题。对于调度问题，通常采用 Graham 等[1]提出的三元组表示法 $\alpha|\beta|\gamma$ 描述，其中，α 表示生产环境，β 表示问题约束和特征，γ 表示优化目标。

α 域表示调度问题的生产环境，主要有以下几项：1 表示单机调度环境；Pm、Qm、Rm 分别表示由 m 台同速机、恒速机和变速机组成的并行机环境；Fm 表示具有 m 台机器的流水车间调度环境；Jm 表示具有 m 台机器的作业车间调度环境；Om 表示具有 m 台机器的开放车间调度环境；FHs 表示由 s 个阶段构成的混合流水车间调度环境。

β 域列举了工件特征、工艺要求、资源限制等约束条件，其可能的取值如下：r_i 表示工件 J_i 的释放时间（Release Date），如果 β 域不出现 r_i，则表示不存在释放时间约束，即 $r_i = 0$；*prmp* 表示工件加工时允许中断，如果 β 域不出现 *prmp*，则表示工件加工时不允许中断；*prec*、*chains*、*tree* 表示工件的相关性，分别表示一般优先约束、链优先约束和树型优先约束，如果 β 域不出现这些项，则表示工件之间无关；*no-idle* 表示不允许机器在加工过程中出现空闲时间；*prmu* 表示工件始终按照通过第一台机器的顺序来通过所有机器，此约束只存在于流水车间环境，具有这一特征的流水车间调度问题被称为排列排序问题（Permutation Scheduling）；*nwt* 表示无等待（No-wait）约束，不允许工件在相邻阶段间等待，存在于具有多阶段加工的车间调度，是等待时间上限约束的一类特殊情况。

γ 域表示问题的优化目标，令 C_i 表示工件 J_i 在最后阶段的完工时间，d_i 表示 J_i 的交货期，n 表示工件总数，则 γ 域常见的取值如下：$C_{\max}$，最大完工时间（Makespan），$C_{\max}=\max\limits_{1\leq i\leq n}\{C_i\}$；$\sum w_iC_i$，加权总完工时间（Total Weighted Completion Time），$\sum w_iC_i=\sum_{i=1}^{n}w_iC_i$；当权重相同时，加权总完工时间为总完工时间（Total Completion Time），$\sum C_i=\sum_{i=1}^{n}C_i$；$L_{\max}$，最大延误（Maximum Lateness），$L_{\max}=\max\limits_{1\leq i\leq n}\{L_i\}$；其中，$L_i=C_i-d_i$ 表示工件 J_i 的延误时间；$T_{\max}$，最大拖期（Maximum Tardiness），$T_{\max}=\max\limits_{1\leq i\leq n}\{T_i\}$，其中，$T_i=\max\limits_{1\leq i\leq n}\{L_i, 0\}$ 表示工件 J_i 的拖期时间；$\sum U_i$，误工工件数（Number of Tardy Jobs），$\sum U_i=\sum_{i=1}^{n}U_i$，其中，$U_i\in\{0, 1\}$ 表示工件拖期的单位惩罚。

◎1.2 流水车间调度概述

1.2.1 流水车间调度问题

流水车间调度问题（Flowshop Scheduling Problem）是一类重要的生产调度问题，也是许多实际流水线生产调度的简化模型，具有较强的工程背景，因而成为目前研究最广泛的典型调度问题之一。流水车间调度可以描述为：n 个工件 $\{J_1, J_2, \cdots, J_n\}$ 以相同次序经过 m 个阶段 $\{M_1, M_2, \cdots, M_m\}$ 的加工，其中，每个阶段只有一台机器，工件在各台机器上的加工时间是确定且非负的，要确定每台机器上工件的加工顺序及完工时间，使得优化目标最小化。在流水车间调度中经常考虑的目标有最小化最大完工时间（Makespan）、总完工时间、最大延误等关于完工时间的正则目标。

大多数的流水车间调度问题都是“NP-难”的，其中，仅考虑以下约束的问题是最基本的一类调度问题，也称为一般流水车间调度问题[2]：①

每个工件在同一时刻只能在一台机器上加工；②每台机器在同一时刻只能加工一个工件；③工件的加工过程不允许中断，即工件一旦在机器上开始加工，未满足规定的加工时间，则不允许离开机器；④工件之间是无关的，且工件释放时间为 0；⑤工件在机器上的安装时间与序列无关，可以将其并入加工时间；⑥机器持续可用，不考虑检修或故障情况；⑦对工件在阶段间停留的时间和数量不作限制，若工件待加工的机器被其他工件占用，则允许工件排队等待。

对于以 Makespan 为目标的一般流水车间调度问题 $Fm \| C_{\max}$，早在 1954 年，Johnson[3]就提出了求解两机情况的最优多项式算法，而对于三台机器及以上的流水车间调度问题直到 1976 年才被证明是“强 NP-难”的[4]。$Fm \| C_{\max}$ 问题具有以下性质：

性质 1-1 $Fm \| C_{\max}$ 问题至少存在一个最优调度，其最前两台机器 M_1、M_2 上的工件顺序相同，且最后两台机器 M_{m-1}、M_m 上的工件顺序也相同[5]。

由性质 1-1 可得，当机器数小于 4 时，问题必然存在一个最优解，使得所有机器上的工件加工顺序均相同。在流水车间调度领域，具有这种工件序列特征的调度称为排列排序（Permutation Schedule）。若将问题的解限定在排列排序内，可能的工件排序方案为 $n!$，对于不限于排列排序的流水车间调度问题而言，需要考虑不同机器上的工件序列，解空间为$(n!)^m$，远远大于排列排序问题的解。由于排列排序比流水车间调度问题更易于求解，且由性质 1-1 可知，排列排序的最优解可以作为原问题的近优解或最优解，尤其是在两台机器的情况下，采用基于排列排序的 Johnson 规则可以在多项式时间内得到最优解。因此，排列排序在流水车间调度中具有重要意义，一般流水车间调度问题的算法研究大多是以排列排序为基础进行的[6-8]。

1.2.2 流水车间调度策略与算法

对于流水车间调度问题，目前主要的求解方法包括精确算法（Exact Algorithm）和近似算法（Approximation Algorithm）[9]。

精确算法包括枚举法、分支定界法[10]、动态规划法[11]等，其目标是获得问题的最优解，但由于计算量和存储量随问题规模呈指数增长趋势，大规模的问题求解存在困难[12]。

近似算法寻求解的质量和计算时间之间的折中，与精确算法不同，近似算法并不是要得到最优解，而是致力于在短时间内得到可接受的满意解。近似算法可以进一步分为启发式算法和智能搜索算法。

启发式算法也称为构造启发式算法（Constructive Heuristic），Lourenço[13]将其定义如下：

定义 1-1（构造启发式算法，Constructive Heuristic） 对于能够生成工件加工序列的算法，若每次执行过程中得到的工件序列都是相同的，则称之为构造启发式算法。

智能搜索算法是基于邻域搜索策略发展起来的调度求解方法，包括禁忌搜索、遗传算法、蚁群算法等，由于算法本身具有一定的启发式特征，且多采用构造启发式生成算法的初始解，也被称为元启发式（Meta Heuristic）算法。

由构造启发式算法和元启发式算法构成的近似算法也称为广义的启发式算法，而一般意义上的启发式算法则是指构造启发式算法。随着调度优化算法的不断完善和发展，在流水车间调度领域已经形成了系统化的用以指导算法开发的调度策略。

Framinan 等[14]对流水车间调度算法进行了归类，提出了由三个阶段构成的问题求解框架，试图涵盖包括构造启发式和元启发式在内的所有调度算法。文中指出，对于大部分的流水车间调度问题的近似算法，其求解过程至少由以下一个阶段构成：①工件排序阶段（Index Development）；②调度解构建阶段（Solution Construction）；③调度解改进阶段（Solution Improvement）。其中，构造启发式对应于工件排序阶段或调度解构建阶段；元启发式则包含调度解改进阶段。下面将基于 Framinan 等在文献中的研究，对调度算法在这三个阶段的开发策略进行说明。

（1）工件排序策略

所谓工件排序，是指根据流水车间调度问题的实例数据，如工件加工时间等，设计工件的初始序号来指导调度解生成，由此获得的工件序列可以作为最终的调度解，也可以作为其他阶段的初始序列。

对于流水车间调度问题，常用的工件排序策略有排序类比（Sorting Analogy）和问题类比（Problem Analogy）等。

排序类比（Sorting Analogy）通过定义工件的指标函数来排列工件，如 Palmer[15] 提出的 Palmer 算法针对以 Makespan 为目标的一般流水车间调度问题，定义了工件 J_i 的优先因子 π_i，如式（1-1）：

$$\pi_i = \sum_{j=1}^{m} \left(j - \frac{m+1}{2} \right) p_{ij} \tag{1-1}$$

工件按照优先因子非增的顺序排序，进而得到工件序列。

基于排序类比的其他调度算法有 Gupta[16] 提出的 Gupta 算法、Bonney 和 Gundry[17] 提出的启发式算法等。

问题类比（Problem Analogy）是利用调度问题的实例数据构建关于其他问题的实例，通过求解构建的类比问题，将解转化为关于原问题的工件序列。在采用问题类比方法时，需要考虑以下两个问题：①类比问题的复杂性，即构建的类比问题是否多项式可解，或是否存在有效的求解算法？②类比问题的解与原调度问题解的关联关系，即能否保证由类比问题获得的解是原问题的近优解或最优解？

对于以 Makespan 为目标的一般流水车间调度，问题类比方式主要有 $F2 \| C_{max}$ 问题类比和旅行商问题（Travelling Salesman Problem，TSP）类比。

其一，$F2 \| C_{max}$ 问题类比。将 $Fm \| C_{max}$ 问题类比为其他流水车间调度问题时，经常采用机器聚集（Machine Aggregation）的方法，通过对工件加工时间的处理，将由 m 台机器构成的流水车间转换为机器数为 m'（$m' < m$）的流水车间，来简化问题的求解难度。通常选用的类比问题为 $F2 \| C_{max}$，这是因为 $F2 \| C_{max}$ 问题存在多项式最优算法，能够采用 Johnson 规则在 $O(n\log n)$ 时间内获得最优解；而当 $m \geqslant 3$ 时，流水车间调度问题具有“强 NP-难”的复杂性，换言之，机器数大于 2 的流水车间调度问题具有同等的求解难度，彼此间的问题转换并不能简化问题的求解过程。

采用 $F2 \| C_{max}$ 问题类比的一个经典算法是 Campbell 等[18]提出的 CDS 算法，算法通过式（1-2），定义了工件 J_i（$\forall i \in \{1, 2, \cdots, n\}$）在类比问题 $F2 \| C_{max}$ 中的加工时间 P_{i1}，P_{i2}，并采用 Johnson 规则获得工件加工序列，如式（1-2）：

$$P_{i1} = \sum_{j=1}^{k} p_{ij},\ P_{i2} = \sum_{j=1}^{k} p_{i,\ m-k+1} \tag{1-2}$$

其中，k 的取值为 $\{1, 2, \cdots, m-1\}$，因此能够得到 $m-1$ 个调度解，从中选择最优者作为算法最终解。

Johnson 规则也称为 SPT-LPT 规则，具体步骤如下[5]：

步骤一 把工件按加工时间分成两个子集 $\varphi_1 = \{J_i \mid p_{i1} < p_{i2}\}$ 和 $\varphi_2 = \{J_i \mid p_{i1} > p_{i2}\}$；对于满足 $p_{i1} = p_{i2}$ 的工件可以分在两个子集中的任一个。

步骤二 先将集合 φ_1 中的工件按 p_{i1} 非减排序［最短加工时间优先规则（Shortest Processing Time first，SPT）］，再将集合 φ_2 中的工件按 p_{i2} 不增排序［最长加工时间优先规则（Longest Processing Time first，LPT）］，

得到工件加工序列。

Dannenbring[19]、Röck 和 Schmidt[20]、Selim 和 Al-Turki[21]、Lai[22]等也提出了基于 $F2 \| C_{max}$ 问题类比的若干算法，这些算法的求解思路相仿，只是定义 $F2 \| C_{max}$ 问题的工件加工时间的方法不同。

其二，TSP 问题类比。TSP 问题是一类典型的组合优化问题，目前已有很多研究成果，其中，不乏经典有效的求解算法。将 $Fm \| C_{max}$ 问题类比为 TSP 问题的求解策略首先由 Gupta[23]提出，算法中定义了由 n 个节点 $\{J_1, J_2, \cdots, J_n\}$ 组成的 TSP 问题，节点 J_i、J_k 间的距离 d_{ik} 计算如式(1-3)、式（1-4）：

$$d_{ik} = CT_m(i, k) - \sum_{j=1}^{m} p_{ij} \tag{1-3}$$

其中，

$$CT_0(i, k) = 0, \ CT_j(i, k) = \max\{CT_{j-1}(i, k), \sum_{t=1}^{j} p_{kt}\} \tag{1-4}$$

进而，Stinson 和 Smith[24]、Widmer 和 Hertz[25]、Moccellin[26]等根据流水车间调度问题的完工时间特征，提出了不同的距离计算公式，通过对生成的 TSP 问题求解，获得相应的工件可行序列。Widmer 和 Hertz[25]、Moccellin[26]将其作为初始序列，进一步采用禁忌搜索方法改进调度解。

（2）调度解构建策略

调度解构建策略是将未调度的一个或多个工件插入由已调度工件构成的部分调度解（Partial Schedule）的一个或多个位置，进而得到重新排列后的工件序列。采用此策略求解的一个经典算法是由 Nawaz 等[27]提出的 NEH 算法，算法采用最大总加工时间优先规则生成初始序列，通过依次选取初始序列中的工件，尝试插入部分调度解的所有可能位置，择其优者作为选定工件的插入位置，进而得到最终的工件加工序列。已有研究表明，NEH 算法是目前对以最小化 Makespan 为目标的一般流水车间调度问题求解效果最好的构造启发式算法[28]。针对 NEH 算法在其他调度问题中的扩展应用，很多研究者根据具体问题的性质对其进行了改进，得到了一系列 NEH 扩展算法[29-31]。

由调度解构建方法可以看出，该过程由两个子问题构成：工件选择（Job Selection）问题和工件插入（Job Insertion）问题。

第一是工件选择问题，即如何选择待插入的工件，通常有两种选择策略。

策略一：根据工件的某种指标值来确定待插入的工件，例如，NEH 算法根据工件在初始序列中的顺序依次选取待插入的工件。

策略二：选取若干未调度的工件尝试插入部分调度解，择其优者取之。对于以 Makespan 为目标的调度问题而言，经常选用的衡量指标有 Makespan 和机器空闲时间（Machine Idle Time），例如，Woo 和 Yim[32]提出的算法在选择工件时以 Makespan 为评价指标，McCormick 等[33]选用的是机器空闲时间，Gupta 和 Maykut[34]、Sarin 和 Lefoka[35]则只考虑了最末机器的空闲时间。

第二是工件插入问题，即对于选定的插入工件，如何确定工件在部分调度解中的插入位置。与工件选择类似，存在以下两种插入策略。

策略一：将选定的工件插入部分调度解的指定位置，通常是将选定工件作为部分调度解最末工件的紧后工件插入，如 Gupta 和 Maykut[34]、McCormick 等[33]。

策略二：将选定的工件尝试插入部分调度解的若干位置，择其优者作为最终插入位置，例如，NEH 算法将工件插入部分调度解的所有可能位置，Rajendran[36]提出的算法则是尝试将工件插入部分调度解的后半段可能插入的位置，通常选用的衡量指标为问题所考虑的目标函数。

需要指出的是，基于工件选择和工件插入的调度解构建策略，每次选择和插入过程只考虑了部分调度解的相关信息，因此，无法保证得到的最终解优于初始序列对应的调度解，即使对于最极端的情况，即选择所有未调度的工件尝试插入部分调度解中所有可能插入的位置，获得的最好解也不一定优于初始调度解。

（3）调度解改进策略

调度解改进策略是对已有的调度解进行优化改进的过程，此过程具有两个主要特征：①调度解改进过程是建立在初始解的基础之上，即该过程不能独立存在，必须有生成初始解的阶段；②改进后的调度解不劣于初始解。

一般情况下，主要应用元启发式算法实现调度解改进策略。元启发式算法也称为智能搜索算法，是基于邻域搜索策略发展起来的智能优化方法，主要有禁忌搜索、模拟退火、遗传算法、粒子群优化算法、蚁群算法等，在解决大规模的组合优化问题时具有较好的求解性能，近年来在流水车间调度领域得到广泛应用。

禁忌搜索（Tabu Search，TS）由 Golver 和 Hansen[37-39] 提出，是邻域搜索算法的一种扩展，通过设计记忆近期操作的禁忌表来判定是否禁止当前操作。应用禁忌搜索算法解决调度问题的研究集中在初始解的选择、邻域的构造、禁忌表的选取，以及使用并行搜索结构提高算法的有效性等方面。在流水车间调度领域，Eksioglu 等[40] 以 Makespan 为目标，提出了一种禁忌搜索算法，算法定义了三种不同的邻域结构，通过对这三种邻域结构的组合，求得问题的有效解。

模拟退火（Simulated Annealing，SA）的思想由 Metropolis 等[41] 于 1953 年首次提出，可以解释为通过慢慢冷却解，使得问题取得尽可能低的目标值。1983 年，Kirpartrick 等[42] 将模拟退火思想成功应用于组合优化问题，其实质是一种综合梯度下降和启发式随机搜索算法。针对流水车间调度问题，Mokotoff[43] 以 Makespan 和总完工时间为优化目标，设计了多目标模拟退火算法，并通过数据实验验证了算法的有效性。

遗传算法（Genetic Algorithm，GA）由 Holand[44] 提出，其本质是一个反复迭代的过程，通过一个可以接受的解组向更好的解组的移动来进行搜索。解组也称作种群，在每一次迭代中，都通过复制、交叉和变异操作产生新一代候选解，反复该过程直到满足某种收敛条件为止。Nagano 等[45] 针对以 Makespan 为目标的流水车间排列排序问题，提出了一种构造遗传算法（Constructive Genetic Algorithm，CGA），利用 NEH 算法和局域搜索定义适应值函数，并采用实验设计方法确定算法参数。

粒子群优化算法（Particle Swarm Optimization，PSO）是由 Kennedy 和 Eberhart[46] 提出的一种并行随机搜索算法。该算法是基于种群的进化方法，种群中的个体称为粒子，算法搜索寻优的过程其实就是粒子位置的更新过程。在流水车间调度领域，Kuo 等[47] 以最小化 Makespan 为目标，设计了一种混合粒子群算法，该算法以粒子群算法为主体，采用随机编码模式来加强算法的全局搜索能力，采用个体增强模式来加强粒子的局域搜索能力。

蚁群算法（Ant Colony Optimization，ACO）是 Dorigo 于 1992 年在博士论文[48] 中提出的一种随机搜索算法，是对自然界中蚂蚁觅食时通过信息素进行信息传递和反馈获得最佳路径的模仿[49,50]。Yagmahan 和 Yenisey[51] 考虑了以 Makespan 和总完工时间为目标的双目标流水车间调度问题，提出了一种多目标蚁群算法，将蚁群算法和局域搜索策略相结合，求得问题的解。

上述方法均存在优势与不足，随着调度问题研究的深入，国内外许多学者开始采用混合方法来解决流水车间调度问题。混合方法通常集中了几种算法的优点，具有比单一算法更强的搜索性能，可以有效解决较为复杂的调度问题。Zobolas 等[52] 针对以 Makespan 为目标的流水车间排列排序问题，提出了一种结合遗传算法和变邻域搜索（Variable Neighborhood Search，VNS）的混合元启发式算法，该算法基于贪婪随机构造启发式方法生成初始解，采用遗传算法改进调度解，并利用变邻域搜索改进种群。

（4）调度策略总结

综上所述，流水车间调度问题的求解策略可以采用三阶段求解框架来表示，其中，各阶段策略及要点内容如图 1-1 所示。

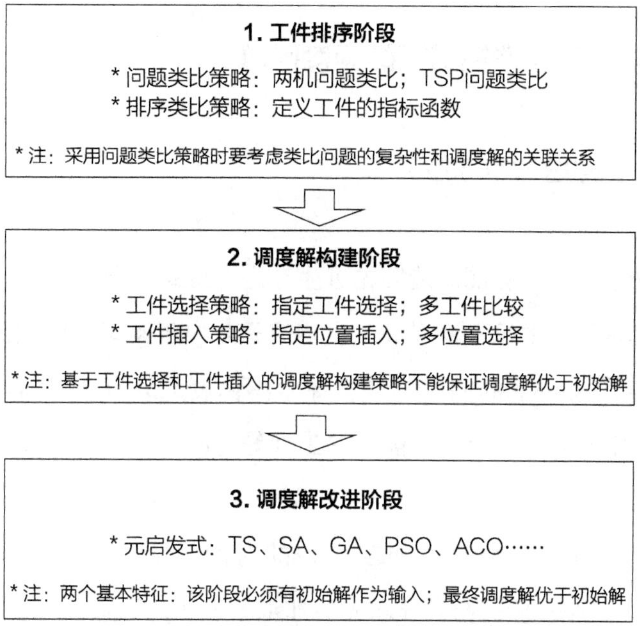

图 1-1　流水车间调度策略的各阶段策略及要点内容

上述流水车间调度求解策略具有以下特点：

第一，各阶段的求解过程是相对独立的，不依赖其他阶段所采用的方法。例如，对于调度解的改进阶段而言，只要求有初始解的输入，而至于初始解是由工件排序阶段还是调度解构建阶段获取，以及具体采用什么方法生成，则与改进过程无关。

第二，在算法设计时，一般包含至少一个阶段，每个阶段得到的调度解都可以作为最终解输入，且阶段间允许跳跃。例如，工件排序阶段生成的调度解可以不经过构建阶段，而直接作为改进阶段的初始解进行优化。

基于流水车间调度问题的求解策略，我们可以对已有的调度算法进行细致归类，对于灵活组合和扩展已有算法，以及针对不同调度问题的自身特征设计新算法都具有重要的指导意义。

◎1.3 紧凑型生产模式下的调度问题

1.3.1 问题背景与意义

随着精益生产、智能制造等先进生产理念的提出与发展，现代制造业对生产管理水平的要求不断提高，生产流程趋向于紧凑连续化，进而产生了紧凑型生产模式下的调度问题，即紧凑调度问题（Compact Scheduling Problem）。紧凑调度限定了阶段间的工件等待时间，以及阶段内的工件时间间隔，其中，工件等待时间（Waiting Time）是指工件在完成一个阶段的加工后，等待下一个阶段加工开始的时间间隔长度；工件时间间隔（Time Lag）是指在同一阶段要求先后加工的工件，从前一个工件完工到下一个工件开工的时间间隔长度。对工件等待时间的约束存在于具有高温连续生产、中间产品性质不稳定、阶段间存在运输时间等特殊需求的多阶段加工环境，而对工件时间间隔的限制多见于工件间有优先约束或加工机器有空闲时间约束的调度环境，以保障生产的高度连续性。

在调度理论研究中，传统的紧凑调度问题要求阶段间的工件等待时间和同台机器的工件时间间隔均为零（即无等待且无空闲）[53]。这是一类“强 NP-难”问题[54]，而且，无等待且无空闲的限定很容易导致问题无解[55]，因此，实际生产中不会同时存在这两种严苛的约束，换言之，传统的紧凑调度的概念并不符合生产实际，但这并不意味着在实际生产中不会同时出现对工件等待时间和工件时间间隔的限制。在生产具有高度连续性的制造业，由于工艺要求及机器限制，经常会同时限定工件等待时间和机器空闲时间的上限，这点在钢铁生产中尤为典型。例如，在钢铁生产的炼钢—连铸工艺中，其高温生产要求限定了等待时间上限，阶段间的钢包运送限定了等待时间下限；最末的连铸阶段为生产瓶颈，要求连铸机必须在一定炉次范围内连浇，切换浇次时，需要一定时间更换结晶器（并行链约束下的工件时间间隔上下限）。在钢铁生产的加热炉—热轧工艺中则要求板坯离开加热炉后直接进入热轧机组（无等待），热轧时必须严格按照轧制计划规定的板坯顺序（轧制单元）连续加工，仅允许短时间的空转待料（时间间隔上限约束）。此外，对工件等待时间和时间间隔的约束要求也普遍存在于食品加工、晶圆加工、化工生产等生产过程。

对于产品性质不稳定、高温连续作业的流程工业而言，特殊的工艺要求会产生较紧的等待时间上限和时间间隔上限，导致生产的高度连续，并造成了生产瓶颈。基于上述生产实际，我们将传统的紧凑调度扩展为工件等待时间受限和时间间隔受限的一类调度问题。在实践上，这一问题更贴近实际生产情况与工艺要求，能够对生产过程中的各类时间间隔进行严格控制，加快生产节奏，满足紧凑连续化生产需求；在理论上，传统的无等待且无空闲的紧凑调度是此扩展问题的一种特例，对于该课题的理论研究可以指导并应用于传统的紧凑调度问题。因此，对扩展的紧凑调度问题的研究相对于传统紧凑调度更具有理论价值和实际意义。

等待时间受限的调度问题是紧凑调度中一类基础且重要的问题，它在生产阶段间存在等待时间上限或下限的约束，产生于多阶段加工的车间生产环境，如流水车间（Flow Shop）、混合流水车间（Hybrid Flowshop）、作业车间（Job Shop）、开放车间（Open Shop）等。其中，等待时间受限的紧凑型流水车间调度（以下简称“等待时间受限的流水车间调度”）是最基本的形式，其研究成果不仅能够推进流水车间调度领域的理论研究，而且可以为其他三种调度问题的研究提供基础，并为解决更具复杂性的实际调度问题提供理论支撑。

虽然等待时间受限的紧凑调度具有广泛的现实基础，但目前研究多是针对具体的应用背景。在食品加工中，Hodson 等[56]探讨了调度系统模型，其中，烹饪和冷冻阶段间的时间间隔不允许超过一定的上限，否则食物将会因腐烂而不能食用。在钢铁生产中，炼钢—连铸作为其关键工序而被研究者们关注，现有研究多是将对等待时间的限制要求作为优化目标而非约束条件[57-60]，这样虽然能够减少总的等待时间，但并不能确保每个工件的等待时间均在限定范围。除食品加工和钢铁生产外，还有一类研究广泛的典型应用——晶圆制造。晶圆制造作为半导体制造中最为复杂和重要的环节，具有规模庞大、制造资源众多及反复重入型加工等特性[61]。在晶圆的加工过程中具有严格的等待时间限制，当一片晶圆在一个加工模块中完成加工以后，必须在规定的时间内将其取出，否则就会损坏而成为废品，这也称为晶圆逗留时间约束。由于该约束给调度带来的困难，许多研究不考虑晶圆逗留时间[62,63]。也正是由于考虑晶圆逗留时间约束的调度问题未能很好解决，进而导致某些逗留时间约束严格的工艺过程不能在自动化组合设备（Cluster Tool）上加工，限制了半导体制造的自动化发展[64]。

通过上述文献可以看出，基于生产实际的等待时间受限的紧凑调度研究成果不具有普适性和推广性，无法对存在相似特征的生产调度问题起到指导作用。因此，有必要将具有等待时间上限的生产调度问题从实际生产中抽象出来进行理论研究，建立全面、系统、深入的理论体系。此外，虽然等待时间受限的流水车间调度是在一般流水车间调度问题的基础上提出的，但是等待时间约束使问题的性质出现了一些根本性的变化，Yang 和 Chern[65]指出，即使是仅有两台机器、等待时间仅受上限约束的情况，流水车间调度问题也具有“NP-难”的复杂性。由于问题的基本性质不同，现有的一些经典算法在等待时间受限的情况下将不再适用。因此，对于等待时间受限的流水车间调度问题，无论是在问题的基本性质还是求解方法上都需要进一步进行系统化研究。

1.3.2 基本概念与分类

工件等待时间和工件时间间隔是影响生产连续性的两类关键因素，紧凑型生产模式对其中至少一种因素的上限或上下限有着严格要求，进而产生紧凑调度问题。紧凑调度根据所考虑的关键因素，可分为等待时间受限的紧凑调度、时间间隔受限的紧凑调度及更为复杂的双重受限紧凑调度。下面对等待时间受限和时间间隔受限的基本概念及分类进行详细阐述。

（1）等待时间受限

等待时间受限（Waiting Time Constraints）是对加工对象的等待时间具有特殊要求的普遍形式，即要求工件在相邻两个加工阶段间的等待时间位于给定的上限或下限范围，在理论上可以抽象为具有等待时间上限和（或）下限的一般性约束。根据等待时间的受限范围，等待时间限制可以进一步细分为等待时间下限约束、等待时间上限约束和等待时间上下限约束。

等待时间下限约束（Minimum Waiting Time Constraints）规定了工件在相邻阶段间所允许的最小等待时间。定义 w_{ij} 为工件 J_i 在相邻阶段 M_j 和 M_{j+1} 间的等待时间，$\beta_{ij} \geqslant 0$ 为对应的等待时间下限，则存在等待时间下限约束时，工件 J_i 在阶段间的等待时间 w_{ij} 被限制为 $[\beta_{ij}, \infty)$。当所有工件在各阶段间的等待时间下限均为 0 时，具有等待时间下限的调度问题转化为一般调度问题。等待时间下限约束多见于阶段间存在工件运输的情况。此外，在对产品的物理属性有特殊要求的生产流程中，工件在开始某阶段的加工之前需要等待一定的时间，使其达到规定的温度或发生凝结或沉淀。

等待时间上限约束（Maximum Waiting Time Constraints）限定了工件在阶段间的最大等待时间。定义 α_{ij}（$\alpha_{ij} \geqslant 0$）为工件 J_i 在相邻阶段 M_j 和 M_{j+1} 间的等待时间上限，在此约束下，工件 J_i 所允许的等待时间范围为 $w_{ij} \in [0, \alpha_{ij}]$。若 $\forall i, j$ 均有 $\alpha_{ij}=0$，则等待时间的限制范围为 $w_{ij}=0$，即为无等待（No-wait）约束；反之，若 $\forall i, j$ 有 $\alpha_{ij} \to \infty$，具有等待时间上限的调度问题，即为一般调度问题。等待时间上限约束普遍存在于高温连续或中间产品性质不稳定的生产过程。例如，在食品加工中，等待时间不允许超过一定的上限，否则食物将会腐烂而不能食用；在晶圆的加工过程中，当一片晶圆在一个加工模块中完成加工以后，必须在规定的时间内将其取出。

等待时间上下限约束（Minimum and Maximum Waiting Time Constraints）将工件在相邻阶段的等待时间限制在一定的区间范围，即同时具有等待时间上限和下限约束。此时，工件 J_i 许可的等待时间为 $w_{ij} \in [\beta_{ij}, \alpha_{ij}]$。等待时间上限约束和等待时间下限约束是这类约束的两种特殊情况，若 $\forall i, j$ 有 $\beta_{ij}=0$，则为等待时间上限约束；反之，若 $\forall i, j$ 有 $\alpha_{ij} \to \infty$，则相当于等待时间下限约束。对等待时间上下限的限制经常存在于一些复杂的生产流程，例如，钢铁生产中钢水在相邻阶段间只允许等待较短时间，且要满足运输时间的要求；抓钩调度问题要求工件在处理槽中的处理时间必须在上下限范围。

（2）时间间隔受限

时间间隔受限（Time Lag Constraints）多存在于工件间具有优先约束或机器有空闲时间约束的调度环境。由于产品特点或工艺要求，两个位于同一生产阶段且要求先后加工的工件，其时间间隔具有硬性要求，即在前一工件开工或完工后的一个上限或下限范围，下一个工件必须开工或完工。时间间隔约束广泛存在于具有资源约束的项目调度（Resource Constrained Project Scheduling）及化工生产。对于存在化学工艺的生产系统，化学反应时间是具有上下限的，而处理时间（如试液移取、实验结果分析等）则为定值。因此，在化工生产调度中，往往将后者视为工件，而化学反应过程则被抽象为具有上下限的时间间隔约束[66]。

机器空闲时间约束（Idle Time Constraint）是一类特殊的时间间隔受限约束。机器空闲时间约束的典型特例是工件组批的批调度约束，即机器在加工不同规格的工件时存在安装时间，因而需要将工件分批连续加工，其位于同批次内的相邻工件间的机器空闲时间为零或有较紧的上限要求，相邻批次的首尾工件间存在机器安装时间，即机器空闲时间存在下限约束。

（3）问题分类总结

等待时间受限多见于具有多工序的车间环境，对应的调度问题为等待时间受限的流水车间、作业车间、混合流水车间调度问题等；时间间隔受限则是针对某一特定生产阶段，由于时间间隔约束的作用，该阶段往往会遇到生产瓶颈，对应的调度问题通常可抽象为时间间隔受限的单机或平行机调度问题，进而扩展到面向整体生产流程的车间调度问题，如图 1-2 所示。对于中间产品性质不稳定、高温连续作业、生产过程连续性强的流程工业而言，特殊的工艺要求会导致对上限要求颇为严苛的等待时间和（或）时间间隔约束，且会遇到生产瓶颈，例如，钢铁生产的炼钢—连铸工艺、加热炉—热轧工艺等。

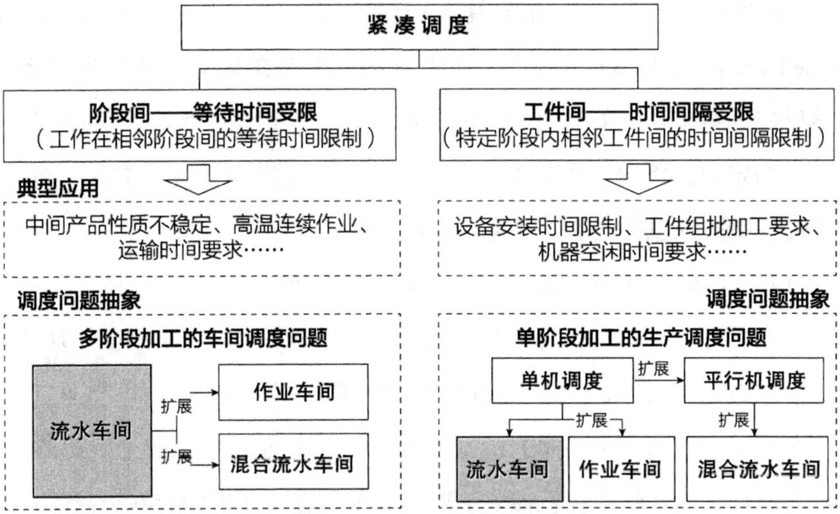

图 1-2　紧凑调度的分类与分析

1.3.3　问题研究现状

传统的紧凑调度由 Werra 和 Solot 于 1991 年正式提出[67]，要求同时满足无等待（No-wait）和无空闲（No-idle）约束，研究集中在流水车间和开放车间环境，且多采用图论的方法来解决。Werra 和 Solot[67]将紧凑调度问题映射为边着色模型（Edge Coloring Model），并给出了这一问题的工业应用场景。此后，Giaro 及其团队对紧凑调度展开了一系列研究。在问题复杂性方面，Giaro[54]证明了在两阶段的流水车间和开放车间环境下，紧凑调度问题是“强 NP-难”的。针对工件在各阶段的加工时间非 0 即 1 的特殊情况，Giaro 等[53]指出开放车间下的该问题等价于二分图的连续边着色问题，并对一个特殊问题给出了多项式最优算法；Giaro 和 Kubale[55]考虑了开放车间、流水车间和混合车间，将其映射为二分图的连续边着色问题，证明了其“强 NP-难”的复杂性。此外，Wang 等[68]考虑了无等待的两阶段混合流水车间调度问题，其中，第二阶段存在无空闲约束，证明了问题是“强 NP-难”的，并提出了一种修正的 LPT 调度规则，分析了该规则的最坏性能比。

紧凑调度在实际生产中出现的情景较少，因此，研究成果不多。我们将紧凑调度的无等待和无空闲约束分别松弛为等待时间受限和时间间隔受限，得到的扩展问题在钢铁生产、食品加工、半导体制造等制造工业普遍存在。但基于生产实际的紧凑调度研究成果不具有普适性和推广性，仅对存在相似特征的生产调度问题起到指导作用。关于紧凑调度的理论研究，可以借鉴等待时间受限或时间间隔受限的调度理论成果。

对于等待时间受限的紧凑调度问题，由于此问题为本课题研究对象，相关研究成果将在 1.4 节重点分析，这里只对时间间隔受限的紧凑调度问题研究现状进行综述。

具有时间间隔约束的调度问题多存在于工件间具有优先约束关系的调度环境。由于产品特点或工艺要求，对于两个需要先后加工的工件，其间隔时间有硬性的要求，即在前一个工件开工或完工后的一个上下限范围，下一个工件必须开工或完工。根据受限的时间变量类型，可以分为开工时间间隔约束、完工时间间隔约束、完工—开工时间间隔约束、开工—完工时间间隔约束。显然，对于加工时间为定值的调度问题，这四类约束可以相互转化。在下文中若不作特殊说明，则时间间隔约束是指对完工—开工时间间隔的限制。

时间间隔约束往往与工件加工的优先约束或机器空闲时间约束有关，目前的研究集中在项目管理[69,70]，在生产调度领域则集中于单机调度方面。

（1）具有时间间隔下限的单机调度问题

Balas 等[71]从求解作业车间调度问题的移动瓶颈法抽象出具有工件间的间隔下限的单机调度问题，提出了一种求解算法并将其嵌入移动瓶颈法。Finta 和 Liu[72]对于具有工件优先约束和时间间隔下限的单机调度问题，指出加工时间为单位时间且时间间隔下限不等时，该问题是“强 NP-难”的；当下限值相同但加工时间不同时，该问题是多项式可解的。Brucker 和 Knust[73]研究了时间间隔下限相同的单机调度问题的复杂性，提出了流水车间和平行机调度转化为此类单机调度问题的方法，并针对最小化总完工时间的目标函数，给出了几类特殊的单机调度问题的多项式最优算法，对于具有链（Chain）约束且下限相同的情况，证明了问题的“强 NP-难”复杂性。

（2）具有时间间隔上下限的单机调度问题

Wikum 等[74]针对具有优先约束且设定时间间隔上下限的单机调度问题，分析了问题复杂性；对于一些简单的优先约束，给出了多项式算法；对于具有复杂结构的问题，证明了“NP-难”特性，并针对其中一类问题给出了启发式算法和最坏性能比。Chu 和 Proth[66]以自动化医学实验室为背景，将其抽象为工件间具有平行链约束且时间间隔具有上下限的单机调度问题，证明了该问题是“NP-难”的，提出了启发式算法和分支定界法。Brucker 等[75]研究了开工时间间隔具有上下限约束的单机调度问题，指出如车间调度、具有机器资格限制的平行机调度、多功能机调度，以及具有更换时间（Changeover Time）的调度问题均可以归结为这类单机调度问题，并设计了分支定界法求解；Hurink 和 Keuchel[76]针对这类问题，提出了利用邻域搜索算法来求得问题的解。

对于工件间不存在优先约束的调度问题，Sheen 和 Liao[77]研究了每个工件对于其他任一工件的时间间隔上下限为已知定值的情况，在求解过程中引入团（Clique）的概念，设计了分支定界方法。Condotta 等[78]针对一类特殊情况，即双操作工件加工环境下要求同工件的两个操作间的间隔时间满足定值的单机调度问题展开研究，在给出两种求解策略的基础上设计了禁忌搜索算法求解。

（3）机器空闲约束的流水车间调度问题

机器空闲约束作为一类特殊的时间间隔受限约束，目前对于无空闲的流水车间调度问题的研究成果较多，Goncharov 和 Sevastyanov[79]对其研究现状进行了详尽的综述，并提出了多种近优启发式算法。已有研究指出，无空闲的流水车间调度问题，当优化目标为 Makespan，且阶段数不少于 3 时，问题是“强 NP-难”的[79]。

由上述成果可以看出，由于时间间隔受限的紧凑调度问题的“NP-难”特性，现有求解算法多集中于分支定界这类精确算法，在近似算法领域，则主要采用构造启发式算法。原因是启发式算法能够有效利用问题的领域知识实现快速求解，在计算时间上具有精确算法和智能搜索算法无法比拟的优势，且结合问题特征的启发式算法能够为智能搜索算法提供良好的初始解，并指导算法的优化搜索方向。对于本课题“等待时间受限的紧凑型流水车间调度”的近似算法研究，同样有必要从启发式算法入手，探讨能够指导算法设计的问题特征并设计高效的多项式近似算法；在对问题特征和启发式算法深入研究的基础上，进一步开展对智能搜索方法的研究。

◎1.4 等待时间受限的紧凑调度研究进展

在具有高温连续生产或中间产品性质不稳定的流程工业，由于生产的高度紧凑性，要求尽可能地减少工件在阶段间的停留时间。对于这类生产连续性方面的特殊要求，在调度领域，最初是通过设定无等待（No-wait）约束来加以考虑的。无等待的约束虽然能够保证工件的连续加工，但由于工件的等待时间被严格限定为 0，延长了生产时间，增加了生产成本并降低了设备利用率。针对这种情况，1995 年，Yang 和 Chern[65]首先提出了更为贴近生产实际的具有等待时间上限的调度问题。

1.4.1 无等待车间调度问题

所谓无等待是指被加工的工件不允许在两台相邻的机器间等待，即等待时间严格为 0。这是具有等待时间上限的流水车间调度问题的一种极端情况，也是大多数研究所聚焦的问题。

（1）无等待调度问题的性质特征

无等待调度问题是调度领域的一类经典问题，相关研究最早可追溯到 20 世纪 60 年代。在流水车间的环境下，该调度问题具有一种典型特征，即调度可行解必然是排列排序，换言之，在无等待的条件下，流水车间调度与排列排序问题是等价的[80]。

对于最小化 Makespan 的无等待流水车间调度问题，Piehler[81]于 1960 年指出，此问题等价于一类特殊的 TSP 问题[82,83]；对于两机情况，采用 Gilmore 和 Gomory[84]针对特殊 TSP 问题提出的多项式最优算法可以获得最优解[82]；但不少于三台机器时，Röck[85]证明了问题是“强 NP-难”的。

对于工件具有单位加工时间的情况，Srisk 和 Ladet[86]指出，目标为 Makespan 的各类车间调度问题均是多项式时间可解的。Dileepan[87]针对最小化最大延误的两机无等待流水车间调度问题，给出了能够采用 EDD 规则获得问题最优解的两种特殊情况。

对于无等待调度的问题特征，Spieksma 和 Woeginger[88]讨论了无等待调度问题中的一种矛盾现象，即提高机器的处理速度、减少工件的加工时间反而可能会增加调度解的 Makespan 值，并对速度与 Makespan 的变化比率进行了分析；Kalczynski 等[89]给出了以 Makespan 为目标的无等待流水车间调度和无空闲流水车间调度的网络计划图，在此基础上证明了这两类问题互为对偶问题。

（2）无等待调度问题的求解算法

无等待调度问题的方法研究集中于流水车间调度环境，多采用启发式算法或智能搜索算法等近似算法求解。

在启发式算法方面，对于以 Makespan 为目标的无等待流水车间调度问题，Reddi 和 Ramamoorthy[82]、Wismer[90]率先对这类问题展开研究，探讨了问题特征，在此基础上，Bonney 和 Gundry[17]、King 和 Spachis[91]分别提出了启发式求解算法；在 20 世纪 90 年代，Gangadharan 和 Rajendran[92]、Rajendran[93]设计了两种新的启发式算法，根据加工时间对工件分类进而获得初始调度，并采用不同的调度解构建方法改进初始解，实验结果表明，这两种新算法明显优于前两种算法。Framinan 等[94]提出了一种基于 TSP 问题类比的启发式算法，并将其与已有的启发式算法及不同的调度解构建方法进行比较，实验结果表明，此算法优于已有的启发式算法，且对于调度解的构建策略而言，NEH 算法所采用的工件插入方法与 Rajendran[93]提出的优化方法相比，具有更明显的优势。针对优化目标为总加权拖期的无等待流水车间调度问题，吴会江等[95]对各种调度规则的适用情况进行了研究，证明了 SPT 求解性能最好，SWPT 求解性能最差。

在智能搜索算法研究领域，潘全科等对以 Makespan 为目标的无等待流水车间调度问题分别采用离散粒子群优化算法[96]、变邻域搜索算法[97]、差异进化和变邻域搜索算法，以及二者的多种结合等算法[98]实现问题求解。Wang Jing 等[99]从问题特征出发，提出了一种基于变邻域搜索的组合变邻域算法。Allahverdi 和 Aldowaisan[100]对同时考虑 Makespan 和最大延误的多目标无等待流水车间调度问题，提出了混合模拟退火算法和混合遗传算法，并给出了基于工件优先关系（Dominance Relation）的 DR 算法和分支定界算法。Pan 等[101]分别针对 Makespan 和总完工时间两个优化目标，设计了离散粒子群优化算法，提出了一种新的离散工件的粒子群表示方法和位置更新公式，同时在算法中嵌入变邻域搜索改进解的质量。Wang 等[102]对于以最大延误为优化目标的无等待流水车间调度问题，提出了快速禁忌搜索算法，利用问题特征，降低了禁忌搜索算法中插入新工件、确定插入邻域和交换邻域这三类主要过程的复杂度，提高了算法的计算效率。宋存利等[103]提出了利用相邻工件间完工时间距离求最小化完工时间的方法，通过研究工件插入和工件对的交换对最小化完工时间的影响，设计了一种邻域迭代搜索算法。

1.4.2 具有等待时间上限的调度问题

Yang 和 Chern 于 1995 年[65]提出了具有等待时间上限的流水车间调度问题，拉开了针对等待时间上限这一特殊约束的调度研究的序幕，而关于这一问题的研究则集中于近 15 年。由于问题较新，目前对于具有等待上限的调度问题的研究成果不多，从目前掌握的参考文献来看，有些研究者已经开始关注这类问题。

(1) 问题的性质特征

Yang 和 Chern[65]通过将子集和问题（Sum of Subsets，SOS）归结为具有等待时间上限的两机流水车间调度问题，证明了问题的“NP-难”特性，并对于以下两种特殊情况给出了最优解和最优值：

第一，当 $\min\limits_{1\leqslant i\leqslant n}\{p_{i2}\}\geqslant\max\limits_{1\leqslant i\leqslant n}\{p_{i1}\}$ 且 $p_{i^*1}=\min\limits_{1\leqslant i\leqslant n}\{p_{i1}\}$ 时，$(J_{i^*},\ S)$ 为问题的最优调度，对应的最优值为 $C_{\max}(opt)=\min\limits_{1\leqslant i\leqslant n}\{p_{i1}\}+\sum\limits_{i=1}^{n}p_{i2}$，其中，$S$ 是不包含 J_{i^*} 的任意工件序列。

第二，当 $\min\limits_{1\leqslant i\leqslant n}\{p_{i1}\}\geqslant\max\limits_{1\leqslant i\leqslant n}\{p_{i2}\}$ 且 $p_{i^*2}=\min\limits_{1\leqslant i\leqslant n}\{p_{i2}\}$ 时，$(S,\ J_{i^*})$ 为问

题的最优调度，对应的最优值为 $C_{\max}(opt) = \min\limits_{1\leqslant i\leqslant n}\{p_{i2}\} + \sum\limits_{i=1}^{n} p_{i1}$。

李铁克等[104]证明了当等待时间上限不超过最小加工时间的倍数（$0 \leqslant \alpha < 2 \times \min\limits_{1\leqslant i\leqslant n,\ 1\leqslant j\leqslant m}\{p_{ij}\}$）时，具有等待时间上限的流水车间调度问题的可行解一定是排列排序；并指出排列排序下，最小化 Makespan 等价于式（1-5）：

$$\min_{\pi\in\prod}\{Z_\pi\} = \min_{\pi\in\prod}\left\{\sum_{i=1}^{n-1} r_{\pi(i),\ \pi(i+1)} + \sum_{j=1}^{m-1} w_{\pi(n),\ j} + \sum_{j=2}^{m} p_{\pi(n),\ j}\right\} \tag{1-5}$$

其中，$\prod$ 为所有排列排序解的集合，$r_{\pi(i),\ \pi(i+1)}$ 为第 $i+1$ 个加工工件相对于其紧前工件的偏移量，有：$r_{\pi(i),\ \pi(i+1)} = C_{\pi(i+1),\ 1} - C_{\pi(i),\ 1} - p_{\pi(i+1),\ 1}$。

对于仅存在无等待工件（即 $\alpha_{ij}=0$）和一般工件（即 $\alpha_{ij}\to\infty$）两种工件类型的特殊情况，Finke 等[105]指出，当同时存在至少一个无等待工件和一个一般工件时，两机流水车间调度问题即使只考虑排列排序也是“强 NP-难”的。Bouquard[106]针对只存在无等待工件和一般工件的两机流水车间调度问题 $F2 \mid reg + nwt \mid C_{\max}$，指出排列排序的最优解不一定是原问题的最优解，证明了其排列排序问题是“强 NP-难”的，并分析了两类特殊问题的复杂性：当一般工件的数量上限为常量时，即 $F2 \mid reg + nwt,\ n_R \leqslant q,\ prmu \mid C_{\max}$，问题存在多项式最优算法；若无等待工件的数量上限为常量时，即使常量为 1，即 $F2 \mid reg + nwt,\ n_{NW} = 1 \mid C_{\max}$，问题也是“NP-难”的。

（2）问题的调度方法

对于具有等待时间上限的置换流水车间问题（即排列排序问题），Yang 和 Chern[65]采用分支定界法对两机环境下的置换流水车间调度问题求解，利用 Johnson 规则设计分支定界的下界值；李铁克等[104]分析了等待时间上限与可行调度的解析关系及目标函数的特殊性质，在排列排序基础上提出了基于贪婪插入思想的启发式算法。首先，采用贪婪插入思想生成具有较小 Makespan 的初始调度，然后，利用插入算法搜索更优的调度解，在求解过程中，采用递归回溯解消等待时间上限的冲突。王晶等[107]提出了一种结合交换邻域、变邻域和禁忌搜索的动态变邻域搜索算法，算法采用工件对比较和贪婪插入规则构建初始调度，通过嵌入 3-opt 和 2-opt 实现动态变邻域搜索，并在迭代过程中加入动态禁忌策略。对于不限于排列排序的流水车间调度问题，尹兆涛等[108]采用嵌入约束满足和变邻域搜索技术的混合遗传算法求解，算法基于约束满足思想，通过递归回溯和约束传播获得满足等待时间上限约束的工件开工时间，根据回溯工件的位置信息设计遗传算法的交叉算子和变异算子，利用变邻域搜索技术增强算法的收敛性。

对于具有其他特殊约束的流水车间调度问题，Su[109]针对第一阶段为批处理机的两机流水车间环境，以最小化 Makespan 为优化目标，建立了问题的混合整数规划模型，并提出了一种启发式算法。

Li Tieke 等[110]将问题进一步扩展到混合流水车间调度，针对等待时间上限约束，通过启发式算法求解，应用 NEH 算法形成工件初始排序。尹兆涛等[111]考虑了具有交货期及等待时间上限要求的混合流水车间调度问题，提出一种结合了递归回溯、启发式修复与邻域搜索的混合求解算法。Gicquel 等[112]针对阶段间无缓冲区的情况，基于离散时间表示法和整数规划模型，提出了一种精确算法；轩华[113]采用基于工件解耦的分解策略应用拉格朗日（Lagrangian）松弛算法进行求解，使得总加权完成时间和工件等待惩罚之和最小；Attar 等[114]针对存在变速平行机的情况，提出了一种基于生物地理学的优化算法（Biogeography-based Optimization，BBO）；Cheng 等[115]建立了问题的约束满足优化模型，并设计了嵌入局域搜索的约束满足优化算法；常晓坤和董明[116]针对产品需求时间及机器加工时间不确定的动态环境，建立了两阶段随机规划模型，并开发了 L 型切面的求解算法。此外，林晨和张志英[117]从分段涂装作业中提炼出一类存在等待时间限制和运输能力约束两阶段批处理混合流水车间调度问题，设计了混合多种启发式规则的差分进化算法。

对于其他车间调度问题，王朝晖等[118]针对最小化工件延误时间的加权平方和的优化目标，采用 Lagrangian 松弛法结合动态规划求得问题的解。Chen 和 Yang[119]对不同生产环境的具有等待时间上限的调度问题的建模机制进行了研究，具体包括开放车间、作业车间、流水车间和流水车间排列排序这四类问题。

1.4.3 具有等待时间上下限的调度问题

在具有等待时间下限和等待时间上限的调度问题的研究基础上，研究者们进一步考虑了同时具有等待时间上下限的调度问题。

（1）具有等待时间上下限的流水车间排列排序问题

自 2006 年起，Fondrevelle、Oulamara 和 Portmann 三位学者致力于研究具有等待时间上下限的流水车间排列排序问题，在问题复杂性和算法求解方面均取得了一定成果。

2006 年，Fondrevelle 等[120]研究了以 Makespan 为优化目标的具有等待时间上下限的流水车间排列排序问题。在问题的复杂性方面，证明了当上限严格大于下限时（$\beta_i < \alpha_i$），即使所有工件具有相同的上限值和下限值，其两机问题也是“强 NP-难”的；而当上限等于下限时，即 $\beta_i = \alpha_i (\forall i \in \{1, \cdots, n\})$，采用 Gilmore 和 Gomory[84]提出的算法即可获得两机情况下的最优解。在问题求解方面，设计了分支定界法，并提出了四种下界计算方法和两种上界计算方法，通过数据实验对各种上下界对于算法求解性能的影响进行了分析。

2008 年，Fondrevelle 等[121]针对工件在阶段间的等待时间具有上下限约束的流水车间排列排序问题，考虑了最小化加权总机器完工时间（Weighted Sum of Machine Completion Times）的优化目标。机器完工时间定义为最后离开该机器的工件完工时间，该目标可以用来衡量机器空闲时间，提高设备利用率。针对此问题，分析了在两机和三机情况下各类问题的复杂性，并采用分支定界法求解。

2009 年，Fondrevelle 等[122]考虑了一类等待时间严格等于定值的流水车间排列排序问题，即上限值与下限值相等的情况。以最小化最大延误为目标，对问题中工件可能存在的类型进行了分析，给出了采用 EDD 规则能够获得最优解的特殊情况，并针对两机环境给出了工件优先关系（DR），在此基础上，设计了分支定界法求解。

此外，Dhouib 等[123]以最小化总拖期工件数为目标，建立了混合整数规划模型，并采用模拟退火算法求解。Hamdi 等[124]考虑了最小化总拖期目标，基于拉格朗日松弛探讨了问题的上下界。

（2）具有等待时间上下限的 Job Shop 调度问题

Caumond 等[125]考虑了工件在阶段间的开工时间具有等待时间上下限的 Job Shop 调度问题，创建了目标为 Makespan 的问题模型，设计了一种算法求解框架，该框架以析取图和 Memetic 算法为基础，采用析取图对问题建模，并应用 Memetic 算法进行机器指派，确定工件的加工机器及各机器上的工件加工顺序。

Artigues 等[126]针对以 Makespan 为目标的具有等待时间上下限的 Job Shop 调度问题，创建了约束满足优化模型，分析了以工序为节点和以时间为节点的析取图表示方式，在此基础上设计了一种析取约束传播的方法，并将其嵌入分支定界算法进行求解；此外，还提出了一种基于工件插入思想的启发式算法；最后，通过基于 Benchmark 的数据实验验证了上述两种算法的有效性。

1.4.4 研究现状总结

从上述文献分析中可以看出，虽然等待时间受限的紧凑调度问题广泛存在于流程工业的生产管理过程，但是相关研究尚处于初步探索阶段，无论是问题的基本性质还是求解方法都缺乏系统、深入的研究：

第一，在问题性质方面，需要进一步明确问题的复杂性，探讨基于排列排序设计调度算法的可行性和有效性，为算法开发提供理论基础。

第二，在求解策略方面，需要深入研究能够指导算法开发的问题特征，以及这些特征在算法设计中的应用方式，以此为基础研究问题的求解策略，为进一步开发高效的核心算法提供指导。

第三，在调度算法方面，对于近似算法，尤其是在结合问题特征的近似算法研发方面，有必要针对问题的特点开发能够在短时间获得问题满意解的快速近似算法，使其能够有效求得大规模调度问题的解，满足实际生产的需要。

1.2 节和 1.3 节对流水车间调度和紧凑调度研究现状的总结，特别是对一般流水车间调度问题在设计求解算法时惯用的经典调度策略的分析，对于探索等待时间受限的紧凑型流水车间调度可能存在的问题特征、研究等待时间约束下的算法构造策略、扩展和改进已有的流水车间调度算法、利用问题性质开发符合问题特征的新调度方法等方面具有重要的指导意义。

◎1.5 本书研究内容

本书以等待时间受限的紧凑型流水车间调度为研究对象，围绕基本性质、求解策略和调度算法三个方面，从两机情况和无等待这两类基本问题

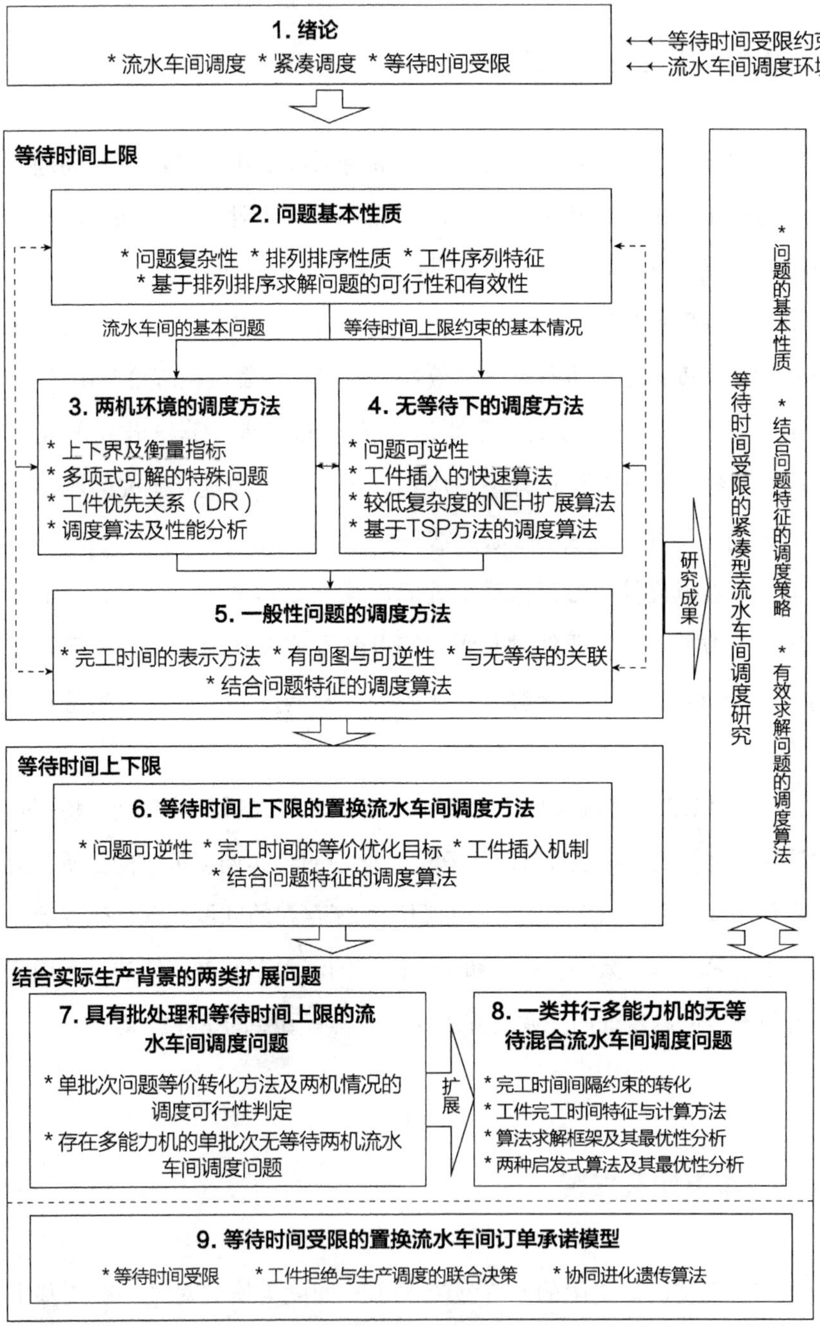

图 1-3 技术路线及研究内容组织图

着手研究，进而扩展到一般性紧凑型流水车间调度问题，并结合生产实际，对混合流水车间、订单承诺模型等扩展问题展开研究。图 1-3 给出了所采用的技术路线及研究内容。

如图 1-3 所示，后续章节首先针对问题的复杂性，基于排列排序的特征探讨等待时间上限的流水车间调度性质（第 2 章）。考虑到两机环境与无等待分别是流水车间与等待时间约束中最基本的情况，本着由简单到一般的研究思路，本书在对问题基本性质的研究基础上，分别针对具有等待时间上限的两机流水车间调度（第 3 章）和无等待多机流水车间调度（第 4 章）的问题特征和求解算法展开探索性研究，进而将研究成果扩展到具有等待时间上限的多机流水车间调度问题（第 5 章），以及更具一般性的同时考虑等待时间上下限的置换流水车间调度问题（第 6 章）。通过对标准问题的深入研究，进而结合实际生产背景，考虑最后阶段存在批处理的特殊问题（第 7 章，流水车间环境；第 8 章，混合流水车间环境），以及考虑订单接受与交货期承诺的订单承诺问题（第 9 章）。

第 2 章 具有等待时间上限的流水车间调度性质

◎2.1 引言

等待时间上限约束广泛存在于高温连续作业或中间产品性质不稳定的流程工业，如钢铁生产、玻璃制造、食品加工等。由于生产过程的高度连续性，往往要求工件在相邻阶段的等待时间不超过一定的时间上限，从而产生了具有等待时间上限的流水车间调度问题。

在流水车间调度领域，关于调度方法的研究多以排列排序为基础，因此有必要对具有等待时间上限的流水车间调度问题的基本性质展开研究，为以排列排序为基础的调度方法提供理论依据。

对于两台机器的生产环境，Yang 和 Chern[65] 通过将子集和问题（Sum of Subsets，SOS）归结为具有等待时间上限的两机流水车间调度问题，证明了问题的“NP-难”特性，并对以下两种特殊情况给出了最优解和最优值：

当 $\min\limits_{1\leqslant i\leqslant n}\{p_{i2}\} \geqslant \max\limits_{1\leqslant i\leqslant n}\{p_{i1}\}$ 且 $p_{i^*1} = \min\limits_{1\leqslant i\leqslant n}\{p_{i1}\}$ 时，$(J_{i^*},\ S)$ 为问题的最优调度，对应的最优值为 $C_{\max}(opt) = \min\limits_{1\leqslant i\leqslant n}\{p_{i1}\} + \sum\limits_{i=1}^{n} p_{i2}$，其中，$S$ 是不包含 J_{i^*} 的任意工件序列。

当 $\min\limits_{1\leqslant i\leqslant n}\{p_{i1}\} \geqslant \max\limits_{1\leqslant i\leqslant n}\{p_{i2}\}$ 且 $p_{i^*2} = \min\limits_{1\leqslant i\leqslant n}\{p_{i2}\}$ 时，$(S,\ J_{i^*})$ 为问题的最

优调度，对应的最优值为 $C_{\max}(opt) = \min\limits_{1 \leqslant i \leqslant n}\{p_{i2}\} + \sum\limits_{i=1}^{n} p_{i1}$。

对于多台机器的生产环境，李铁克等[104]证明了当等待时间上限不超过最小加工时间的倍数（$0 \leqslant \alpha < 2 \times \min\limits_{1 \leqslant i \leqslant n,\ 1 \leqslant j \leqslant m}\{p_{ij}\}$）时，具有等待时间上限的流水车间调度问题的可行解一定是排列排序；并指出排列排序下，最小化 Makespan 等价于式（2-1）：

$$\min_{\pi \in \prod}\{Z_{\pi}\} = \min_{\pi \in \prod}\left\{\sum_{i=1}^{n-1} r_{\pi(i),\ \pi(i+1)} + \sum_{j=1}^{m-1} w_{\pi(n),\ j} + \sum_{j=2}^{m} p_{\pi(n),\ j}\right\} \tag{2-1}$$

其中，$\prod$ 为所有排列排序解的集合，$r_{\pi(i),\ \pi(i+1)}$ 为第 $i+1$ 个加工工件相对于其紧前工件的偏移量，有 $r_{\pi(i),\ \pi(i+1)} = C_{\pi(i+1),\ 1} - C_{\pi(i),\ 1} - p_{\pi(i+1),\ 1}$。

对于仅存在无等待工件（即 $\alpha_{ij} = 0$）和一般工件（即 $\alpha_{ij} \to \infty$）两种工件类型的特殊情况，Finke 等[105]指出，当同时存在至少一个无等待工件和一个一般工件时，两机流水车间调度问题即使只考虑排列排序也是“强 NP-难”的。Bouquard[106]针对只存在无等待工件和一般工件的两机流水车间调度问题 $F2 | reg + nwt | C_{\max}$，指出排列排序的最优解不一定是原问题的最优解，证明了其排列排序问题是“强 NP-难”的，并分析了两类特殊问题的复杂性：当一般工件的数量上限为常量时，即 $F2 | reg + nwt,\ n_R \leqslant q,\ prmu | C_{\max}$，问题存在多项式最优算法；若无等待工件的数量上限为常量时，即使常量为 1，即 $F2 | reg + nwt,\ n_{NW} = 1 | C_{\max}$，问题也是“NP-难”的。

由以上研究可以看出，目前对于具有等待时间上限的流水车间调度问题的基本性质研究还不够充分，算法设计的理论基础尚待完善。本章针对此问题，在理论上分析等待时间上限这一特殊约束下流水车间调度问题的复杂性，探讨基于排列排序的算法实现问题求解的可行性和有效性，旨在为进一步开展对此类问题的方法研究提供理论依据。

◎2.2 具有等待时间上限的调度模型

具有等待时间上限的流水车间调度问题可以描述为：n 个工件 $\{J_1, J_2, \cdots, J_n\}$ 以相同次序在 m 台机器 $\{M_1, M_2, \cdots, M_m\}$ 上加工，即任意工件均先经过 M_1，再经过 M_2，顺次加工，最后经过 M_m；工件 J_i 在机器 M_j 上的加工时间已知，记为 p_{ij}。问题具有以下约束：工件按指定的加工路径经过各台机器，且同一时刻只能在一台机器上加工（时序约束）；一台机器在同一时刻只能加工一个工件（析取约束）；由于工艺限制，工件 J_i（$i=1, \cdots, n$）在相邻机器 M_j 和 M_{j+1} 间的等待时间 w_{ij} 不能超过给定上限值 α（等待时间上限约束）。调度的目标是确定各台机器上的工件加工顺序和完工时间 C_{ij}，使得最大完工时间（Makespan）$C_{\max}$ 最小化。应用三元组表示法，此问题可表示为 $Fm \mid w_{ij} \leqslant \alpha \mid C_{\max}$。

为便于描述，定义符号和变量如下，若不作特殊说明，则这些符号同样适用于其余各章：

i——工件序号，J_i 表示第 i 个工件，I 为所有工件序号的集合，$i \in I = \{1, 2, \cdots, n\}$；

j——机器序号，M_j 表示第 j 台机器，J 为所有机器序号的集合，$j \in J = \{1, 2, \cdots, m\}$；

p_{ij}——工件 J_i 在机器 M_j 上的加工时间；

S_{ij}——工件 J_i 在机器 M_j 上的开工时间；

C_{ij}——工件 J_i 在机器 M_j 上的完工时间；

U——足够大的正整数；

w_{ij}——工件 J_i 在机器 M_j、M_{j+1} 间的等待时间；

α——等待时间上限；

C_{max}——最大完工时间（Makespan）；

x_{ikj}——如果工件 J_i 在机器 M_j 上先于工件 J_k 加工，$x_{ikj}=1$；否则，$x_{ikj}=0$。

具有等待时间上限的流水车间调度问题的数学模型如式（2-2）～式（2-11）：

$$\min C_{max} \tag{2-2}$$

$$\text{s.t. } C_{ij}=S_{ij}+p_{ij}, \ i\in I, \ j\in J \tag{2-3}$$

$$C_{ij}\leqslant S_{i,\ j+1}, \ i\in I, \ j, \ j+1\in J \tag{2-4}$$

$$S_{kj}-C_{ij}+U(1-x_{ikj})\geqslant 0, \ (i, \ k\in I)\wedge(i\neq k), \ j\in J \tag{2-5}$$

$$x_{ikj}+x_{kij}=1, \ 1\leqslant i<k\leqslant n, \quad j\in J \tag{2-6}$$

$$w_{ij}=S_{i,\ j+1}-C_{ij}, \ i\in I, \ j, \ j+1\in J \tag{2-7}$$

$$w_{ij}\leqslant\alpha, \ i\in I, \ j\in J \tag{2-8}$$

$$C_{max}\geqslant C_{im}, \ i\in I \tag{2-9}$$

$$S_{ij}\geqslant 0, \ C_{ij}\geqslant 0, \ w_{ij}\geqslant 0, \ i\in I, \ j\in J \tag{2-10}$$

$$x_{ikj}=\{0, \ 1\}, \ (i, \ k\in I)\wedge(i\neq k), \ j\in J \tag{2-11}$$

其中，目标函数式（2-2）为最小化最大完工时间（Makespan）；约束式（2-3）表示工件在加工过程中不允许中断；约束式（2-4）表示同一工件前一工序结束后下一工序才能开始；约束式（2-5）表示一台机器在同一时刻只能加工一个工件；约束式（2-6）表示工件与机器的加工位置是一一对应的；约束式（2-7）定义了工件的等待时间；约束式（2-8）表示工件等待时间不允许超出给定的上限值；约束式（2-9）表示 Makespan 为所有工件完工时间的最大值；约束式（2-10）、式（2-11）为变量取值约束。

◎2.3 等待时间上限作用下的问题复杂性

流水车间调度问题是一类组合优化问题，对此首先要明确的是问题的求解难度，即运用复杂性理论对问题进行分析，判定问题是否是“NP-难”的，为问题的求解提供指导。

2.3.1 复杂性理论概述

复杂性理论是计算机科学领域的一个重要分支，用以研究算法在执行过程中所消耗的时间和空间资源，以及算法问题的求解难度。对于一个给定的问题，求解算法的有效性是通过获得最优解所需要执行的计算步骤的最大值来衡量的，而这个指标往往与问题规模相关。记问题规模为 n，如果算法的运行时间是关于 n 的多项式函数，那么这种算法称为多项式（时间）算法（Polynomial Time Algorithms），如时间复杂度为 $O(n\log n)$、$O(n^3)$ 的算法；其余算法统称为指数算法（Exponential Algorithms），如复杂度为 $O(n!)$、$O(k^n)$ 的算法。

根据算法复杂性理论，可以对问题的求解难度作如下界定[5,127]：

定义 2-1（多项式可解问题） 对于一个给定的计算问题，如果存在一个多项式时间算法能够获得问题的最优解，则称给定的计算问题是多项式可解（Polynomial）问题，简称多项式问题，所有多项式问题集记为 P。

比多项式问题更广泛的一类问题是不确定多项式（Nondeterministic Polynomial，NP）问题，在介绍这类问题之前，首先引入判定问题的定义。

定义 2-2（判定问题） 若一个问题的每个实例只有“是”或“否”

两种回答，则称该问题为判定问题（Decision Problem），并称肯定回答的实例为“是”实例，否定回答的实例为“否”实例或非“是”实例。

定义 2-3（NP 类问题） 如果存在多项式 $p(n)$ 使以下论断成立，那么判定问题 A 是 NP 类的：符号串 x 是 A 的“是”实例，当且仅当存在符号串 $c(x)$（$|c(x)| \leqslant p(|x|)$），若给 H 提供一个输入 x，$c(x)$，则至多 $p(|x|)$ 步之后，算法 H 给出答案“是”。

可见 $P \subseteq NP$。然而是 $P \subset NP$ 还是 $P = NP$？这一问题至今未能被解答。

定义 2-4（“NP-难”问题） 若所有的 NP 问题都能通过多项式归约为问题 A，那么问题 A 是“NP-难”（NP-hard）的。

所谓多项式归约（Polynomial Time Reduction）是指，如果问题 A' 存在多项式算法，那么问题 A 也存在多项式算法，则称 A 多项式归约为 A'；反之同理，若问题 A 不存在多项式算法，那么问题 A' 也必然不存在多项式算法。显然问题 A' 的求解难度较之 A 更甚。

由问题间的归约关系可以看出，即使同属“NP-难”问题，问题的求解难度也是不同的。“NP-难”问题根据求解难度被分为一般意义上的“NP-难”问题（通常所说的“NP-难”问题）和“强 NP-难”问题。对于一般的“NP-难”问题尚且存在拟多项式算法，即算法的计算时间是关于问题规模和问题实例中出现的最大值的多项式函数；而对于“强 NP-难”问题，则不存在拟多项式算法，除非 $P=NP$，是“NP-难”问题中最难的一类。

现对下文将涉及的三类经典“（强）NP-难”问题介绍如下：

子集和问题（Sum of Subsets）。给定正整数 a_1，a_2，…，a_n 及正整数 M，是否存在一个 $\{a_1, a_2, \cdots, a_n\}$ 的子集，使得子集中各元素之和等于 M？子集和问题是“NP-难”问题。

三划分问题（Three Partition Problem）。给定正整数 a_1，a_2，…，a_{3n} 和

b，使 $b/4 < a_i < b/2$ 且 $\sum_{i=1}^{3n} a_i = nb$，是否存在 n 个不相交的子集 S_1，S_2，…，S_n，使得 $|S_j| = 3$ 且 $\sum_{a_i \in S_j} a_i = b\ (j = 1, \cdots, n)$？三划分问题是"强 NP-难"问题。

旅行商问题（Traveling Salesman Problem，TSP）。给定 n 个城市节点 c_1，c_2，…，c_n，两两城市间的距离已知，要求从城市 c_1 出发，每个城市必须经过且只允许经过一次，最终返回 c_1 的最短路程。旅行商问题是"强 NP-难"问题。

2.3.2 问题复杂性分析

在流水车间调度问题中，若每台机器上的工件加工顺序相同，则称之为排列排序（Permutation Schedule）。排列排序对于流水车间调度具有重要意义：

第一，对不考虑等待时间上限约束的一般流水车间调度问题而言，当机器数不大于 3 时，排列排序的最优调度一定是原问题的最优解，特别是对 $F2 \| C_{max}$ 问题，采用基于排列排序的 Johnson 规则可以在多项式时间内得到最优调度。

第二，对等待时间上限为 0 的无等待流水车间调度问题而言，可行调度只存在于排列排序中，且对两机问题 $F2|nwt|C_{max}$，可由 Gilmore 和 Gomory[84] 提出的 TSP 算法（下称 Gilmore-Gomory 算法）在 $O(n\log n)$ 时间内获得最优解。

显而易见，无等待流水车间调度（$\alpha = 0$）和一般流水车间调度（$\alpha \to \infty$）是具有等待时间上限的流水车间调度问题（$\alpha \geqslant 0$）的两种极端特例，而这两种情况在两机环境下都存在基于排列排序的多项式最优算法。但是，对于等待时间上限不为 0 的流水车间调度 $F2|w_i \leqslant \alpha(\alpha > 0)|C_{max}$，即使是

仅有两台机器的问题，下述定理 2-1 及其推论都可以表明，其性质发生了根本性的变化。

定理 2-1　对 $F2|w_i \leqslant \alpha(\alpha > 0)|C_{max}$ 问题，排列排序的最优解不一定是原问题的最优解。

证明：考虑调度问题 $F2|w_i \leqslant \alpha|C_{max}$，其中 $n = 4$，$\alpha = 43$，

$$P = \begin{pmatrix} p_{11} & p_{21} & p_{31} & p_{41} \\ p_{12} & p_{22} & p_{32} & p_{42} \end{pmatrix} = \begin{pmatrix} 35 & 100 & 27 & 59 \\ 87 & 3 & 10 & 83 \end{pmatrix} \tag{2-12}$$

通过枚举法可得，排列排序的最优解为 $C_{max}(prmu) = 231$，最优调度为 $\{J_1, J_4, J_2, J_3\}$，如图 2-1（1）所示；原问题的最优解为 $C_{max}(opt) = 224$，最优调度如图 2-1（2）所示；即 $C_{max}(prmu) > C_{max}(opt)$。

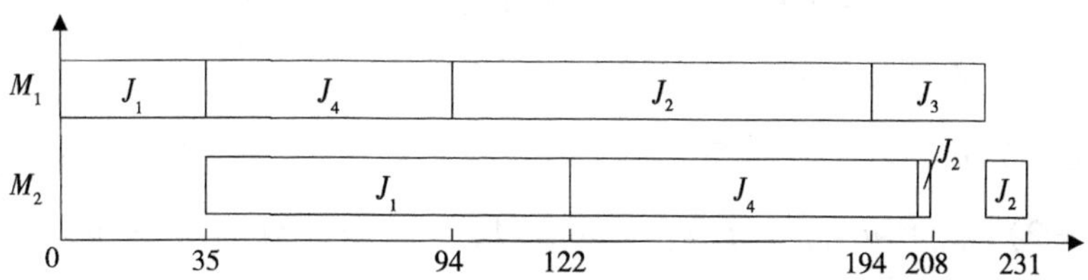

(1) 排列排序最优调度

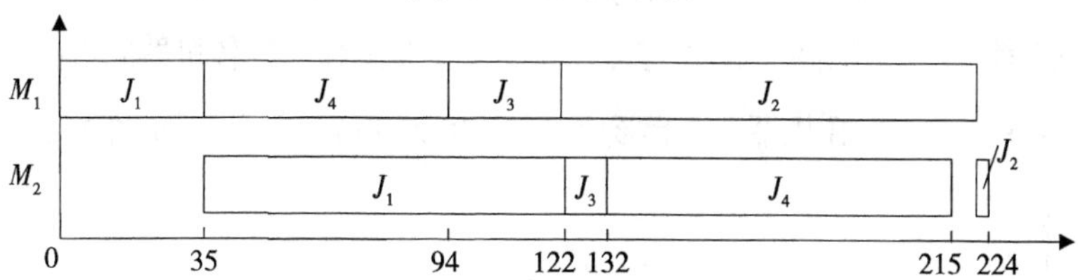

(2) 原问题最优调度

图 2-1　定理 2-1 证明中的甘特图

根据定理 2-1，可以直接得到以下推论：

推论 2-1　对 $F2|w_i \leqslant \alpha(\alpha > 0)|C_{max}$ 问题，不存在基于排列排序的最优调度算法。

推论 2-1 表明，对于两机情况，当存在等待时间上限约束时，建立在

排列排序基础上的 Johnson 规则或 Gilmore-Gomory 算法不一定具有最优性，而且我们不能希冀任何建立在排列排序基础上的最优调度算法（即使是分支定界这类精确算法）。那么在不限于排列排序的情况下，能否构建两机问题的最优算法并在多项式时间内获得最优解。Yang 等[65]通过将子集和问题归约为 $F2 \mid w_i \leqslant \alpha \mid C_{\max}$，证明了问题的“NP-难”特性，说明此调度问题不存在多项式最优算法。那么是否可能存在问题的拟多项式算法？下面的定理 2-2 对这一问题做出了解答。

定理 2-2 具有等待时间上限的两机流水车间调度问题 $F2 \mid w_i \leqslant \alpha\ (\alpha > 0) \mid C_{\max}$ 是“强 NP-难”的。

证明： 将三划分问题归约为 $F2 \mid w_i \leqslant \alpha(\alpha > 0) \mid C_{\max}$。给定整数 a_1，a_2，…，a_{3t}，b，使 $b/4 < a_i < b/2$ 且 $\sum_{i=1}^{3t} a_i = tb$，如下可建立 $F2 \mid w_i \leqslant \alpha(\alpha > 0) \mid C_{\max}$ 问题的一个例子。

工件数 $n = 4t + 1$，等待时间上限 $\alpha \geqslant 1 \wedge \alpha > b/6$，且 $p_{01} = b/2$，$p_{02} = 2\alpha(b+2)$，$p_{t1} = 4\alpha$，$p_{t2} = b/2$，对于 $i = 1$，…，$t-1$ 有 $p_{i1} = 4\alpha$ 和 $p_{i2} = 2\alpha(b+2)$，对于 $i = 1$，…，$3t$ 有 $p_{t+i,\ 1} = 2\alpha \times a_i$ 和 $p_{t+i,\ 2} = 0$。

先将前 $t+1$ 个工件按顺序 $\{J_0, J_1, \cdots, J_t\}$ 排好，且各机器间等待时间为零。这 $t+1$ 个工件在机器 M_1 上形成 t 个长度为 $2\alpha b$ 的区间，如图 2-2 所示。

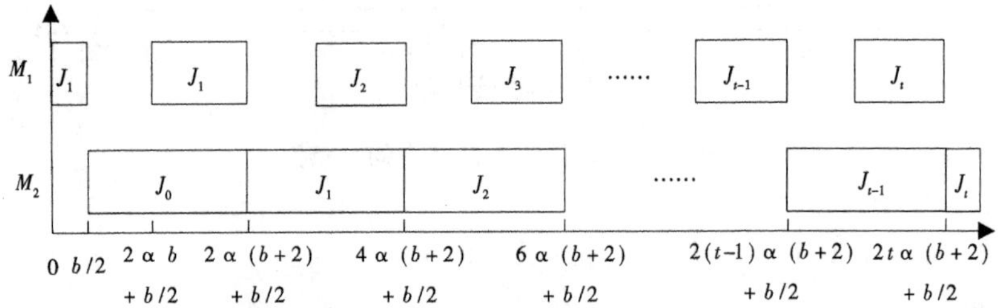

图 2-2 三划分问题的归结甘特图

如果三划分问题有解，则工件 J_{t+1}，J_{t+2}，…，J_{4t} 可以排在 M_1 上对应的 t 个长度为 $2\alpha b$ 的区间内，并得到最优的调度结果，即 $C_{\max}(opt) = 2t\alpha(b+$

2) + b 。

如果三划分问题无解，则必有 $C_{\max} > C_{\max}(opt)$ ，现证明如下：

（1）前 $t+1$ 个工件的顺序

若各工件在两个阶段的加工顺序不同，则必然导致 M_2 的空闲，使得 $C_{\max} > C_{\max}(opt)$ 。此外，J_1 到 J_{t-1} 各阶段加工时间相同，因此变换任意两个工件的顺序都不会影响到 Makespan。

若 J_0 不最先加工，则 $C_{\max} \geqslant 4\alpha + 2t\alpha(b+2) + b/2$。由于 $\alpha > b/6$，有 $C_{\max} > C_{\max}(opt)$ ，所以要保证得到最优调度，J_0 必须第一个开工。

若 J_t 不最后完工，任意工件 $J_i(i=1, \cdots, t-1)$ 在 J_t 后加工均有：$C_{t2} \leqslant C_{t1} + \alpha + p_{t2}$ ，因为 $\alpha + p_{t2} = \alpha + b/2 < 4\alpha$ ，所以有：

$$S_{i2} = \max\{C_{t2}, C_{i1}\} = \max\{C_{t1} + \alpha + b/2, C_{t1} + 4\alpha\} = C_{i1} > C_{t2} \tag{2-13}$$

式（2-13）说明 M_2 出现空闲，$C_{\max} > C_{\max}(opt)$ 。因此要保证得到最优调度，J_t 必须最后加工。

综上所述，只有前 $t+1$ 个工件的顺序满足图 2-2 所示，才有可能得到最优调度。

（2）剩余工件 $J_{t+i}(i=1, \cdots, 3t)$ 的加工顺序

因为 $a_i > b/4$ 且 $\alpha \geqslant 1$，有 $p_{t+i,1} = 2\alpha \times a_i > b/2$，所以任一工件 J_{t+i} 排在 J_t 后都会导致 $C_{\max} > C_{\max}(opt)$ ，也就是说，要想得到最优调度，$J_{t+i}(i=1, \cdots, 3t)$ 必须排在 M_1 上对应的 t 个长度为 $2\alpha b$ 的区间内。

而若三划分问题无解，则至少存在一个 i 使得 $a_{3i-2} + a_{3i-1} + a_{3i} > b$ 。假设 $i^* = \min\{i \mid (a_{3i-2} + a_{3i-1} + a_{3i} > b) \wedge i \in \{1, \cdots, t\}\}$ ，因为 a_1, a_2, $\cdots$, a_{3t}, b 为整数，所以有 $a_{3i^*-2} + a_{3i^*-1} + a_{3i^*} \geqslant b+1$，且因为 i^* 是满足 $a_{3i-2} + a_{3i-1} + a_{3i} > b$ 的最小 i 值，可知 $C_{i^*,2} = i^* \times 2\alpha(b+2) + b/2$，如图 2-3 所示。

显然若有 $S_{i^*+1,2} > C_{i^*,2}$ ，即 M_2 出现空闲，则必有 $C_{\max} > 2t\alpha(b+2) + b = C_{\max}(opt)$ 。现对此证明如下：

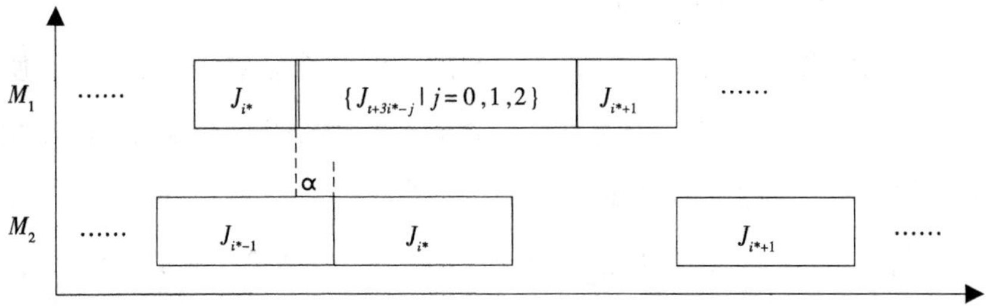

图 2-3　三划分问题无解时的甘特图

$$C_{i^*+1,1} \geqslant C_{i^*-1,2} - \alpha + \sum_{j=0}^{2} p_{t+3i^*-j,1} + p_{i^*+1,1}$$

$$= 2(i^* - 1)\alpha(b+2) + b/2 - \alpha + 2\alpha(a_{t+3i^*-2} + a_{t+3i^*-1} + a_{t+3i^*}) + 4\alpha$$

$$\geqslant 2\alpha(i^* - 1)(b+2) + b/2 - \alpha + 2\alpha(b+1) + 4\alpha$$

$$= 2i^*\alpha(b+2) + b/2 + \alpha > C_{i^*,2} \qquad (2-14)$$

因而有 $S_{i^*+1,2} = \max\{C_{i^*+1,1}, C_{i^*,2}\} = C_{i^*+1,1} > C_{i^*,2}$ ，说明 M_2 出现空闲，即 $C_{\max} > C_{\max}(opt)$ 。

综上可得，当且仅当三划分问题有解时，$F2 \mid w_i \leqslant \alpha(\alpha > 0) \mid C_{\max}$ 可得到最优目标值 $C_{\max}(opt) = 2t\alpha(b+2)$ 。

定理 2-2 表明，在等待时间上限不为 0 时，$F2 \mid w_i \leqslant \alpha \mid C_{\max}$ 问题不仅是“NP-难”的，而且具有“强 NP-难”的复杂性。换言之，在等待时间上限约束下，即使在仅有两台机器的情况下，我们也无法构建问题的多项式或拟多项式最优算法，因此，有必要研究能够快速获得问题满意解的近似算法。

◎2.4 排列排序性质与工件序列特征

一般流水车间调度问题存在以下性质：

第一，排列排序的解空间为 $n!$，小于一般流水车间调度问题的解空间 $(n!)^m$，较之易于求解。

第二，对于 $Fm \| C_{\max}$ 问题，至少存在一个最优调度，其最前（后）两台机器上各工件的加工顺序相同，这意味着，当少于 4 台机器时，排列排序的最优调度一定是原问题的最优调度，采用基于排列排序的 Johnson 规则可以得到最优解。这就保证了排列排序的最优解可以作为原问题的近优解甚至最优解。

基于上述性质，一般流水车间调度问题的算法多基于排列排序。鉴于排列排序在流水车间调度领域的重要性，下面将进一步探讨 $Fm \mid w_i \leqslant \alpha \mid C_{\max}$ 与排列排序的关系。

2.4.1 排列排序与可行调度

在一般流水车间调度问题中，任意不限于排列排序的工件序列均可构成相应的可行调度，但对等待时间上限有特殊要求的问题则不具备此特征。

考虑定理 2-1 中给出的问题实例，对于问题的最优调度，若将机器 M_2 上的工件 J_3 插入 J_2 之后，如图 2-4 所示，则 J_3 在两台机器间的等待时间必然不小于 J_2 在两台机器上的加工时间总和，即 $w_3 \geqslant p_{21} + p_{22}(103) > \alpha(43)$，此调度解为不可行解。

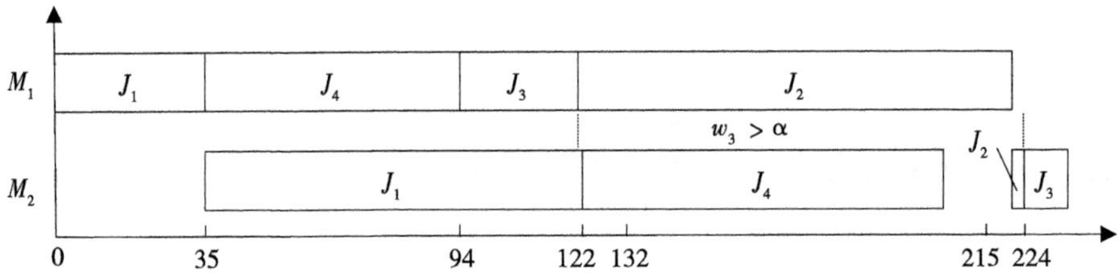

图 2-4　非排列排序的不可行调度解实例

若将调度解限制在排列排序范围，则解的可行性满足定理 2-3。

定理 2-3　对 $Fm \mid w_i \leqslant \alpha \mid C_{\max}$ 问题，满足排列排序要求的任一工件加工序列，均可构成相应的可行调度。

证明：在排列排序中，每台机器上各工件的加工顺序均相同，因此，任意工件 J_i 在机器 M_j 的开工时间 S_{ij} 的后移并不会影响位于该工件之前加工的工件 $J_k(1 \leqslant k < i)$ 在各台机器上的完工时间。因此，在 J_i 违背了等待时间上限约束的情况下，只需要逆向调整该工件在前几台机器的开工时间即可得到可行调度，如图 2-5 所示。

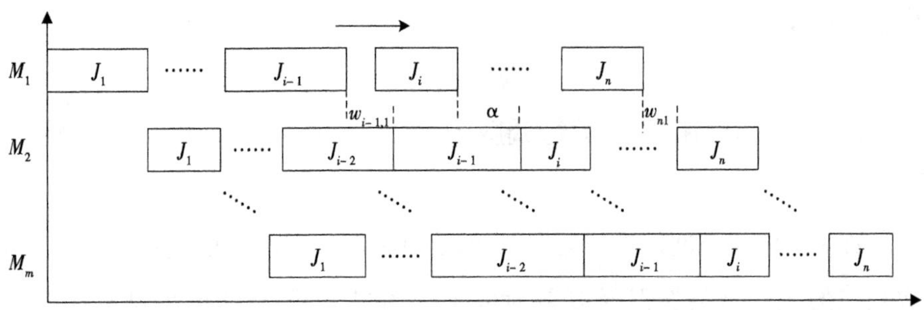

图 2-5　$Fm \mid w_i \leqslant \alpha \mid C_{\max}$ **问题调度甘特图**

定理 2-3 表明，可以通过排列排序获得 $Fm \mid w_i \leqslant \alpha \mid C_{\max}$ 问题的可行调度。而对于任意排列排序调度解，在具有等待时间上限的情况下，其 Makespan 值与问题最优值存在以下关系。

定理 2-4　对于 $Fm \mid w_i \leqslant \alpha \mid C_{\max}$ 问题，令 π 表示满足排列排序要求

的任一可行解，$C_{max}(opt)$ 表示流水车间调度的最优值，则有：

$$C_{max}(\pi)/C_{max}(opt) \leqslant m \tag{2-15}$$

证明：无等待是等待时间上限约束的一种极端情况，即要求上限 $\alpha = 0$。而无等待流水车间调度问题 $Fm \mid nwt \mid C_{max}$ 作为具有等待时间上限的流水车间调度的一类特例问题，其任意可行解 π 显然与其具有相同问题结构（机器数、工件数及加工时间均相同），仅等待时间上限不同的相应问题 $Fm \mid w_{ij} \leqslant \alpha \mid C_{max}$ 的可行解，因此，对于 $Fm \mid nwt \mid C_{max}$ 问题有 $C_{max}(\pi) \leqslant C^0_{max}(\pi)$，其中 $C^0_{max}(\pi)$ 为无等待流水车间调度解 π 的 Makespan 值。

无等待流水车间调度 $Fm \mid nwt \mid C_{max}$ 是一类特殊的 TSP 问题[82]，由 $n+1$ 个节点 J_1，…，J_n，J_{n+1} 构成，其中 J_{n+1} 为虚拟工件，在各机器上的加工时间均为 0。节点 J_i 和 J_j 之间的距离 d_{ij} 定义为 J_i 作为 J_j 的紧前工件时，两工件在第一台机器上的开工时间之差，计算公式如下：

$$d_{ij} = \max_{1 \leqslant k \leqslant m} \left\{ \sum_{h=1}^{k} p_{ih} - \sum_{h=1}^{k-1} p_{jh} \right\} \tag{2-16}$$

对于工件序列 π，可将虚拟工件 J_{n+1} 作为最后加工的工件，有：

$$C^0_{max}(\pi) = \sum_{i=1}^{n} d_{\pi(i),\ \pi(i+1)} = \sum_{i=1}^{n} \max_{1 \leqslant k \leqslant m} \left\{ \sum_{h=1}^{k} p_{\pi(i),\ h} - \sum_{h=1}^{k-1} p_{\pi(i+1),\ h} \right\} \tag{2-17}$$

其中 $\pi(i)$ 为序列 π 中第 i 个加工工件。由此得到的 $C^0_{max}(\pi)$ 即为“无等待”约束下工件序列 π 能够获得的最小 Makespan 值。

因有：

$$\max_{1 \leqslant k \leqslant m} \left\{ \sum_{h=1}^{k} p_{\pi(i),\ h} - \sum_{h=1}^{k-1} p_{\pi(i+1),\ h} \right\} \leqslant \sum_{j=1}^{m} p_{\pi(i),\ j} \tag{2-18}$$

所以 $C^0_{max}(\pi) \leqslant \sum_{i=1}^{n} \sum_{j=1}^{m} p_{\pi(i),\ j}$，有：

$$\frac{C_{\max}(\pi)}{C_{\max}(opt)} \leqslant \frac{C_{\max}^{0}(\pi)}{C_{\max}(opt)} \leqslant \frac{\sum_{i=1}^{n}\sum_{j=1}^{m} p_{\pi(i),j}}{C_{\max}(opt)} \leqslant \frac{m \max_{1\leqslant j\leqslant m}\left\{\sum_{i=1}^{n} p_{\pi(i),j}\right\}}{C_{\max}(opt)} \tag{2-19}$$

显然对于 $C_{\max}(opt)$ 有 $C_{\max}(opt) \geqslant \max_{1\leqslant j\leqslant m}\left\{\sum_{i=1}^{n} p_{\pi(i),j}\right\}$，因而：

$$C_{\max}(\pi)/C_{\max}(opt) \leqslant m \tag{2-20}$$

定理 2-4 分析了考虑等待时间上限约束时，任意排列排序可行解的 Makespan 与流水车间调度最优值的关系。对于排列排序最优解，李铁克等[104]给出了以下定理。

定理 2-5 对于 $Fm \mid w_i \leqslant \alpha \mid C_{\max}$ 问题，如果等待时间上限 α 满足：

$$0 \leqslant \alpha < 2 \times \min_{i\in I,\, j\in J}\{p_{ij}\} \tag{2-21}$$

则其可行调度只存在于排列排序中。

定理 2-5 表明，当满足 $0 \leqslant \alpha < 2 \times \min_{i\in I,\, j\in J}\{p_{ij}\}$ 时，排列排序的最优解也是原问题的最优解。对于可行调度中工件序列的加工特征，我们可以得到定理 2-6。

定理 2-6 对于 $Fm \mid w_i \leqslant \alpha \mid C_{\max}$ 问题，如果等待时间上限满足：

$$0 \leqslant \alpha < \min_{i\in I}\{p_{ij} + p_{i,j+1}\} \tag{2-22}$$

那么在任意可行调度中，机器 M_j、M_{j+1} 上的工件加工顺序必然相同。

证明：反证法。假设在某可行调度 π 中，机器 M_j、M_{j+1} 上各工件的加工顺序不同，则至少有两个工件 J_h 和 J_k 满足：在 M_j 上，J_k 紧排在 J_h 前面，而在 M_{j+1} 上，J_k 位于 J_h 之后加工，则有 $w_{kj} \geqslant p_{hj} + p_{h,j+1} + w_{hj}$。由于 $p_{hj} + p_{h,j+1} \geqslant \min_{i\in I}\{p_{ij} + p_{i,j+1}\} > \alpha$，则 $w_{kj} > \alpha$，不满足等待时间上限约束，与 π 为可行调度的假设矛盾。

以上定理表明，对于具有等待时间上限的流水车间调度问题，在一定条件下只有具有排列排序特征的工件序列才能保证调度解的可行性。

借鉴一般流水车间调度问题的理论基础，下面将分析在等待时间上限约束下，流水车间调度问题的最前和最后两台机器上的工件序列特征，进一步讨论基于排列排序求解该问题的有效性。

2.4.2 前两台机器的工件序列

对于具有等待时间上限的流水车间调度问题，分别从等待时间上限和加工时间分布两个维度对最前两台机器 M_1、M_2 上各工件的加工顺序进行分析，则可知推论 2-2 和定理 2-7 成立，其中推论 2-2 可由定理 2-6 得到。

推论 2-2 对于 $Fm \mid w_i \leqslant \alpha \mid C_{\max}$ 问题，如果等待时间上限满足：

$$0 \leqslant \alpha < \min_{i \in I} \{p_{i1} + p_{i2}\} \tag{2-23}$$

那么，在任意可行调度中，最前两台机器的工件加工顺序必然相同。

定理 2-7 对于 $Fm \mid w_i \leqslant \alpha \mid C_{\max}$ 问题，如果加工时间满足：

$$\max_{i \in I} \{p_{i1}\} \leqslant \min_{i \in I} \{p_{i1} + p_{i2}\} \tag{2-24}$$

那么，至少存在一个最优调度，在此最优调度中，最前两台机器上的工件加工顺序相同。

证明：由推论 2-2 可得，当 $0 \leqslant \alpha < \min_{i \in I} \{p_{i1} + p_{i2}\}$，最前两台机器的加工顺序一定相同。因此，只需证明当 $\alpha \geqslant \min_{i \in I} \{p_{i1} + p_{i2}\}$ 且 $\max_{i \in I} \{p_{i1}\} \leqslant \min_{i \in I} \{p_{i1} + p_{i2}\}$ 时，至少存在一个最优调度，其中最前两台机器的工件加工顺序相同即可。

假设在某最优调度 π 中，最前两台机器 M_1、M_2 上各工件的加工顺序不同，则至少有两个工件 J_i 和 J_j 满足：在 M_1 上，J_j 紧排在 J_i 的前面，而在 M_2 上，J_j 排在 J_i 的后面。如果在 π 中，J_i 和 J_j 之间有 $\Delta t = S_{i1} - C_{j1} > 0$，若把 J_j 的开始时间后移 Δt 个时间单位，将不会对其他工件产生影响。此时

$S_{i1} = C_{j1}$。

交换 J_i 和 J_j 在 M_1 上的位置，令 $S'_{i1} = S_{j1}$，得到新调度 π'，有 $C'_{j1} = C_{i1}$。则在 M_2 上，J_i 和 J_j 的完工时间不会延迟，即 $C'_{i2} \leqslant C_{i2}$，$C'_{j2} \leqslant C_{j2}$，因而也不会令其他工件的完工时间后延，因此目标值不会增加。

下面考虑在 π' 中，工件是否依然满足等待时间上限的约束。

设 J_h 为 M_2 上先于 J_i 加工的工件，则在调度 π 中，$w_{i1} = \max\{0, C_{h2} - C_{i1}\}$；$w_{j1} = S_{j2} - C_{j1} = C_{j2} - C_{j1} - p_{j2}$。

在 π' 中，对于 J_j 有 $w'_{j1} = C'_{j2} - C'_{j1} - p_{j2} = C'_{j2} - C_{i1} - p_{j2} \leqslant w_{j1} \leqslant \alpha$。因此，在 π' 中 J_j 满足等待时间上限约束。

在 π' 中，对于 J_i 有 $w'_{i1} = \max\{0, C_{h2} - C'_{i1}\}$。

因为 $C_{i1} = S_{j1} + p_{i1} + p_{j1}$，$C'_{i1} = S_{j1} + p_{i1}$，有 $C_{h2} - C_{i1} \leqslant C_{h2} - C'_{i1}$，所以，存在以下三种情况，如图 2-6 所示。

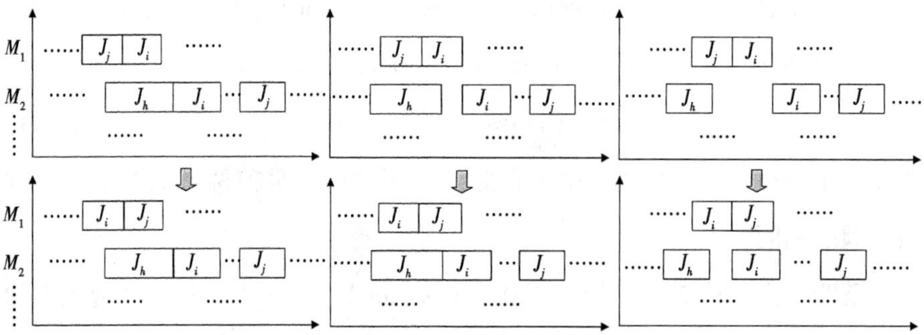

(1) $0 \leqslant C_{h2} - C_{i1} \leqslant C_{h2} - C'_{i1}$　(2) $C_{h2} - C_{i1} \leqslant 0 \leqslant C_{h2} - C'_{i1}$　(3) $C_{h2} - C_{i1} \leqslant C_{h2} - C'_{i1} \leqslant 0$

图 2-6　前两台机器上的工件序列可能存在的三种情况

情况一　$0 \leqslant C_{h2} - C_{i1} \leqslant C_{h2} - C'_{i1}$

此时 $w_{i1} = C_{h2} - C_{i1}$；$w'_{i1} = C_{h2} - C'_{i1} = C_{h2} - C_{i1} + p_{j1} = w_{i1} + p_{j1}$。

因为 π 是可行调度，所以 $w_{j1} \geqslant p_{i1} + p_{i2} + w_{i1}$，因为 $w_{j1} \leqslant \alpha$，且 $w_{i1} \leqslant \alpha - p_{i1} - p_{i2}$，所以 $w'_{i1} = w_{i1} + p_{j1} \leqslant \alpha - p_{i1} - p_{i2} + p_{j1}$。

因为 $p_{j1} \leqslant \min_{i \in I}\{p_{i1} + p_{i2}\} \leqslant p_{i1} - p_{i2}$ ，所以 $w'_{i1} \leqslant \alpha$ ，在 π' 中 J_i 满足等待时间上限约束。

情况二 $C_{h2} - C_{i1} \leqslant 0 \leqslant C_{h2} - C'_{i1}$

有 $C_{h2} - C_{i1} = C_{h2} - C'_{i1} - p_{j1} \leqslant 0$，即 $C_{h2} - C'_{i1} \leqslant p_{j1}$ ，此时 $w_{i1} = 0$, $w'_{i1} = C_{h2} - C'_{i1} \leqslant p_{j1} \leqslant \max_{i \in I}\{p_{i1}\} \leqslant \min_{i \in I}\{p_{i1} + p_{i2}\} \leqslant \alpha$ 。

因此，在 π' 中 J_i 满足等待时间上限约束。

情况三 $C_{h2} - C_{i1} \leqslant C_{h2} - C'_{i1} \leqslant 0$

此时 $w_{i1} = w'_{i1} = 0$，在 π' 中 J_i 满足等待时间上限约束。

综上，当 $\alpha \geqslant \min_{i \in I}\{p_{i1} + p_{i2}\}$ 且 $\max_{i \in I}\{p_{i1}\} \leqslant \min_{i \in I}\{p_{i1} + p_{i2}\}$ 时，对于最前两台机器上工件加工顺序不同的可行调度，通过第一台机器工件顺序的两两交换，可以转化为最前两台机器上加工顺序相同的可行调度，且不会导致 Makespan 的增加。

结合推论 2-2 可得，当问题 $Fm \mid w_i \leqslant \alpha \mid C_{\max}$ 的加工时间满足 $\max_{i \in I}\{p_{i1}\} \leqslant \min_{i \in I}\{p_{i1} + p_{i2}\}$ ，那么至少存在一个最优调度，在此最优调度中，最前两台机器上的工件加工顺序相同。

2.4.3 后两台机器的工件序列

在具有等待时间上限的流水车间调度问题中，对于最后两台机器 M_{m-1}、M_m 上的工件序列特征，仍然从等待时间上限和加工时间分布两个维度进行探讨，有以下推论 2-3 和定理 2-8 成立，其中推论 2-3 可由定理 2-6得到。

推论 2-3 对于 $Fm \mid w_i \leqslant \alpha \mid C_{\max}$ 问题，如果等待时间上限满足：

$$0 \leqslant \alpha < \min_{i \in I}\{p_{i,\ m-1} + p_{im}\} \tag{2-25}$$

那么在任意可行调度中，最后两台机器的工件加工顺序必然相同。

定理 2-8 对于 $Fm \mid w_i \leqslant \alpha \mid C_{\max}$ 问题，如果加工时间满足：

$$\max_{i \in I}\{p_{im}\} \leqslant \min_{i \in I}\{p_{i,\ m-1} + p_{im}\} \tag{2-26}$$

那么至少存在一个最优调度，在此最优调度中，最后两台机器的工件加工顺序相同。

证明：推论 2-3 说明，当 $0 \leqslant \alpha < \min_{i \in I}\{p_{i,\ m-1} + p_{im}\}$ 时最后两台机器的加工顺序一定相同。因而只需考虑 $\alpha \geqslant \min_{i \in I}\{p_{i,\ m-1} + p_{im}\}$ 的情况。

假设在某最优调度 π 中，最后两台机器 M_{m-1}、M_m 上各工件的加工顺序不同，则至少有两个连续加工工件 J_i 和 J_j 满足：在机器 M_{m-1} 上，J_i 先于 J_j 加工，而在 M_m 上，J_i 紧排于 J_j 之后。交换 J_i 和 J_j 在 M_m 上的位置，得到新调度 π'。J_i 和 J_j 的交换不会影响先于其加工的工件，也不影响 M_{m-1} 上的所有工件。如果交换位置后 J_i 和 J_j 仍满足等待时间上限约束，且在 M_m 上位于其后加工的工件的开始时间不会推迟，那么 π' 也是原问题的最优解。

不失一般性，设在 M_m 上，J_h 为先于 J_i 和 J_j 加工的工件，J_k 为在 J_i 和 J_j 紧后加工的工件。则在调度 π 中，

$S_{km} = \max\{C_{k,\ m-1},\ C_{im}\}$，$w_{i,\ m-1} = \max\{0,\ C_{jm} - C_{i,\ m-1}\}$，$w_{j,\ m-1} = \max\{0,\ C_{hm} - C_{j,\ m-1}\}$。

在 π' 中，对于 J_k 有 $S'_{km} = \max\{C_{k,\ m-1},\ C'_{jm}\}$。

可以看出，S_{km} 和 S'_{km} 两式的差别仅在于第二项的不同。

对于 J_i 有 $w'_{i,\ m-1} = \max\{0,\ C_{hm} - C_{i,\ m-1}\}$。因为 $C_{jm} \geqslant C_{hm}$，所以 $w'_{i,\ m-1} \leqslant w_{i,\ m-1} \leqslant \alpha$。因此，在 π' 中 J_i 满足等待时间上限约束。

对于 J_j 有 $w'_{j,\ m-1} = \max\{0,\ C'_{im} - C_{j,\ m-1}\}$。其中 $C'_{im} = \max\{C_{hm},\ C_{i,\ m-1}\} + p_{im}$，因而 $C'_{im} - C_{hm} = \max\{0,\ C_{i,\ m-1} - C_{hm}\} + p_{im} \geqslant 0$，有 $C'_{im} - C_{j,\ m-1} \geqslant C_{hm} - C_{j,\ m-1}$，有如下三种情况，如图 2-7 所示。

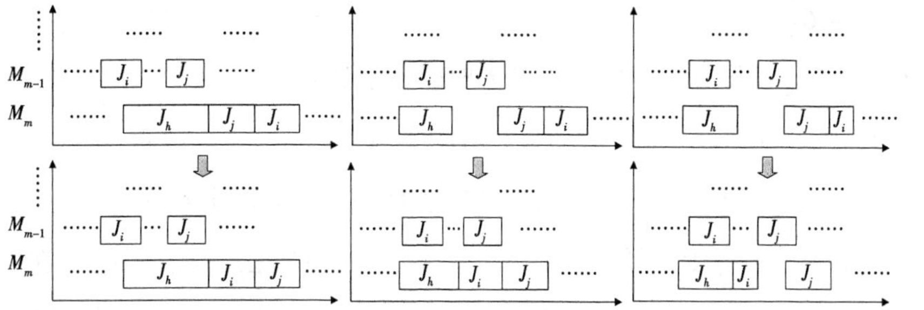

（1）$0 \leqslant C_{hm} - C_{j,m-1} \leqslant C'_{im} - C_{j,m-1}$　（2）$C_{hm} - C_{j,m-1} \leqslant 0 \leqslant C'_{im} - C_{j,m-1}$　（3）$C_{hm} - C_{j,m-1} \leqslant C'_{im} - C_{j,m-1} \leqslant 0$

图 2-7　后两台机器上的工件序列可能存在的三种情况

情况一　$0 \leqslant C_{hm} - C_{j,\ m-1} \leqslant C'_{im} - C_{j,\ m-1}$

此时 $w_{j,\ m-1} = C_{hm} - C_{j,\ m-1}$，$w'_{j,\ m-1} = C'_{im} - C_{j,\ m-1}$。

因为 π 是可行调度，所以有 $w_{i,\ m-1} = p_{j,\ m-1} + w_{j,\ m-1} + p_{jm} \leqslant \alpha$，即 $w_{j,\ m-1} \leqslant \alpha - p_{j,\ m-1} - p_{jm}$。因而：

$$w'_{j,\ m-1} = C'_{im} - C_{j,\ m-1} = w_{j,\ m-1} + p_{im} \leqslant \alpha - p_{j,\ m-1} + p_{jm} + p_{im} \quad (2\text{-}27)$$

因为 $p_{im} \leqslant \min\limits_{i \in I}\{p_{i,\ m-1} + p_{i,\ m-2}\} \leqslant p_{j,\ m-1} + p_{jm}$，所以 $w'_{j,\ m-1} \leqslant \alpha$，在 π' 中 J_j 满足等待时间上限约束。

对于 J_k 在 M_m 上的开始时间，在 π 中，$C_{im} = C_{hm} + p_{jm} + p_{im}$；在 π' 中，$C'_{jm} = C_{hm} + p_{jm} + p_{im} = C_{im}$，所以有 $S_{km} = S'_{km}$，即 J_k 在 M_m 上的开始时间不会延迟。

情况二　$C_{hm} - C_{j,\ m-1} \leqslant 0 \leqslant C'_{im} - C_{j,\ m-1}$

此时 $w_{j,\ m-1} = 0$，$w'_{j,\ m-1} = C'_{im} - C_{j,\ m-1}$。

因为 $C_{j,\ m-1} \geqslant C_{hm}$，$C_{j,\ m-1} \geqslant C_{i,\ m-1}$，所以有 $C_{j,\ m-1} \geqslant \max\{C_{hm},\ C_{i,\ m-1}\}$，又因为 $C'_{im} = \max\{C_{hm},\ C_{i,\ m-1}\} + p_{im}$，所以有：

$$w'_{j,\ m-1} = C'_{im} - C_{j,\ m-1} \leqslant p_{im} \leqslant \min\limits_{i \in I}\{p_{i,\ m-1} + p_{im}\} \leqslant \alpha \quad (2\text{-}28)$$

因此，在 π' 中 J_j 满足等待时间上限约束。

对于 J_k 在 M_m 上的开始时间，在 π 中，$C_{im} = C_{j,\ m-1} + p_{jm} + p_{im}$；在 π'

中，$C'_{jm} = C_{j,\ m-1} + w'_{j,\ m-1} + p_{j,\ m-2}$。由于 $w'_{j,\ m-1} \leqslant p_{im}$，有 $C_{im} \geqslant C'_{jm}$，所以 $S_{km} \geqslant S'_{km}$，即 J_k 在 M_m 上的开始时间不会延迟。

情况三　$C_{hm} - C_{j,\ m-1} \leqslant C'_{im} - C_{j,\ m-1} \leqslant 0$

此时 $w_{j,\ m-1} = w'_{j,\ m-1} = 0$，在 π' 中 J_j 满足等待时间上限约束。

对于 J_k 在 M_m 上的开始时间，在 π 中，$C_{im} = C_{j,\ m-1} + p_{jm} + p_{im}$；在 π' 中，$C'_{jm} = C_{j,\ m-1} + p_{jm} \leqslant C_{im}$，所以 $S_{km} \geqslant S'_{km}$，即 J_k 在 M_m 上的开始时间不会延迟。

因而，当 $\alpha \geqslant \min\limits_{i \in I}\{p_{i,\ m-1} + p_{im}\}$ 且 $\max\limits_{i \in I}\{p_{im}\} \leqslant \min\limits_{i \in I}\{p_{i,\ m-1} + p_{im}\}$ 时，通过两两交换 M_{m-1} 上的工件加工顺序，可以得到最后两台机器的加工顺序相同的可行调度，且 Makespan 不会增加。

综上所述，对于该类具有等待时间上限的流水车间调度问题，至少存在一个最优调度，使得最后两台机器的工件加工顺序相同。

2.4.4　两阶段的排列排序性质

在上述分析的基础上，对于具有等待时间上限的两机流水车间调度问题，我们可以得到定理 2-9，即当满足一定条件时，排列排序最优解也是原问题的最优解。

定理 2-9　对于两机问题 $F2 | w_i \leqslant \alpha | C_{\max}$，当满足以下条件之一时，其排列排序最优解也是原问题的最优解：

(1) $0 \leqslant \alpha < \min\limits_{i \in I}\{p_{i1} + p_{i2}\}$（等待时间上限与加工时间的条件）。

(2) $\min\{\max\limits_{i \in I}\{p_{i1}\},\ \max\limits_{i \in I}\{p_{i2}\}\} \leqslant \min\limits_{i \in I}\{p_{i1} + p_{i2}\}$（加工时间之间的条件）。

证明：第一，由定理 2-6 可得，对于 $F2 | w_i \leqslant \alpha | C_{\max}$ 问题，如果等待时间上限满足 $0 \leqslant \alpha < \min\limits_{i \in I}\{p_{i1} + p_{i2}\}$，那么可行调度只存在于排列排序中。

第二，由定理 2-7 可得，对于仅有两台机器的情况，如果加工时间满

足 $\max_{i \in I}\{p_{i1}\} \leqslant \min_{i \in I}\{p_{i1}+p_{i2}\}$，那么至少存在一个最优调度，使得在此最优调度中，每台机器上的工件加工顺序相同。

第三，由定理 2-8 可得，当 $m=2$ 时，如果加工时间满足 $\max_{i \in I}\{p_{i2}\} \leqslant \min_{i \in I}\{p_{i1}+p_{i2}\}$，那么至少存在一个最优调度，使得在此最优调度中，每台机器上的工件加工顺序相同。

由第二点和第三点可以得出，若能满足以下条件之一，则排列排序的最优解也是 $F2 \mid w_i \leqslant \alpha \mid C_{\max}$ 问题的最优解：其一，$\max_{i \in I}\{p_{i1}\} \leqslant \min_{i \in I}\{p_{i1}+p_{i2}\}$；其二，$\max_{i \in I}\{p_{i2}\} \leqslant \min_{i \in I}\{p_{i1}+p_{i2}\}$。

即满足 $\min\{\max_{i \in I}\{p_{i1}\}, \max_{i \in I}\{p_{i2}\}\} \leqslant \min_{i \in I}\{p_{i1}+p_{i2}\}$ 时，排列排序的最优解也是原问题的最优解。

结合第一点，如果 $F2 \mid w_i \leqslant \alpha \mid C_{\max}$ 问题能够满足 $0 \leqslant \alpha < \min_{i \in I}\{p_{i1}+p_{i2}\}$ 或 $\min\{\max_{i \in I}\{p_{i1}\}, \max_{i \in I}\{p_{i2}\}\} \leqslant \min_{i \in I}\{p_{i1}+p_{i2}\}$，排列排序的最优解也是原问题的最优解。

在许多实际问题中，上述条件往往容易得到满足，例如，在炼钢生产过程中，钢包在炼钢和精炼两个阶段间的等待时间上限通常小于其加工时间；在生产节奏较为平衡的生产线上，工件在一个工序的加工时间通常不会大于其他工件在两个工序的加工时间之和。

◎2.5 具有等待时间上限的调度性质总结与分析

基于上述分析，表 2-1 至表 2-3 对具有等待时间上限的流水车间调度问题的基本性质进行了总结。

表 2-1 等待时间上限与问题复杂性

	$m = 2$	$m \geqslant 3$
$\alpha > 0$	“强 NP-难”	“强 NP-难”
$\alpha = 0$	多项式可解（Gilmore-Gomory 算法）	“强 NP-难”[85]
$\alpha \to \infty$	多项式可解（Johnson 规则）	“强 NP-难”[3]

表 2-2 排列排序与原问题的比较

	排列排序	原问题
解空间	$n!$	$(n!)^m$
问题解	工件序列均可构成可行解，且与原问题最优解的最坏比不大于 m	可能存在不可行的排序方案

表 2-3 具有等待时间上限的流水车间调度问题的工件序列特征

机器	条件	结论
所有机器	$0 \leqslant \alpha < 2 \times \min_{i \in I,\ j \in J} \{p_{ij}\}$	可行调度一定是排列排序
	$0 \leqslant \alpha < \min_{i \in I} \{p_{ij} + p_{i,\ j+1}\}$	阶段 j 和 j+1 的工件顺序一定相同
最前两台机器	$0 \leqslant \alpha < \min_{i \in I} \{p_{i1} + p_{i2}\}$	开始两台机器的工件顺序一定相同
	$\max_{i \in I} \{p_{i1}\} \leqslant \min_{i \in I} \{p_{i1} + p_{i2}\}$	至少存在一个最优调度，使得开始两台机器的工件顺序相同
最后两台机器	$0 \leqslant \alpha < \min_{i \in I} \{p_{i,\ m-1} + p_{im}\}$	最后两台机器的工件顺序一定相同
	$\max_{i \in I} \{p_{im}\} \leqslant \min_{i \in I} \{p_{i,\ m-1} + p_{im}\}$	至少存在一个最优调度，使得最后两台机器的工件顺序相同

续表

机器	条件	结论
仅有两台机器	$0 \leqslant \alpha < \min_{i \in I}\{p_{i1} + p_{i2}\}$	可行调度一定是排列排序
	$\min\{\max_{i \in I}\{p_{i1}\}, \max_{i \in I}\{p_{i2}\}\} \leqslant \min_{i \in I}\{p_{i1} + p_{i2}\}$	排列排序最优解也是原问题最优解

由表 2-1 至表 2-3 可以得到以下结论：

第一，对于具有等待时间上限的流水车间调度问题，当上限值为 0（无等待）且机器数不少于 3 时，问题具有“强 NP-难”复杂性；当上限值大于 0 时，即使对于仅有两台机器的情况也是“强 NP-难”的。这意味着对于这类调度问题不存在多项式或拟多项式最优算法，因而有必要研究能够快速获得问题满意解的近似算法。

第二，即使对于存在等待时间上限约束的情况，排列排序相对于原问题仍具有较小的解空间，基于排列排序求解 $Fm \mid w_i \leqslant \alpha \mid C_{\max}$ 问题可以有效地缩小调度解的搜索范围，降低算法复杂度；此外，满足排列排序要求的任一工件加工序列均可构成相应的可行调度，在求解过程中不需要对调度方案进行可行性判断，能够提高算法的计算效率，易于问题的求解。

第三，当工件在连续两个阶段间的等待时间上限小于加工时间之和，或在最前（后）阶段的加工时间不大于其他工件在最前（后）两个阶段的加工时间之和时，相应两阶段间的工件加工顺序相同。也就是说，满足上述条件的两个阶段间的最优工件序列具有排列排序特征，而在许多实际问题中，比如等待时间限制较严、生产节奏较为平衡的生产环境，这些条件往往容易满足。

第四，对于具有等待时间上限的流水车间调度问题，当上限值较小时，可行调度只存在于排列排序中，且任意排列排序可行解与原问题最优解的最坏比不会超过 m，当满足一定条件时，排列排序最优解就是原问题的最优解。结合第三点可知，即使原问题的最优解不在排列排序中，其部分阶段间的最优工件序列在一定情况下仍具有排列排序特征。因此，排列排序的最优解可以作为原问题的近优解或最优解，尤其对于等待时间的上限约束比较紧的问题，基于排列排序的解法会更加有效。

第五，排列排序易于求解，且由排列排序得到的最优解能够作为原问题的近优解，因而，基于排列排序求解具有等待时间上限的流水车间调度问题是可行且有效的。此外，即使对于不限于排列排序的情况，也能够利用上述性质在算法的初始阶段和搜索过程中约减问题的搜索空间，以提高算法性能，例如，对于一个给定的 $Fm \mid w_i \leqslant \alpha \mid C_{\max}$ 问题，我们可以将下述步骤嵌入求解算法中：

步骤一 对于 $\forall i \in I$，$\forall j \in J$，计算 $\min\limits_{i \in I,\, j \in J}\{p_{ij}\}$；若 $0 \leqslant \alpha < 2 \times \min\limits_{i \in I,\, j \in J}\{p_{ij}\}$，则削减所有非排列排序解，转步骤八，否则转步骤二。

步骤二 $j \leftarrow 1$。

步骤三 对于 $\forall i \in I$，计算 $\min\limits_{i \in I}\{p_{i1} + p_{i2}\}$；若 $j = 1$，转步骤四；否则，若 $j = m - 1$ 转步骤五，否则转步骤六。

步骤四 计算 $\max\limits_{i \in I}\{p_{i1}\}$；若满足 $\max\limits_{i \in I}\{p_{i1}\} \leqslant \min\limits_{i \in I}\{p_{i1} + p_{i2}\}$ 或 $0 \leqslant \alpha < \min\limits_{i \in I}\{p_{i1} + p_{i2}\}$，则排除开始两台机器上工件加工顺序不同的调度解；若 $m = 2$，转步骤五，否则转步骤七。

步骤五 计算 $\max\limits_{i \in I}\{p_{im}\}$；若满足 $\max\limits_{i \in I}\{p_{im}\} \leqslant \min\limits_{i \in I}\{p_{i,\, m-1} + p_{im}\}$ 或 $0 \leqslant \alpha < \min\limits_{i \in I}\{p_{i,\, m-1} + p_{im}\}$，则排除最后两台机器上工件加工顺序不同的调度解，转步骤七。

步骤六 若 $0 \leqslant \alpha < \min\limits_{i \in I}\{p_{ij} + p_{i,\, j+1}\}$，则去除所有在机器 M_j 和 M_{j+1} 上工件加工顺序不同的调度解，转步骤七。

步骤七 $j \leftarrow j + 1$；若 $j < m$，转步骤三，否则，转步骤八。

步骤八 输出约减后的解空间。

◎2.6 本章小结

工件在相邻加工阶段间的等待时间具有一定的上限，是流程工业生产工艺中常见的一类约束。本章研究了问题的复杂性，并借鉴一般流水车间调度问题的研究方法对具有等待时间上限的流水车间调度问题的排列排序性质和工件序列特征进行了探讨，得出以下结论：第一，在不少于三台机器的情况下问题是“强 NP-难”的，尤其当上限值不为 0 时，即使对于仅有两台机器的情况，问题也具有“强 NP-难”的复杂性；第二，满足排列排序要求的任一工件加工序列均可构成相应的可行调度，且 Makespan 与原问题最优值的比值关系均不会超过机器数 m；第三，在一定条件下，最优调度的部分工件序列具有排列排序特征；尤其当上限较紧时，原问题的可行解只存在于排列排序中；第四，对于两台机器的情况，当满足一定条件时，排列排序最优解也是原问题的最优解。

这些性质表明，有必要研究具有等待时间上限的流水车间调度问题的近似算法；尽管排列排序的最优解不一定是原问题的最优解，但基于排列排序的求解方法仍不失为一条有效的途径。

第3章 具有等待时间上限的两机流水车间调度算法

◎3.1 引言

在流水车间调度问题中，仅有两台机器的情况是最基本的一类问题。已有成果表明，以 Makespan 为优化目标的无等待两机流水车间调度问题是多项式可解的，因此，对于两机环境，本章只对更具一般性的具有等待时间上限的流水车间调度问题特征及求解方法进行探讨和研究。通过第 2 章给出的问题性质可知，当等待时间上限大于 0 时，两机流水车间调度问题具有“强 NP-难”的复杂性，不存在任何多项式或拟多项式算法。对于该类问题的求解方法，Yang 等[65]提出了一种基于排列排序的分支定界法，利用 Johnson 规则设计分支定界的下界值；Su[109]针对第一阶段为批处理理机的两机流水车间环境，以最小化 Makespan 为优化目标，建立了问题的混合整数规划模型，并提出了一种启发式方法。

本章针对具有等待时间上限的两机流水车间调度问题，从问题特征着手展开研究，分析问题的上下界，给出两类多项式可解的特殊问题的调度解和最优值特征，讨论最优调度的工件优先关系（DR），利用上述特征设计基于排列排序的调度算法，并从理论分析和实验验证两方面检验算法的求解性能。

◎3.2　两机环境下的性质特征

3.2.1　问题上下界

对调度问题而言，最优值的上下界对于指导算法设计，以及衡量算法性能具有重要意义。一个紧的上界和下界所给出的近优值区间能够严格限定近优解的范围，快速判定调度解的优劣程度，且上下界的计算方法可以为算法中工件序列的生成过程提供有益的指导。关于问题上下界的探讨应基于以下两个关键点：①问题上下界的可计算性，即问题的上下界应该能在多项式时间内计算得到；②问题上下界的紧度，即问题的上下界应该是可达的。

对于具有等待时间上限的两机流水车间调度问题的上下界，我们将从与之存在关联的相关问题展开研究。如上一章所言，$Fm \mid w_i \leqslant \alpha \mid C_{\max}$ 存在以下两种特例：第一，当等待时间上限趋于无穷时（$\alpha \to \infty$），具有等待时间上限的流水车间调度问题转化为一般流水车间调度；第二，当等待时间上限为零时（$\alpha = 0$），该问题即为无等待流水车间调度问题。这两类问题在仅有两台机器的情况下（$m = 2$）均存在基于排列排序的最优启发式算法：$F2 \parallel C_{\max}$ 问题采用 Johnson 规则即可求得解，$F2 \mid nwt \mid C_{\max}$ 问题的最优解可通过 Gilmore-Gomory 算法在 $O(n\log n)$ 时间内获得。

鉴于 $F2 \parallel C_{\max}$ 和 $F2 \mid nwt \mid C_{\max}$ 是多项式可解的问题，且与 $F2 \mid w_i \leqslant \alpha \mid C_{\max}$ 存在一定关联，下面将进一步探讨 $F2 \mid w_i \leqslant \alpha \mid C_{\max}$ 与一般问题和无等待问题的关系，并在此基础上分析问题的上下界。

为便于描述，首先给出以下定义：

定义 3-1（相应一般问题） 与给定 $Fm \mid w_{ij} \leqslant \alpha \mid C_{\max}$ 问题具有相同的问题结构（机器数、工件数及加工时间均相同），且不考虑等待时间上限约束（$\alpha \to \infty$）的一般流水车间调度问题，称为 $Fm \mid w_{ij} \leqslant \alpha \mid C_{\max}$ 的相应一般问题。

定义 3-2（相应无等待问题） 与给定 $Fm \mid w_{ij} \leqslant \alpha \mid C_{\max}$ 问题具有相同的问题结构（即机器数、工件数及加工时间均相同），且阶段间不允许等待（即 $\alpha = 0$）的无等待流水车间调度问题，称为 $Fm \mid w_{ij} \leqslant \alpha \mid C_{\max}$ 的相应无等待问题。

设 $F2 \mid w_i \leqslant \alpha \mid C_{\max}$ 问题的最优值为 $C_{\max}(opt)$，相应一般问题 $F2 \| C_{\max}$ 和无等待问题 $F2 \mid nwt \mid C_{\max}$ 的最优值分别为 $C_{\max}(trd)$ 和 $C_{\max}(nwt)$，那么，$F2 \mid w_i \leqslant \alpha \mid C_{\max}$ 与上述两个问题之间存在以下关系。

定理 3-1 对 $F2 \mid w_i \leqslant \alpha \mid C_{\max}$ 问题，满足：

$$C_{\max}(opt) \geqslant C_{\max}(trd) \tag{3-1}$$

证明：设 π 为 $F2 \mid w_i \leqslant \alpha \mid C_{\max}$ 问题的任一可行解，那么，在 $F2 \| C_{\max}$ 问题中必然存在一个与 π 具有相同工件序列的调度解 π'。对于其中不满足等待时间上限约束的工件，π 需要在 π' 基础上将工件开工时间向右移动，如图 3-1 所示，故 $C_{\max}(\pi) \geqslant C_{\max}(\pi')$。

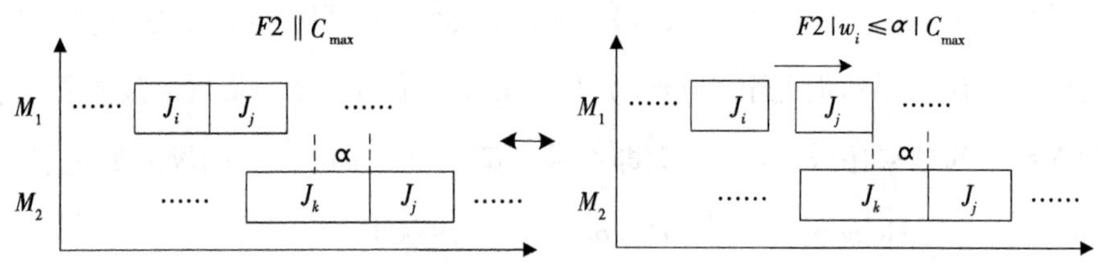

图 3-1　$F2 \| C_{\max}$ 和 $F2 \mid w_i \leqslant \alpha \mid C_{\max}$ 调度解对应关系图

由于 π 可以是 $F2 \mid w_i \leqslant \alpha \mid C_{\max}$ 问题的任意可行解，也就意味着 $F2 \mid w_i \leqslant \alpha \mid C_{\max}$ 的最优解 π^* 亦满足 $C_{\max}(\pi^*) \geqslant C_{\max}(\pi^{*\prime})$，有：

$$C_{\max}(opt) = C_{\max}(\pi^*) \geqslant C_{\max}(\pi^{*\prime}) \geqslant C_{\max}(trd) \quad (3-2)$$

即 $C_{\max}(opt) \geqslant C_{\max}(trd)$ 。

定理 3-2 对 $F2 \mid w_i \leqslant \alpha \mid C_{\max}$ 问题，满足：

$$C_{\max}(opt) \leqslant C_{\max}(nwt) \quad (3-3)$$

证明： 显然 $F2 \mid nwt \mid C_{\max}$ 的最优解 π^* 是相应问题 $F2 \mid w_i \leqslant \alpha \mid C_{\max}$ 的可行解。π^* 中各工件的等待时间均为 0，因而，可以在不违背 $F2 \mid w_i \leqslant \alpha \mid C_{\max}$ 中等待时间上限约束的条件下，延长 π^* 中某些工件的等待时间，使得这些工件的开工时间提前，进而得到新的调度解 π' ，如图 3-2 所示。

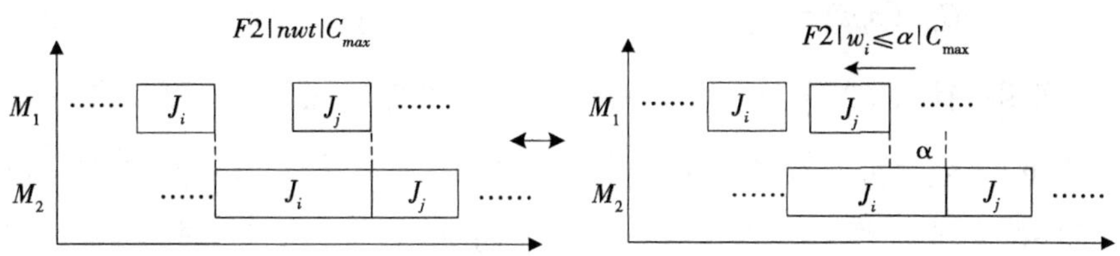

图 3-2 $F2 \mid nwt \mid C_{\max}$ **和** $F2 \mid w_i \leqslant \alpha \mid C_{\max}$ **调度解对应关系图**

由于工件开工时间的前移，有 $C_{\max}(\pi') \leqslant C_{\max}(\pi^*) = C_{\max}(nwt)$ ，又因为 $C_{\max}(\pi') \geqslant C_{\max}(opt)$ ，可得 $C_{\max}(opt) \leqslant C_{\max}(nwt)$ 。

定理 3-1 和定理 3-2 表明，$F2 \mid w_i \leqslant \alpha \mid C_{\max}$ 问题的最优值总是不小于 $F2 \parallel C_{\max}$ 的最优值，且不大于 $F2 \mid nwt \mid C_{\max}$ 的最优值，即

$$C_{\max}(trd) \leqslant C_{\max}(opt) \leqslant C_{\max}(nwt) \quad (3-4)$$

其中，$C_{\max}(trd)$ 和 $C_{\max}(nwt)$ 都能在多项式时间内计算得到，具有可计算性。因此，可以将 $C_{\max}(trd)$ 和 $C_{\max}(nwt)$ 分别作为问题 $F2 \mid w_i \leqslant \alpha \mid C_{\max}$ 的下界和上界。对于上下界的可达性，下文将做进一步探讨。

3.2.2 多项式可解的特殊问题

流水车间存在两类重要的具有特殊加工时间的调度问题：一类为

成比例（Proportionate）流水车间调度问题，即任一工件在所有阶段的加工时间均相同，有 $p_{i1}=p_{i2}=\cdots=p_{im}=p_i(i\in I)$ ；另一类为加工时间与机器相关的调度问题，即在任一机器上加工的所有工件的加工时间均相同，有 $p_{1j}=p_{2j}=\cdots=p_{nj}=p_j(j\in J)$ 。在具有等待时间上限的两机环境，定理 3-3 和定理3-4表明，这两类问题的最优解均可在多项式时间内获得，且最小 Makespan 值与相应一般问题和无等待问题的最优值相等。

定理 3-3 对于成比例两机流水车间调度问题 $F2|p_{ij}=p_i, w_i\leqslant\alpha|C_{\max}$ ，采用基于排列排序的 Johnson 规则即可得到 2^n 个最优调度，且满足：

$$C_{\max}(opt)=C_{\max}(trd)=C_{\max}(nwt)=\sum_{i=1}^{n}p_i+\max_{i\in I}\{p_i\} \tag{3-5}$$

证明：针对 $F2|p_{ij}=p_j, w_i\leqslant\alpha|C_{\max}$ 问题的 Johnson 规则为：① $\forall i\in I$ 均有 $p_{i1}=p_{i2}=p_i$ ，因此，将工件随机分为两个子集 π_1 和 π_2；②将 π_1 中的工件按 p_i 非减顺序排序（SPT 规则），将 π_2 中的工件按 p_i 非增顺序排序（LPT 规则）；③依序首先加工 π_1 中的工件，然后加工 π_2 的工件，调整工件开工时间使其满足等待时间上限约束。

在 Johnson 规则中，工件随机分派到两个子集 π_1 和 π_2 中，即每个工件均有两种集合可分派选择，因而，得到 2^n 个调度解，下面将证明这些调度解均为最优解。

如图 3-3 所示，由 Johnson 规则得到的任一调度解 $\pi^*=\pi_1\cup\pi_2$，有 $C_{\max}(\pi^*)\geqslant C_{\max}(opt)$ 。将具有最长加工时间的工件在 π^* 中的位置记为 k^* ，加工时间记为 $p_{[k^*]}=\max_{1\leqslant k\leqslant n}\{p_{[k]}\}$ 。由于 π_1 的工件按 SPT 规则排序，π_2 的工件按 LPT 规则排序，则必有 $k^*=|\pi_1|\vee k^*=|\pi_1|+1$，且 M_1 上的前 k^* 个工件和 M_2 上的后 $n-k^*+1$ 个工件构成调度的关键路径。因此：

$$C_{\max}(\pi^*)=\sum_{i=1}^{k^*}p_{[i]}+\sum_{i=k^*}^{n}p_{[i]}=\sum_{i=1}^{n}p_{[i]}+p_{[k^*]}=\sum_{i=1}^{n}p_i+\max_{i\in I}\{p_i\} \tag{3-6}$$

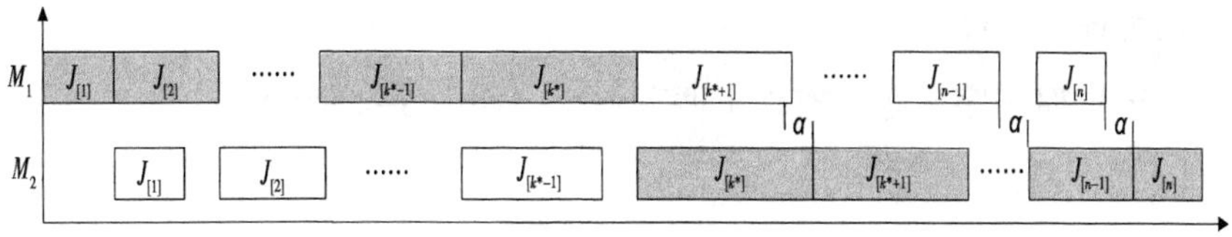

图 3-3　$F2|p_{ij}=p_i,\ w_i \leqslant \alpha|C_{\max}$ 问题的最优调度

显然，对于相应一般问题 $F2|p_{ij}=p_j|C_{\max}$，由 Johnson 规则排得最优调度的关键路径与上述相同，即 $C_{\max}(trd)=\sum_{i=1}^{n}p_i+\max_{i\in I}\{p_i\}=C_{\max}(\pi^*)$。因而，$C_{\max}(\pi^*)\geqslant C_{\max}(opt)$，$C_{\max}(opt)\geqslant C_{\max}(trd)$，$C_{\max}(\pi^*)=C_{\max}(trd)$。

由此可得 $C_{\max}(opt)=C_{\max}(\pi^*)=C_{\max}(trd)$，说明 π^* 为原问题的最优调度，且 $C_{\max}(opt)=\sum_{i=1}^{n}p_i+\max_{i\in I}\{p_i\}$。由于该结论对于任意上限取值均成立，所以，当 $\alpha=0$ 时同样满足，有 $C_{\max}(nwt)=\sum_{i=1}^{n}p_i+\max_{i\in I}\{p_i\}$，因此：

$$C_{\max}(opt)=C_{\max}(trd)=C_{\max}(nwt)=\sum_{i=1}^{n}p_i+\max_{i\in I}\{p_i\} \tag{3-7}$$

定理 3-4　对 $F2|p_{ij}=p_j,\ w_i\leqslant\alpha|C_{\max}$ 问题，任意排列排序解均为最优调度，且最优值为：

$$C_{\max}(opt)=C_{\max}(trd)=C_{\max}(nwt)=\min\{p_1,\ p_2\}+n\max\{p_1,\ p_2\} \tag{3-8}$$

证明：对 $F2|p_{ij}=p_j,\ w_i\leqslant\alpha|C_{\max}$ 问题，有 $p_{i1}=p_1$，$p_{i2}=p_2(i\in I)$，即每个工件与其他任一工件都是相同的，也就是说，排列排序的所有可行解是等价的，均为排列排序最优解。此外，第 2 章的定理 2-9 指出，当满足条件 $0\leqslant\alpha<\min_{i\in I}\{p_{i1}+p_{i2}\}$ 或 $\min\{\max_{i\in I}\{p_{i1}\},\ \max_{i\in I}\{p_{i2}\}\}\leqslant\min_{i\in I}\{p_{i1}+p_{i2}\}$ 时，具有等待时间上限的两机流水车间调度问题的排列排序最优解也是原问题的最优解。显然 $F2|p_{ij}=p_j,\ w_i\leqslant\alpha|C_{\max}$ 满足 $\min\{p_1,\ p_2\}\leqslant p_1+p_2$，所以排列排序的最优解也是原问题的最优解。因此，此问题的任意排列排

序解均为最优调度。

对于排列排序问题，有以下两种情况，如图 3-4 所示。

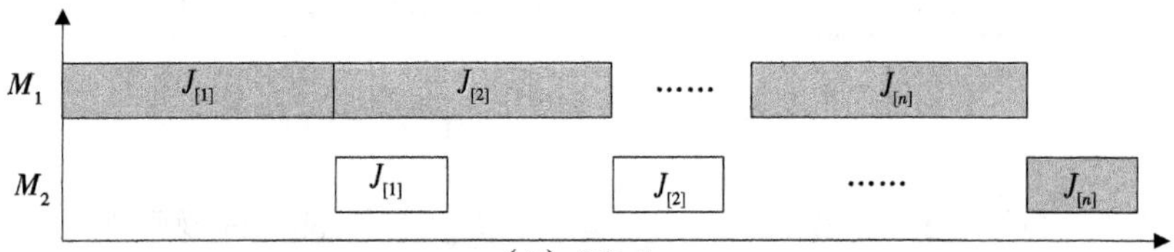

（1）$P_1 \geqslant P_2$

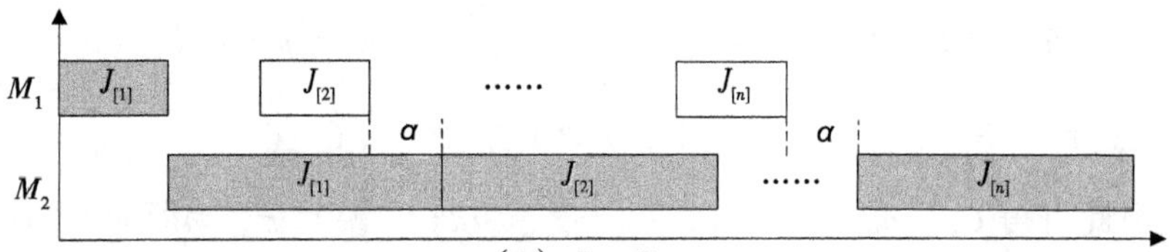

（2）$P_1 < P_2$

图 3-4　$F2 \mid p_{ij}=p_j,\ w_i \leqslant \alpha \mid C_{\max}$ 问题的最优调度

（1）当 $p_1 \geqslant p_2$ 时，图 3-4（1）给出的调度解在 M_1 上不存在空闲时间，M_1 上的所有工件和 M_2 上的最后完工工件 $J_{[n]}$ 构成调度的关键路径，由于 $p_{[n],2}=p_2=\min\limits_{i \in I,\ j \in \{1,\ 2\}}\{p_{ij}\}$，此调度解显然是 $F2 \mid p_{ij}=p_j \mid C_{\max}$ 的最优解。在这个调度解中，工件等待时间 $w_{[i]}=0 \leqslant \alpha$，因此，也是 $F2 \mid w_i \leqslant \alpha,\ p_{ij}=p_j \mid C_{\max}$ 和 $F2 \mid nwt,\ p_{ij}=p_j \mid C_{\max}$ 的可行解。

由于 $C_{\max}(trd) \leqslant C_{\max}(opt) \leqslant C_{\max}(nwt)$，故有：

$$C_{\max}(opt)=C_{\max}(trd)=C_{\max}(nwt)=np_1+p_2 \tag{3-9}$$

（2）当 $p_1 < p_2$ 时，若能满足 $C_{i+1,\ 1} \leqslant C_{i2}(i,\ i+1 \in I)$，则不会使第二台机器产生空闲时间，$M_1$ 上的工件 $J_{[1]}$ 和 M_2 上的所有工件构成调度的关键路径，如图 3-4（2）所示，由于 $p_{[1],1}=p_1=\min\limits_{i \in I,\ j \in \{1,\ 2\}}\{p_{ij}\}$，此时得到的调度解必为最优解。

对于 $F2 \mid p_{ij}=p_j \mid C_{\max}$，有 $C_{[i+1]1}=\max\{C_{[i]1}+p_1,\ C_{[i]2}\}$，显然满足这一条件；对于 $F2 \mid nwt,\ p_{ij}=p_j \mid C_{\max}$，令 $C_{i+1,\ 1}=C_{i2}$ 即可得到可行解，

由于第二台机器没有空闲时间，该调度解也是最优解；对于 $F2|w_i \leqslant \alpha$，$p_{ij}=p_j|C_{\max}$，有 $C_{[i+1]1}=\max\{C_{[i]1}+p_1, C_{[i]2}-\alpha\} \leqslant C_{[i]2}$，即 M_2 不会产生空闲。

综上，有 $C_{\max}(opt)=C_{\max}(trd)=C_{\max}(nwt)=p_1+np_2$。

结合（1）（2）可得，任意排列排序解均为 $F2|w_i \leqslant \alpha$，$p_{ij}=p_j|C_{\max}$ 问题的最优调度，且：

$$C_{\max}(opt)=C_{\max}(trd)=C_{\max}(nwt)=\min\{p_1, p_2\}+n\max\{p_1, p_2\} \tag{3-10}$$

定理 3-3 和定理 3-4 表明，这两类多项式可解的特殊问题的最优解均可在排列排序中得到，且最优值与本章给出的问题上下界是相等的；换言之，这两个定理进一步证明了该上下界是可达的。

3.2.3 工件优先关系

在流水车间调度问题中，关于工件优先关系（DR）的探讨对于算法设计和搜索空间的设定具有指导意义。利用工件优先关系，能够有效地缩减解空间，指导优化解的搜索方向，对于分支定界法的剪枝规则、邻域搜索的邻域范围等都能给出更为明确的界定[100,128]。因此，本章将对两机流水车间调度问题在等待时间上限约束下的工件优先关系进行探讨，用以指导算法的优化过程。

定理 3-5 对 $F2|w_i \leqslant \alpha|C_{\max}$ 问题，若两个相邻工件 J_i、J_j 的加工时间按 $\{p_{i1}, p_{j1}, p_{i2}, p_{j2}\}$ 呈非增或非减序列，即加工时间满足：

$$(p_{i1} \leqslant p_{j1} \leqslant p_{i2} \leqslant p_{j2}) \vee (p_{i1} \geqslant p_{j1} \geqslant p_{i2} \geqslant p_{j2}) \tag{3-11}$$

则一定存在一个最优调度，使得 J_i 和 J_j 在两台机器上的加工顺序相同且 J_i 先于 J_j 加工。

证明：已知 J_i、J_j 在两台机器上均为相邻加工工件，下面对 J_i 和 J_j 在两台机器上的加工顺序不同和顺序相同这两种情况进行分析。

假设在最优调度 π_1 中，J_i 和 J_j 在两台机器上的加工顺序不同，存在以下两种情况：

第一，J_i 和 J_j 在 M_1 上的加工顺序为 $J_i \rightarrow J_j$，在 M_2 上顺序相反。根据第 2 章的定理 2-8，当 $p_{i2} \leqslant p_{j1} + p_{j2}$ 时，交换 J_i、J_j 在 M_2 上的位置不会延迟后序工件的开工时间。

第二，J_i 和 J_j 在 M_1 上的加工顺序为 $J_j \rightarrow J_i$，在 M_2 上的顺序相反。根据第 2 章的定理 2-7，当 $p_{j1} \leqslant p_{i1} + p_{i2}$ 时，交换 J_i、J_j 在 M_1 上的位置不会延迟后序工件的开工时间。

显然，对于 $p_{i1} \leqslant p_{j1} \leqslant p_{i2} \leqslant p_{j2}$ 和 $p_{i1} \geqslant p_{j1} \geqslant p_{i2} \geqslant p_{j2}$ 均满足上述条件。

假设在最优调度 π_2 中，J_i 和 J_j 在两台机器上的加工顺序相同且 J_j 先于 J_i 加工，不失一般性，假设 M_1 和 M_2 上先于 J_j 加工的工件分别为 J_k 和 J_h。下面将证明，交换 J_i 和 J_j 的顺序后不会使目标值增加。

借鉴 Yang 等[65]给出的两机环境的完工时间计算方法，对 J_j 有：

$$C_{j1} = \max\{C_{h2} - \alpha,\ C_{k1} + p_{j1}\} \tag{3-12}$$

$$\begin{aligned} C_{j2} &= \max\{C_{h2},\ C_{j1}\} + p_{j2} = \max\{C_{h2},\ C_{h2} - \alpha,\ C_{k1} + p_{j1}\} + p_{j2} \\ &= \max\{C_{h2} + p_{j2},\ C_{k1} + p_{j1} + p_{j2}\} \end{aligned} \tag{3-13}$$

对于 J_i 有：

$$\begin{aligned} C_{i1} &= \max\{C_{j2} - \alpha,\ C_{j1} + p_{i1}\} \\ &= \max\{C_{h2} + p_{j2} - \alpha,\ C_{k1} + p_{j1} + p_{j2} - \alpha,\ C_{h2} + p_{i1} - \alpha,\ C_{k1} + p_{j1} + p_{i1}\} \end{aligned} \tag{3-14}$$

$$\begin{aligned} C_{i2} &= \max\{C_{j2},\ C_{i1}\} + p_{i2} = \max\{C_{j2} + p_{i2},\ C_{j1} + p_{i1} + p_{i2}\} \\ &= \max\{C_{h2} + p_{j2} + p_{i2},\ C_{k1} + p_{j1} + p_{j2} + p_{i2}, \\ &\qquad C_{h2} + p_{i1} + p_{i2} - \alpha,\ C_{k1} + p_{j1} + p_{i1} + p_{i2}\} \end{aligned} \tag{3-15}$$

交换 J_i 和 J_j 的加工顺序得到新调度 π_3。令 J_j 在 π_3 中的完工时间为

C'_{j1}、C'_{j2}，同理可得：

$$C'_{j1} = \max\{C_{h2} + p_{i2} - \alpha,\ C_{k1} + p_{i1} + p_{i2} - \alpha,\ C_{h2} + p_{j1} - \alpha,\ C_{k1} + p_{i1} + p_{j1}\} \tag{3-16}$$

$$C'_{j2} = \max\{C_{h2} + p_{i2} + p_{j2},\ C_{k1} + p_{i1} + p_{i2} + p_{j2},\ C_{h2} + p_{j1} + p_{j2} - \alpha,\ C_{k1} + p_{i1} + p_{j1} + p_{j2}\} \tag{3-17}$$

若满足 $C'_{j1} \leqslant C_{i1}$ 且 $C'_{j2} \leqslant C_{i2}$，则两个工件的交换不会延迟后序工件的开工时间。

令 $C_{i1}(t)$，$C_{i2}(t)$，$C'_{j1}(t)$，$C'_{j2}(t)$ 分别表示对应完工时间公式中的第 t 项，则以下结论成立。

结论一 当 $p_{i1} \leqslant p_{j1} \leqslant p_{i2} \leqslant p_{j2}$ 时，有：$C'_{j1}(1) \leqslant C_{i1}(1)$；$C'_{j1}(2) \leqslant C_{i1}(2)$；$C'_{j1}(3) \leqslant C_{i1}(1)$；$C'_{j1}(4) = C_{i1}(4)$。因此，$C'_{j1} \leqslant C_{i1}$。另有：$C'_{j2}(1) = C_{i2}(1)$；$C'_{j2}(2) \leqslant C_{i2}(2)$；$C'_{j2}(3) \leqslant C_{i2}(1)$；$C'_{j2}(4) \leqslant C_{i2}(2)$。因此，$C'_{j2} \leqslant C_{i2}$。

结论二 当 $p_{i1} \geqslant p_{j1} \geqslant p_{i2} \geqslant p_{j2}$ 时，有：$C'_{j1}(1) \leqslant C_{i1}(3)$；$C'_{j1}(2) \leqslant C_{i1}(4)$；$C'_{j1}(3) \leqslant C_{i1}(3)$；$C'_{j1}(4) = C_{i1}(4)$。因此，$C'_{j1} \leqslant C_{i1}$。另有：$C'_{j2}(1) = C_{i2}(1)$；$C'_{j2}(2) \leqslant C_{i2}(4)$；$C'_{j2}(3) \leqslant C_{i2}(3)$；$C'_{j2}(4) \leqslant C_{i2}(4)$。因此，$C'_{j2} \leqslant C_{i2}$。

因此，当 $p_{i1} \leqslant p_{j1} \leqslant p_{i2} \leqslant p_{j2}$ 或 $p_{i1} \geqslant p_{j1} \geqslant p_{i2} \geqslant p_{j2}$ 时，交换 π_2 中 J_i 和 J_j 加工顺序不会使目标值增加。

综上，若两个相邻工件 J_i、J_j 的加工时间按 $\{p_{i1},\ p_{j1},\ p_{i2},\ p_{j2}\}$ 呈递增或递减序列，则存在最优调度使得两台机器上 J_i 和 J_j 的加工顺序相同且 J_i 先于 J_j 加工。

定理 3-6 对具有等待时间上限的两机流水车间排列排序问题 $F2 \mid w_i \leqslant \alpha,\ prmu \mid C_{\max}$，若两个工件 J_i、J_j 的加工时间满足 $p_{i1} = p_{i2} = p_{j1}$，则一定存在一个最优调度，其中 J_i 是 J_j 的紧前加工工件。

证明: J_i 不是 J_j 紧前工件的情况有下述两种，① J_i 位于 J_j 之后加工，中间允许加工其他工件；② J_i 位于 J_j 之前加工，且中间至少相隔一个工件。令 $P = p_{i1} = p_{i2} = p_{j1}$ ，下面分别对这两种情况进行分析。

情况一 假设在最优调度 π_1 中，J_i 位于 J_j 之后加工，且中间允许相隔若干工件。不失一般性，假设在 π_1 中部分工件的加工顺序为 $J_h \to J_j \to \cdots \to J_k \to J_i$ ，且 $C_{k1} - C_{j1} = \Delta t_1$，$C_{k2} - C_{j2} = \Delta t_2$。下面将证明，将 J_i 插入 J_j 之前得到的新调度 π'_1 不会增加原调度的 Makespan 值。

在调度解 π_1 中，$J_h \to J_j \to \cdots \to J_k \to J_i$ ，对于工件 J_j 有：

$$C_{j1} = \max\{C_{h2} - \alpha,\ C_{h1} + p_{j1}\} = \max\{C_{h1} + P,\ C_{h2} - \alpha\} \tag{3-18}$$

$$C_{j2} = \max\{C_{h2} + p_{j2},\ C_{h1} + p_{j1} + p_{j2}\} = \max\{C_{h1} + p_{j2} + P,\ C_{h2} + p_{j2}\} \tag{3-19}$$

对于工件 J_k 有：

$$C_{k1} = C_{j1} + \Delta t_1 = \max\{C_{h1} + P + \Delta t_1,\ C_{h2} + \Delta t_1 - \alpha\} \tag{3-20}$$

$$C_{k2} = C_{j2} + \Delta t_2 = \max\{C_{h1} + p_{j2} + P + \Delta t_2,\ C_{h2} + p_{j2} + \Delta t_2\} \tag{3-21}$$

对于工件 J_i 有：

$$\begin{aligned} C_{i1} &= \max\{C_{k2} - \alpha,\ C_{k1} + p_{i1}\} = \max\{C_{k2} - \alpha,\ C_{k1} + P\} \\ &= \max\{C_{h1} + p_{j2} + P + \Delta t_2 - \alpha,\ C_{h1} + 2P + \Delta t_1, \\ &\qquad C_{h2} + p_{j2} + \Delta t_2 - \alpha,\ C_{h2} + P + \Delta t_1 - \alpha\} \end{aligned} \tag{3-22}$$

$$\begin{aligned} C_{i2} &= \max\{C_{k2} + p_{i2},\ C_{k1} + p_{i1} + p_{i2}\} = \max\{C_{k2} + P,\ C_{k1} + 2P\} \\ &= \max\{C_{h1} + p_{j2} + 2P + \Delta t_2,\ C_{h1} + 3P + \Delta t_1, \\ &\qquad C_{h2} + p_{j2} + P + \Delta t_2,\ C_{h2} + 2P + \Delta t_1 - \alpha\} \end{aligned} \tag{3-23}$$

在调度解 π'_1 中 $J_h \to J_i \to J_j \to \cdots \to J_k$ ，对于工件 J_i 有：

$$C'_{i1} = \max\{C_{h2} - \alpha,\ C_{h1} + p_{i1}\} = \max\{C_{h1} + P,\ C_{h2} - \alpha\}\ ; \tag{3-24}$$

$$C'_{i2} = \max\{C_{h2} + p_{i2},\ C_{h1} + p_{i1} + p_{i2}\} = \max\{C_{h1} + 2P,\ C_{h2} + P\} \tag{3-25}$$

对于工件 J_j 有：

$$C'_{j1}=\max\{C'_{i2}-\alpha,\ C'_{i1}+p_{j1}\}=\max\{C'_{i2}-\alpha,\ C'_{i1}+P\}$$
$$=\max\{C_{h2}+P-\alpha,\ C_{h1}+2P-\alpha,\ C_{h2}+P-\alpha,\ C_{h1}+2P\}$$
$$=\max\{C_{h1}+2P,\ C_{h2}+P-\alpha\}=C_{j1}+P \tag{3-26}$$

$$C'_{j2}=\max\{C'_{i2}+p_{j2},\ C'_{i1}+p_{j1}+p_{j2}\}=\max\{C'_{i2}+p_{j2},\ C'_{i1}+P+p_{j2}\}$$
$$=\max\{C_{h2}+p_{j2}+P,\ C_{h1}+p_{j2}+2P,\ C_{h2}+p_{j2}+P-\alpha,\ C_{h1}+p_{j2}+2P\}$$
$$=\max\{C_{h1}+p_{j2}+2P,\ C_{h2}+p_{j2}+P\}=C_{j2}+P \tag{3-27}$$

因而有 $w'_j=C'_{j2}-C'_{j1}=C_{j2}-C_{j1}=w_j$ ，即 J_i 插入 J_j 前会导致从 J_j 到 J_k 均后移 P 个时间单位，而各工件的等待时间不会发生变化，即工件的相对位置不变，此时 $C'_{k1}-C'_{j1}=\Delta t_1$ 与 $C'_{k2}-C'_{j2}=\Delta t_2$ 依然成立。因此，对于工件 J_k 有：

$$C'_{k1}=C'_{j1}+\Delta t_1=\max\{C_{h1}+2P+\Delta t_1,\ C_{h2}+P+\Delta t_1-\alpha\} \tag{3-28}$$

$$C'_{k2}=C'_{j2}+\Delta t_2=\max\{C_{h1}+p_{j2}+2P+\Delta t_2,\ C_{h2}+p_{j2}+P+\Delta t_2\} \tag{3-29}$$

可以看出，$C'_{k1}(1)=C_{i1}(2)$ ，$C'_{k1}(2)=C_{i1}(4)$ ，因而 $C'_{k1}\leqslant C_{i1}$ ；$C'_{k2}(1)=C_{i2}(1)$ ，$C'_{k2}(2)=C_{i2}(3)$ ，因而 $C'_{k2}\leqslant C_{i2}$ 。因此，调度 π'_1 的 Makespan 不大于原调度 π_1。

情况二　假设在最优调度 π_2 中 J_i 位于 J_j 之前加工，且中间相隔至少一个工件。不失一般性，假设在 π_2 中部分工件的加工顺序为 $J_i\rightarrow J_h\rightarrow\cdots\rightarrow J_k\rightarrow J_j$ ，且 $C_{k1}-C_{i1}=\Delta t_3$，$C_{k2}-C_{i2}=\Delta t_4$。下面将证明，将 J_i 插入 J_j 之前得到的新调度 π'_2 不会增加原调度的 Makespan 值。

在调度解 π_2 中 $J_i\rightarrow J_h\rightarrow\cdots\rightarrow J_k\rightarrow J_j$ ，有：$C_{i1}=S_{i1}+p_{i1}=S_{i1}+P$ ，$C_{i2}=S_{i2}+p_{i2}=S_{i2}+P$ 。

对于工件 J_k 有：

$$C_{k1}=C_{i1}+\Delta t_3=S_{i1}+P+\Delta t_3 \tag{3-30}$$

$$C_{k2}=C_{i2}+\Delta t_4=S_{i2}+P+\Delta t_4 \tag{3-31}$$

对于工件 J_j 有：

$$\begin{aligned}C_{j1}&=\max\{C_{k1}+p_{j1},\ C_{k2}-\alpha\}=\max\{C_{k1}+P,\ C_{k2}-\alpha\}\\&=\max\{S_{i1}+2P+\Delta t_3,\ S_{i2}+P+\Delta t_4-\alpha\}\end{aligned} \tag{3-32}$$

$$\begin{aligned}C_{j2}&=\max\{C_{k1}+p_{j1}+p_{j2},\ C_{k2}+p_{j2}\}=\max\{C_{k1}+P+p_{j2},\ C_{k2}+p_{j2}\}\\&=\max\{S_{i1}+p_{j2}+2P+\Delta t_3,\ S_{i2}+p_{j2}+P+\Delta t_4\}\end{aligned} \tag{3-33}$$

在调度解 π'_2 中 $J_h\rightarrow\cdots\rightarrow J_k\rightarrow J_i\rightarrow J_j$ ，由于 $p_{i1}=p_{i2}=P$ ，因此在 J_i 移走后，将工件 J_h 到 J_k 在两台机器上的开工时间均前移 P 个时间单位，则各工件的等待时间不会发生变化，即工件之间的相对位置不变。若在原调度 π_2 中，J_i 与前一工件在任一台机器上存在间隔时间，那么工件 J_h 到 J_k 在满足等待时间上限约束的情况下，其前移的时间可能会大于 P ，因此对于工件 J_k 有：

$$C'_{k1}\leqslant C_{k1}-P\leqslant S_{i1}+\Delta t_3 \tag{3-34}$$

$$C'_{k2}\leqslant C_{k2}-P\leqslant S_{i2}+\Delta t_4 \tag{3-35}$$

对于工件 J_i 有：

$$\begin{aligned}C'_{i1}&=\max\{C'_{k1}+p_{i1},\ C'_{k2}-\alpha\}=\max\{C_{k1}+P,\ C_{k2}-\alpha\}\\&\leqslant\max\{S_{i1}+P+\Delta t_3,\ S_{i2}+\Delta t_4-\alpha\}\end{aligned} \tag{3-36}$$

$$\begin{aligned}C'_{i2}&=\max\{C'_{k1}+p_{i1}+p_{i2},\ C'_{k2}+p_{i2}\}=\max\{C'_{k1}+2P,\ C'_{k2}+P\}\\&\leqslant\max\{S_{i1}+2P+\Delta t_3,\ S_{i2}+P+\Delta t_4\}\end{aligned} \tag{3-37}$$

对于工件 J_j 有：

$$\begin{aligned}C'_{j1}&=\max\{C'_{i1}+p_{j1},\ C'_{i2}-\alpha\}=\max\{C'_{i1}+P,\ C'_{i2}-\alpha\}\\&\leqslant\max\{S_{i1}+2P+\Delta t_3,\ S_{i2}+P+\Delta t_4-\alpha,\\&\qquad S_{i1}+2P+\Delta t_3-\alpha,\ S_{i2}+P+\Delta t_4-\alpha\}\\&\leqslant\max\{S_{i1}+2P+\Delta t_3,\ S_{i2}+P+\Delta t_4-\alpha\}=C_{j1}\end{aligned} \tag{3-38}$$

$$C'_{j2}=\max\{C'_{i1}+p_{j1}+p_{j2},\ C'_{i2}+p_{j2}\}=\max\{C'_{i1}+P+p_{j2},\ C'_{i2}+p_{j2}\}$$

$$\leqslant \max\{S_{i1} + p_{j2} + 2P + \Delta t_3,\ S_{i2} + p_{j2} + P + \Delta t_4 - \alpha,$$

$$S_{i1} + p_{j2} + 2P + \Delta t_3,\ S_{i2} + p_{j2} + P + \Delta t_4\}$$

$$\leqslant \max\{S_{i1} + p_{j2} + 2P + \Delta t_3,\ S_{i2} + p_{j2} + P + \Delta t_4\} = C_{j2} \quad (3\text{-}39)$$

因此，$C'_{j1} \leqslant C_{j1}$，$C'_{j2} \leqslant C_{j2}$，将 J_i 移至 J_j 紧前加工不会增加原调度的 Makespan。

综上所述，对 $F2 \mid w_i \leqslant \alpha, prmu \mid C_{\max}$，若存在两个工件 J_i、J_j 满足 $p_{i1} = p_{i2} = p_{j1}$，则一定存在一个最优调度，其中 J_i 紧先于 J_j 加工。

综上所述，对于一个给定的 $F2 \mid w_i \leqslant \alpha \mid C_{\max}$，若将算法的解空间限定为排列排序，即 $F2 \mid w_i \leqslant \alpha, prmu \mid C_{\max}$，可以采用以下策略优化调度过程：

首先，对于待解决的 $F2 \mid w_i \leqslant \alpha, prmu \mid C_{\max}$ 问题，若存在两个工件 J_i、J_j 满足 $p_{i1} = p_{i2} = p_{j1}$，那么，根据定理 3-6，在求解过程中应始终保持 J_i、J_j 为相邻工件，且 J_i 紧先于 J_j 加工。

其次，对于 $F2 \mid w_i \leqslant \alpha, prmu \mid C_{\max}$ 问题的任一可行解，若存在相邻工件 J_i、J_j 的加工时间按 $\{p_{i1}, p_{j1}, p_{i2}, p_{j2}\}$ 呈非增或非减序列排列，且 J_j 先于 J_i 加工，那么，根据定理 3-5，交换两个工件的顺序能够优化原调度解。

◎3.3 基于可替换集合的求解算法

$F2 \mid w_i \leqslant \alpha \mid C_{\max}$ 虽然存在多项式可解的特例，但其上限值不为 0 的标准问题是“强 NP-难”的，而第 2 章的研究成果表明，基于排列排序的调度算法是解决该问题的有效途径。目前针对这一问题，仅 Yang 等[65]设计了基于排列排序的分支定界法，在最坏情况下，该算法创建的节点数将达到 $1 + \sum_{j=1}^{n-1} n(n-1)\cdots(n-j+1)$，随问题规模呈指数增长，因而，仅适用于小规模问题的求解。因此，本章致力于研究适用于大规模问题的近似算法。

结合上节探讨的问题特征，本章基于排列排序解空间，提出一种基于可替换集合的 RSS（Replaceable Set-based Scheduling）算法，基本思路如下：首先，生成一个良好的初始解；然后，构造当前调度解的可替换集合，在集合中寻找更优的解，在此过程中进一步利用工件优先关系优化工件加工序列。

3.3.1 构造初始解

通过 $F2|w_i \leqslant \alpha|C_{\max}$ 问题的上下界可以看出，当 $C_{\max}(nwt)=C_{\max}(trd)$ 时，必然有 $C_{\max}(opt)=C_{\max}(nwt)=C_{\max}(trd)$，也就是说，在这种情况下，问题的上界值是其最优 Makespan 值，且相应无等待问题的最优工件序列也是 $F2|w_i \leqslant \alpha|C_{\max}$ 问题的最优序列。

上述分析表明，$F2|nwt|C_{\max}$ 的最优调度对 $F2|w_i \leqslant \alpha|C_{\max}$ 问题的求解具有重要的借鉴意义，而 $F2|nwt|C_{\max}$ 问题可由 Gilmore-Gomory 算法在 $O(n\log n)$ 时间内获得，因此 RSS 算法采用 Gilmore-Gomory 算法生成初始工件序列。

Gilmore-Gomory 算法的具体步骤如下[84]：

步骤一 预处理，增加一个虚拟工件 J_0，其中 $p_{01}=0$，$p_{02}=0$。

步骤二 将工件按 p_{i2} 非减的顺序排序，得到工件序列 φ，其中 $p_{\varphi[i],2} \leqslant p_{\varphi[i+1],2}\ (i=1, \cdots, n-1)$。

步骤三 将工件按 p_{i1} 非减的顺序排序，得到工件序列 ϕ，其中 $p_{\phi[i],1} \leqslant p_{\phi[i+1],1}\ (i=1, \cdots, n-1)$。对于 ϕ 中所有元素依次确定 e、f 的对应关系，使得 $\phi[e]=\varphi[f]$。

步骤四 按下式计算弧（$\varphi[i]$，$\varphi[i+1]$）的成本 $Z_{\varphi[i],\varphi[i+1]}\ (i=1, \cdots, n-1)$：

$$z_{\varphi[i],\ \varphi[i+1]} = \max\{0,\ \{\min\{p_{\varphi[i+1],\ 2},\ p_{\phi[i+1],\ 1}\} - \max\{p_{\varphi[i],\ 2},\ p_{\phi[i],\ 1}\}\}\} \quad (3-40)$$

步骤五 构建一个由 n 个节点和无向弧（$\varphi[i]$，$\phi[i]$）（$i=1,\ \cdots,\ n$）所构成的无向图。

步骤六 如果当前的图能够构成一个连通图，转步骤七。否则，选择最小的 $z_{\varphi[i],\ \varphi[i+1]}$，其中 $\varphi[i]$ 和 $\varphi[i+1]$ 不属于同一个连通图。若存在多个最小值，则任选其一。

步骤七 将无向弧（$\varphi[i]$，$\varphi[i+1]$）连接至图中，转步骤五。

步骤八 将由步骤六增加的弧分为两组，其中若弧（$\varphi[i]$，$\varphi[i+1]$）满足 $p_{\varphi[i],\ 2} \leqslant p_{\phi[j],\ 1}$ 则分到集合 1，否则 $p_{\varphi[i],\ 2} > p_{\phi[j],\ 1}$ 的情况分到集合 2。

步骤九 将集合 1 中的弧（$\varphi[j_i]$，$\varphi[j_i+1]$）按索引值 j_i 非增的顺序排序，得到关于 j_i 的序列 j_1，j_2，…，j_r，其中 r 为集合 1 的元素数。

步骤十 将集合 2 中的弧（$\varphi[t_i]$，$\varphi[t_i+1]$）按索引值 t_i 非减的顺序排序，得到关于 t_i 的序列 t_1，t_2，…，t_k，其中 k 为集合 2 的元素数。

步骤十一 通过下述方法依次确定工件 $J_{\varphi[i]}$ 的紧后工件 $J_{\varphi[\psi[i]]}$，最终得到一个周期调度，由虚拟工件 J_0 处断开即可得到调度解：$\psi[i]=\phi[v]$，其中 $v=\alpha_{j_1,\ j_1+1}\alpha_{j_2,\ j_2+1}\cdots\alpha_{j_r,\ j_r+1}\alpha_{t_1,\ t_1+1}\alpha_{t_2,\ t_2+1}\cdots\alpha_{t_k,\ t_k+1}(\varphi[i])$。$\alpha_{ef}$ 定义为 $\alpha_{ef}(e)=f$，$\alpha_{ef}(f)=e$，$\alpha_{ef}(j)=j$，其中 $j \neq e$、f。

3.3.2 可替换集合

Gilmore-Gomory 算法是 $F2|nwt|C_{\max}$ 问题的多项式最优算法，而无等待是等待时间上限约束的一种极端情况，因而，在等待时间上限的约束作用较紧的情况下，初始解接近最优解，但当等待时间上限放宽时，初始解与最优解的偏差就会增大，这就需要进一步优化初始解。在优化过程中，

如何设定合理的搜索范围和搜索方式，是算法求解的关键[129]。

RSS 算法构造了一种关于特定工件的可替换调度集合，定义如下：

定义 3-3（可替换集合） 所有与调度解 π 中 J_i 的位置不同，而其他工件的先后次序一致的调度解所构成的集合称为 π 关于 J_i 的可替换集合（Replaceable Set），记为 $Rep(\pi, J_i)$。

$Rep(\pi, J_i)$ 由 $n-1$ 个调度解构成，可由以下方法确定：

步骤一 对于给定的调度解 π 和工件 J_i，令 $Rep(\pi, J_i)=\varnothing$，$\pi^-=\pi\setminus\{J_i\}$，$k=1$，$k_0$ 为 J_i 在 π 中的位置。

步骤二 若 $k\neq k_0$，则将 J_i 插入 π^- 的第 k 个位置上，得到新调度解 π^k，$Rep(\pi, J_i)=Rep(\pi, J_i)\cup\{\pi^k\}$。

步骤三 $k=k+1$；若 $k\leqslant n$，则转步骤二，否则输出 $Rep(\pi, J_i)$。

例如，当 $n=4$ 时，若 $\pi=\{J_3, J_1, J_4, J_2\}$，则 $\pi^-=\pi\setminus\{J_1\}=\{J_3, J_4, J_2\}$，$\pi$ 关于 J_1 的可替换集合为：

$$Rep(\pi, J_1)=\{\{J_1, J_3, J_4, J_2\}, \{J_3, J_4, J_1, J_2\}, \{J_3, J_4, J_2, J_1\}\} \tag{3-41}$$

RSS 算法的搜索过程依赖于初始解的工件序列，具体策略为：在每次迭代过程中，根据由初始解得到的工件序列 $\pi_0=\{J^0_{[1]}, \cdots, J^0_{[n]}\}$，确定当前最好调度解 π_i 关于 $J^0_{[i]}$ 的可替换集合 $Rep(\pi_i, J^0_{[i]})$，在集合中搜索目标值优于 π_i 的调度解，其中 i 为当前迭代次数（$i=1, \cdots, n$）。

在搜索过程中计算给定工件序列的目标值 $C_{\max}$ 时，为满足等待时间上限约束，可以在工件的等待时间超出上限时通过延迟其在 M_1 上的开工时间来消解冲突。基于这一思想，Yang 等[65]给出了基于排列排序的工件序列计算工件完工时间的方法，其中 $C_{[k],j}$，$p_{[k],j}$ 分别表示第 k 个加工工件的完工时间和加工时间，具体为：

$k=1$ 时，$C_{[k],1}=p_{[k],1}$，$C_{[k],2}=p_{[k],1}+p_{[k],2}$；

$k > 1$ 时，$C_{[k],1} = \max\{C_{[k-1],1} + p_{[k],1},\ C_{[k-1],2} - \alpha\}$，

$$C_{[k],2} = \max\{C_{[k],1},\ C_{[k-1],2}\} + p_{[k],2}。$$

3.3.3 工件优先顺序调整

在 3.2 节问题特征分析中，定理 3-5 和定理 3-6 都给出了排列排序情况下的工件优先关系，其中定理 3-5 的应用范围相对更为广泛。因此，我们利用此特征，对于加工时间满足定理 3-5 的条件且加工顺序与最优序列相反的相邻工件，交换彼此的加工位置，对 RSS 算法的初始解及寻优过程作进一步改进：

首先，对于由 Gilmore-Gomory 算法得到的初始工件序列以及迭代寻优后的最终调度解，依次判断相邻工件 $J_{[i]}$、$J_{[i+1]}$ 的加工时间关系，若按 $\{p_{[i+1],1},\ p_{[i],1},\ p_{[i+1],2},\ p_{[i],2}\}$ 呈递增或递减序列排列，则交换 $J_{[i]}$、$J_{[i+1]}$ 的位置。

其次，对于每次迭代的当前最好解 π_i（$i = 1,\ \cdots,\ n$），紧邻 $J^0_{[i]}$ 前后加工的两个工件在对应集合 π_i^- 中的相对位置发生变化，成为了相邻工件，而其他工件的相对位置不变。因而，在构建可替换集合前，只需要判断紧邻 $J^0_{[i]}$ 前后加工的两个工件的加工时间是否满足式（3-6）且加工顺序与最优序列相反，若存在此情况，则交换这两个工件的位置，得到新调度 π'_i，并在可替换集合 $Rep(\pi'_i,\ J^0_{[i]})$ 中进行寻优。

3.3.4 算法步骤

RSS 算法的具体步骤如下：

步骤一 构造初始解。应用 Gilmore-Gomory 算法确定初始工件序列 π_0

$\leftarrow\{J^0_{[1]}, \cdots, J^0_{[n]}\}$；当前最优工件序列 $\pi^* \leftarrow \pi_0$；转步骤三，调整 π^* 的相邻工件顺序；计算目标值 $C^0_{\max} \leftarrow C^0_{[n]2}$，当前最优值 $C^*_{\max} \leftarrow C^0_{\max}$。

步骤二 迭代寻优。①迭代次数 $i \leftarrow 1$；② $\pi_i \leftarrow \pi^*$，$k \leftarrow 1$，$k^* \leftarrow -1$，k_0 为 $J^0_{[i]}$ 在 π_i 中的位置；$\pi'_i \leftarrow \pi_i$，若 $J^i_{[k_0-1]}$ 和 $J^i_{[k_0+1]}$ 满足：

$$(p^i_{[k_0+1],1} \leqslant p^i_{[k_0-1],1} \leqslant p^i_{[k_0+1],2} \leqslant p^i_{[k_0-1],2}) \vee$$
$$(p^i_{[k_0+1],1} \geqslant p^i_{[k_0-1],1} \geqslant p^i_{[k_0+1],2} \geqslant p^i_{[k_0-1],2}) \quad (3-42)$$

则交换 π'_i 中 $J^i_{[k_0-1]}$ 和 $J^i_{[k_0+1]}$ 的位置；生成工件子序列 $\pi^-_i \leftarrow \pi'_i \setminus \{J^0_{[i]}\}$；③若 $k = k_0$，转步骤二的④；否则，将 $J^0_{[i]}$ 插入 π^-_i 的第 k 个位置，并入 π'_i 关于 $J^0_{[i]}$ 的可替换集合中，记为 $Rep(\pi'_i, J^0_{[i]})[k]$，计算工件序列 $Rep(\pi'_i, J^0_{[i]})[k]$ 的完工时间和目标值 $C_{\max}$，若 $C_{\max} < C^*_{\max}$，则 $C^*_{\max} \leftarrow C_{\max}$，$k^* \leftarrow k$；④ $k \leftarrow k+1$；若 $k \leqslant n$，转步骤二的③；否则，若 $k^* \neq -1$，则 $\pi^* \leftarrow Rep(\pi'_i, J^0_{[i]})[k^*]$，否则 $\pi^* \leftarrow \pi_i$；⑤ $i \leftarrow i+1$；若 $i \leqslant n$，转步骤二的④；否则，转步骤二的⑥；⑥转步骤三调整 π^* 的相邻工件顺序；计算 π^* 的目标值 $C^*_{\max}$；转步骤四。

步骤三 工件序列调整。①令 $k \leftarrow 1$；②若 $J_{[k]}$ 和 $J_{[k+1]}$ 满足：

$$(p_{[k+1],1} \leqslant p_{[k],1} \leqslant p_{[k+1],2} \leqslant p_{[k],2}) \vee$$
$$(p_{[k+1],1} \geqslant p_{[k],1} \geqslant p_{[k+1],2} \geqslant p_{[k],2}) \quad (3-43)$$

则交换 π^* 中 $J_{[k]}$ 和 $J_{[k+1]}$ 的位置，$k \leftarrow k+1$；③若 $k \leqslant n-1$，转步骤三的②；否则，返回调用语句。

步骤四 算法结束，输出 π^* 和 $C^*_{\max}$。

◎3.4　基于可替换集合的调度算法性能分析

3.4.1　算法复杂度

由 RSS 算法步骤可以看出，步骤一的①的计算时间为 $O(n\log n)$，步骤一的②调用步骤三调整相邻工件顺序的复杂度为 $O(n)$，步骤一的③则为 $O(n)$，因而，步骤一的复杂度为 $O(n\log n)$；步骤二的①～⑤构成内外两层循环，其中步骤二的②～④为内循环，迭代次数 $n-1$，每次迭代用时 $O(n)$，因而内循环时间 $O(n^2)$，由于外循环执行 n 次，循环体的复杂度为 $O(n^3)$，步骤二的⑥进一步调用步骤三调整工件顺序，并计算完工时间，用时 $O(n)$，因此步骤二的复杂度为 $O(n^3)$。

综上所述，RSS 算法的时间复杂度受制于步骤二的计算时间，为 $O(n^3)$。

3.4.2　最坏性能比

定理 3-7　对于 $F2|w_i \leqslant \alpha|C_{\max}$，设集合 $P=\{p_{ij} | i \in I, j=1, 2\}$，且按 p_{ij} 不减排序。令 $P[k]$ 表示集合 P 的第 k 个元素（$1 \leqslant k \leqslant 2n$），则 RSS 算法满足：

$$\frac{C_{\max}(RSS)}{C_{\max}(opt)} \leqslant 2-\frac{2\sum_{k=1}^{n-1}P[k]}{\sum_{k=1}^{2n}P[k]} \tag{3-44}$$

证明：因为 RSS 算法的初始解是 $F2|w_i \leqslant \alpha|C_{\max}$ 的相应无等待问题的最优解，且算法后续的迭代搜索是在初始目标值的基础上寻优，由定理 3-2 有 $C_{\max}(RSS) \leqslant C_{\max}(nwt)$。

设 Π 为 $F2|nwt|C_{\max}$ 的所有排列排序解的集合，则 $\forall \pi \in \Pi$，在无等待情况下的 Makespan 值 $C_{\max}^{\pi}(nwt)$ 为：

$$C_{\max}^{\pi}(nwt) = p_{\pi(1),1} + \sum_{k=1}^{n-1} \max\{p_{\pi(k),2}, p_{\pi(k+1),1}\} + p_{\pi(n),2}$$

$$= \frac{1}{2}\left[\sum_{i=1}^{n}(p_{i1} + p_{i2}) + p_{\pi(1),1} + \sum_{k=1}^{n-1}|p_{\pi(k+1),1} - p_{\pi(k),2}| + p_{\pi(n),2}\right] \tag{3-45}$$

因此，$C_{\max}(nwt) = \min_{\pi \in \Pi}\{C_{\max}^{\pi}(nwt)\}$，有：

$$C_{\max}(RSS) \leqslant \frac{1}{2}\left[\sum_{i=1}^{n}(p_{i1} + p_{i2}) + \min_{\pi \in \Pi}\left\{p_{\pi(1),1} + \sum_{k=1}^{n-1}\left|p_{\pi(k+1),1} - p_{\pi(k),2}\right| + p_{\pi(n),2}\right\}\right] \tag{3-46}$$

由定理 3-1 可得：

$$C_{\max}(opt) \geqslant C_{\max}(trd) \geqslant \frac{1}{2}\left[\sum_{i=1}^{n}(p_{i1} + p_{i2}) + \min_{i \in I}\{p_{i1}\} + \min_{i \in I}\{p_{i2}\}\right] \tag{3-47}$$

由上可得：$$\frac{C_{\max}(RSS)}{C_{\max}(opt)} \leqslant \frac{C_{\max}(nwt)}{C_{\max}(trd)}$$

$$\leqslant 1 + \frac{\min_{\pi \in \Pi}\{p_{\pi(1),1} + \sum_{k=1}^{n-1}|p_{\pi(k+1),1} - p_{\pi(k),2}| + p_{\pi(n),2}\} - (\min_{i \in I}\{p_{i1}\} + \min_{i \in I}\{p_{i2}\})}{\sum_{i=1}^{n}(p_{i1} + p_{i2}) + \min_{i \in I}\{p_{i1}\} + \min_{i \in I}\{p_{i2}\}}$$

$$\leqslant 1 + \frac{\min_{\pi \in \Pi}\{p_{\pi(1),1} + \sum_{k=1}^{n-1}|p_{\pi(k+1),1} - p_{\pi(k),2}| + p_{\pi(n),2}\}}{\sum_{i=1}^{n}(p_{i1} + p_{i2})} \tag{3-48}$$

令 $Z_{\pi} = p_{\pi(1),1} + \sum_{k=1}^{n-1}|p_{\pi(k+1),1} - p_{\pi(k),2}| + p_{\pi(n),2}$，有：

$$C_{\max}^{\pi}(nwt) - Z_{\pi} = (p_{\pi(1),1} + \sum_{k=1}^{n-1}\max\{p_{\pi(k),2}, p_{\pi(k+1),1}\} + p_{\pi(n),2}) -$$

$$(p_{\pi(1),1} + \sum_{k=1}^{n-1} | p_{\pi(k+1),1} - p_{\pi(k),2} | + p_{\pi(n),2})$$

$$= \sum_{k=1}^{n} \min\{p_{\pi(k),2}, \ p_{\pi(k+1),1}\} \tag{3-49}$$

因为 $C_{\max}^{\pi}(nwt) = \frac{1}{2}[\sum_{i=1}^{n}(p_{i1} + p_{i2}) + Z_{\pi}]$，代入上式可得：

$$Z_{\pi} = \sum_{i=1}^{n}(p_{i1} + p_{i2}) - 2\sum_{k=1}^{n-1}\min\{p_{\pi(k),2}, \ p_{\pi(k+1),1}\} \tag{3-50}$$

所以有：

$$\frac{\min_{\pi \in \Pi}\{Z_{\pi}\}}{\sum_{i=1}^{n}(p_{i1} + p_{i2})} = 1 - \frac{2\max_{\pi \in \Pi}\sum_{k=1}^{n-1}\min\{p_{\pi(k),2}, \ p_{\pi(k+1),1}\}}{\sum_{i=1}^{n}(p_{i1} + p_{i2})}。$$

因为 $\max_{\pi \in \Pi}\sum_{k=1}^{n-1}\min\{p_{\pi(k),2}, \ p_{\pi(k+1),1}\} \geqslant \sum_{k=1}^{n-1}P[k]$，$\sum_{i=1}^{n}(p_{i1} + p_{i2})$ $= \sum_{k=1}^{n}P[k]$，所以 $\frac{C_{\max}(RSS)}{C_{\max}(opt)} \leqslant 1 + \frac{\min_{\pi \in \Pi}\{Z_{\pi}\}}{\sum_{i=1}^{n}(p_{i1} + p_{i2})} \leqslant 2 - \frac{2\sum_{k=1}^{n-1}P[k]}{\sum_{k=1}^{n}P[k]}$。

◎3.5 数据实验

3.5.1 算法评价指标

通过分析 $F2 | w_i \leqslant \alpha | C_{\max}$ 与相应一般问题和无等待问题之间的关系，我们得到了问题的上下界，即下界 $LB = C_{\max}(trd)$，上界 $UB = C_{\max}(nwt)$。在衡量算法优劣程度方面，可以利用给出的上下界设定合理的评价指标。

根据问题下界，首先给出下界误差比率这一评价指标的定义。

定义 3-4（下界误差比率） 对于 $F2 | w_i \leqslant \alpha | C_{\max}$ 问题，调度解 π

的下界误差比率为 π 的 Makespan 相对于 $F2 \| C_{max}$ 最优值的偏离程度，记为 $D(\pi)$：

$$D(\pi)=\frac{C_{max}(\pi)-C_{max}(trd)}{C_{max}(trd)}\times 100\% \tag{3-51}$$

显然，$D(\pi)$ 的值越小，说明调度解 π 越接近最优解，解的质量越好。

对于本章提出的 RSS 算法，根据定理 3-7 可得：

$$D(\pi \mid RSS) \leqslant \frac{C_{max}(RSS)}{C_{max}(opt)}-1 \leqslant 1-\frac{2\sum_{k=1}^{n-1} P[k]}{\sum_{k=1}^{2n} P[k]} \tag{3-52}$$

下界误差比率可以衡量调度解的质量，但不能反映算法求解质量的稳定性，即一个算法能否在多数情况下获得问题的满意解。为此，本章提出了另一指标——上界覆盖概率。

定义 3-5（上界覆盖概率） 对于求解 $F2 \mid w_i \leqslant \alpha \mid C_{max}$ 的近似算法 A，由算法 A 获得的调度解的目标值落在 $C_{max}(nwt)$ 之内的概率称为算法 A 的上界覆盖概率，记为 $P(A)$：

$$P(A)=P(C_{max}(A) \leqslant C_{max}(nwt)) \tag{3-53}$$

其中，$0 \leqslant P(A) \leqslant 1$。显然 $P(A)$ 的值越大，算法获得近优解甚至最优解的可能性就越大，算法解的质量的稳定性也就越高。

对于本章提出的算法，RSS 算法是以 Gilmore-Gomory 算法为初始解的，有 $C_{max}(RSS) \leqslant C_{max}(nwt)$，因此，RSS 算法的上界覆盖概率 $P(RSS) \equiv 1$。

3.5.2 实验环境和数据

为进一步考察问题的性质并验证 RSS 算法的有效性，进行以下数据实验，将 RSS 算法与以下四种算法比较：

第一种，Johnson 规则。即首先采用 Johnson 规则生成加工序列，然后调整工件开工时间使其满足等待时间上限约束，生成最终调度方案。

第二种，NEH-1 算法。NEH 算法是目前对以最小化 Makespan 为目标的一般流水车间排列排序问题的最好排序规则。NEH-1 算法在由 NEH 算法得到的工件序列基础上计算各工件的完工时间，生成调度解。

第三种，NEH-2 算法。NEH-2 算法在工件插入过程中，计算满足等待时间上限约束的部分加工时长，从中选择最优的工件序列生成调度解。

第四种，SDD 算法。以具有相近加工时间的工件连续加工的思想为指导，提出的基于最小差异度的 SDD（Smaller Difference Degree first rule）算法：

步骤一 $\forall i, j \in I$，计算工件间的最小差异度 $\delta_{ij} \leftarrow | p_{j1} - p_{i2} |$。

步骤二 令 $i \leftarrow 1$，当前最好值 $C^*_{\max} \leftarrow \infty$，当前最好解 $\pi^* \leftarrow \varnothing$，已调度工件集 $\pi \leftarrow \varnothing$，未调度工件集 $UnSch \leftarrow \{J_i \mid i \in I\}$。

步骤三 将工件 J_i 作为首先加工工件，即 $\pi \leftarrow \pi \cup \{J_i\}$，$UnSch \leftarrow UnSch \setminus \{J_i\}$；令 $u \leftarrow i$，转步骤四。

步骤四 在 $UnSch$ 中寻找 J_v，使其满足 $\delta_{uv} = \min\limits_{j \in UnSch} \{\delta_{uj}\} = \min\limits_{j \in UnSch} \{| p_{j1} - p_{u2} |\}$，将工件 J_v 作为 J_u 的紧后工件，即 $\pi \leftarrow \pi \cup \{J_v\}$，$UnSch \leftarrow UnSch \setminus \{J_v\}$；若 $UnSch \neq \varnothing$，重复此步骤，否则转步骤五。

步骤五 计算工件序列 π 的 Makespan 值 $C_{\max}$；若 $C_{\max} < C^*_{\max}$，则 $C^*_{\max} \leftarrow C_{\max}$ 且 $\pi^* \leftarrow \pi$；转步骤六。

步骤六 $i \leftarrow i + 1$；若 $i \leqslant n$，则转步骤三，否则算法结束，输出 $C^*_{\max}$ 和 π^*。

数据实验对上述五种算法的下界误差比率和上界覆盖概率进行对比，同时为检验本章提出的上下界的紧度，实验也测试了上界与下界的比值关系 η：

$$\eta = C_{\max}(nwt) / C_{\max}(trd) \tag{3-54}$$

本章采用 C#语言在 PC Pentium4/CPU3.0GHz/RAM1.0G 上编程实现五种算法。考虑到影响算法的主要因素为问题规模、等待时间上限的松紧程度及加工时间的分布，将实验参数设置如下：工件数 $n \in \{20, 30, 40, 50, 60, 70, 80\}$；等待时间上限 $\alpha \in \{1, 5, 10, 20, 40\}$；加工时间 $p_{ij} \in [1, 99]$，按均匀分布随机生成。根据工件数和等待时间上限的不同取值，将实验分为 $7 \times 5 = 35$ 组，每组随机生成 50 个算例进行实验。实验结果见表 3-1，由于 $P(RSS) \equiv 1$，所以该项不在表中列出。

3.5.3 实验结果分析

由表 3-1 可得如下结论：

第一，RSS 算法的两个指标均明显优于其他四个算法，且有 55.9%的算例由 RSS 算法获得的 Makespan 与下界的误差比率低至 0，说明此算法能获得很好的近优解甚至最优解。此外，随着等待时间上限的增大，NEH-2算法的求解效果显著提高，当 α 较大时，上界覆盖概率能够达到最大值 1。Johnson 规则的求解效果最差，所有算例得到的 Makespan 均超出了问题上界。

第二，在问题规模相同的情况下，随着 α 的增大，五种算法的下界误差比率均呈下降趋势，上界覆盖概率呈上升趋势。这说明，随着等待时间上限的增加，上限值对问题的约束作用逐渐削弱，且对越来越多的调度解失去约束力，因而，RSS 算法的下界误差比率会出现达到 0 的情况。这也从侧面说明，本章提出的下界是紧的。

第三，等待时间上限相同时，Johnson 规则和 NEH-1 算法的下界误差比率随着工件数 n 的增加而增大。这是因为，问题规模越大，工件间的制约也就越多，而算法的工件序列是针对一般两机流水车间调度问题的特点确定的，受问题规模影响明显。实际上，工件数的增多有利于削弱等待时间上限的约束作用，这点可以从上下界比值 η 的变化中看出。如果在确定工件序列的过程中能够有效利用等待时间的特征，问题规模的增大反而会对问题求解有利。这也是 SDD 算法、NEH-2 算法和 RSS 算法的下界误差比率随着问题规模的增大而降低的原因。

表 3-1 RSS 算法的实验结果

n	α	$\bar{\eta}$	Johnson's		NEH-1		SDD		NEH-2		RSS	
			$\bar{D}$/%	P	$\bar{D}$/%	P	$\bar{D}$/%	P	$\bar{D}$/%	P	$\bar{D}$/%	CPU/s
20	1	1.020	21.859	0	14.780	0	4.082	0	4.297	0	1.770	0.002
	5	1.017	21.127	0	13.462	0	2.704	0.10	2.771	0.08	0.796	0.002
	10	1.019	20.475	0	11.119	0	2.369	0.40	1.746	0.56	0.442	0.001
	20	1.020	20.444	0	9.878	0	1.593	0.64	0.569	0.98	0.112	0.002
	40	1.017	18.577	0	6.708	0.06	1.305	0.64	0.077	1.00	0.016	0.001
30	1	1.018	21.237	0	14.222	0	3.500	0.02	3.996	0	1.523	0.004
	5	1.019	20.237	0	13.392	0	3.071	0.24	2.824	0.26	0.885	0.004
	10	1.018	20.196	0	10.820	0	2.264	0.36	1.686	0.52	0.387	0.004
	20	1.016	20.029	0	9.487	0	1.594	0.48	0.469	0.98	0.027	0.004
	40	1.015	17.222	0	5.739	0.12	1.334	0.52	0.108	1.00	0.012	0.004
40	1	1.019	23.215	0	14.733	0	3.235	0.04	3.946	0.02	1.635	0.010
	5	1.019	23.156	0	13.807	0	2.641	0.16	2.530	0.28	0.891	0.008
	10	1.019	23.547	0	12.699	0	2.021	0.44	1.639	0.64	0.375	0.008
	20	1.017	22.033	0	9.535	0	1.279	0.62	0.496	1.00	0.080	0.007
	40	1.017	20.053	0	6.037	0.16	0.994	0.64	0.089	1.00	0.021	0.009
50	1	1.013	24.381	0	14.093	0	2.365	0.02	3.101	0	1.011	0.019
	5	1.016	24.539	0	14.134	0	2.197	0.18	2.463	0.18	0.600	0.020
	10	1.012	23.825	0	11.740	0	1.208	0.48	0.926	0.66	0.078	0.020
	20	1.016	23.652	0	9.885	0	1.218	0.68	0.345	1.00	0.031	0.020
	40	1.015	23.725	0	8.526	0.04	0.741	0.76	0.022	1.00	0.015	0.019

续表

n	α	$\bar{\eta}$	Johnson's		NEH-1		SDD		NEH-2		RSS	
			$\bar{D}$/%	P	$\bar{D}$/%	P	$\bar{D}$/%	P	$\bar{D}$/%	P	$\bar{D}$/%	CPU/s
60	1	1.010	23.631	0	13.968	0	2.112	0	2.656	0	0.827	0.034
	5	1.018	26.486	0	14.716	0	2.125	0.32	2.751	0.14	0.666	0.037
	10	1.014	24.946	0	12.765	0	1.401	0.50	1.221	0.58	0.195	0.036
	20	1.018	25.450	0	11.218	0	1.328	0.70	0.472	0.98	0.064	0.036
	40	1.012	24.320	0	6.934	0.02	0.592	0.84	0.016	1.00	0.003	0.035
70	1	1.013	25.922	0	15.030	0	2.166	0	3.192	0.02	1.063	0.055
	5	1.013	26.109	0	14.093	0	1.700	0.22	2.138	0.10	0.440	0.058
	10	1.012	25.791	0	12.116	0	1.144	0.60	1.039	0.64	0.109	0.058
	20	1.011	24.377	0	10.046	0	0.696	0.66	0.205	0.98	0.012	0.056
	40	1.014	25.284	0	8.861	0	0.736	0.80	0.029	1.00	0.005	0.057
80	1	1.011	26.555	0	15.228	0	1.943	0.02	3.049	0	0.813	0.085
	5	1.012	26.828	0	15.011	0	1.749	0.18	1.978	0.08	0.369	0.082
	10	1.013	25.730	0	12.626	0	1.215	0.58	1.036	0.60	0.120	0.089
	20	1.011	25.664	0	10.191	0	0.703	0.76	0.227	0.98	0.013	0.086
	40	1.014	26.175	0	7.248	0.06	0.504	0.82	0.021	1.00	0.005	0.081

注：CPU 指 RSS 算法的计算时间。

第四，从表 3-1 的 $\bar{\eta}$ 列可以看出，上界与下界的偏离程度平均在 0.015 左右。在实验生成的算例中，有 8.4%的算例其上下界比值为 1，即上下界均为问题的最优值。由此可以看出，本章给出的上下界是紧的，且构建的两个评价指标能有效地衡量算法的性能。

第五，RSS 算法具有很好的计算效率，当工件数为 80 时，也能在 0.10s 内给出调度解，完全能够满足调度的需要。

◎3.6 本章小结

具有等待时间上限的流水车间是流程工业常见的一类生产环境，即使仅有两台机器的调度问题在上限值大于 0 时都是“强 NP-难”的，不能在多项式时间内得到最优解。目前，对于具有等待时间上限的两机流水车间调度问题的近似算法研究几近空白，本章对此展开了探索性研究，探讨了能够指导算法设计的问题特征，并在此基础上提出了一种基于排列排序的求解算法，具体研究成果如下：

在问题特征方面，首先，通过分析该问题与相应一般问题和无等待问题的关联关系，提出了具有可计算性和可达性的问题上下界，用以指导算法设计和衡量算法性能；其次，对于两类具有特殊加工时间的调度问题，证明了问题是多项式可解的，给出了最优解和最优值，并从侧面验证了问题上下界的可达性；最后，探讨了最优工件序列的工件优先关系（DR），利用 DR 特征能够有效指导算法的搜索方向和优化过程。

在算法设计方面，首先，提出了一种基于可替换集合的 RSS 算法，算法借鉴问题上界的计算方法生成初始解，通过定义调度解的可替换集合寻找更优的解，并利用工件优先关系进一步优化工件加工序列；其次，对 RSS 算法的求解性能进行了理论和实验分析，分析结果表明，本章提出的算法能够有效求解具有等待时间上限的两机流水车间调度问题；最后，基于问题的上下界提出了两种衡量算法性能的评价指标，数据实验表明，本章给出的上下界是紧的，且相关评价指标能有效地衡量算法性能。

上述成果为 $F2|w_i \leqslant \alpha|C_{\max}$ 问题提供了一种快速有效的调度算法，而且，关于问题上下界和 DR 特征的探讨对于分支定界、邻域搜索等优化方法也具有重要意义。同时，本章为进一步开展多机环境的算法开发奠定了研究基础和提供了设计思路。

第 4 章 无等待环境下的多机流水车间调度算法

◎4.1 引言

无等待（No-wait）约束是等待时间上限约束的一种特殊情况，要求上限值严格为 0。根据复杂性理论可知，无等待流水车间调度问题可以归约为具有等待时间上限的流水车间调度问题，较之后者更易于求解。另外，对于无等待的特殊约束，工件在阶段间的等待时间被限定为一个定值，而非一般等待时间上限约束给出的柔性区间，因而，易于把握问题的特征并实现问题求解，且关于问题特征和求解算法的研究成果能够为更具一般性的具有等待时间上限约束的流水车间调度问题提供借鉴。本着从基本问题到一般问题的研究方法，本章将对无等待环境的多机流水车间调度问题 $Fm|nwt|C_{max}$ 展开研究，分析原问题与逆问题的关联性，并结合问题特征设计快速有效的启发式算法，利用问题可逆性进一步降低算法的时间复杂度。

$Fm|nwt|C_{max}$ 是一类特殊的 TSP 问题，而 TSP 问题作为一类经典的组合优化问题，现已有多种典型启发式方法，如最近邻（Nearest Neighbor，NN）算法、贪婪（Greedy）算法、最近插入法（Nearest Insertion，NI）、最远插入法（Farthest Insertion，FI）等[134,135]。这些算法能够直接应用于 $Fm|nwt|C_{max}$ 问题。然而，无等待流水车间调度问题作为 TSP 的特例，具

有其自身的问题特征，而上述算法均是针对一般 TSP 问题的，无法结合无等待的约束特点进行求解，因此求解质量不甚理想。所以，研究者们仍在致力于探索能够有效解决 $Fm|nwt|C_{\max}$ 问题的方法，并取得了丰富的成果。其中，启发式作为调度领域的一类传统求解方法，能够利用问题领域的知识快速获得比较好的调度解，并且能够为智能搜索算法（如遗传算法、邻域搜索等）提供良好的初始解，吸引了许多研究者的关注。Bonney 和 Gundry[17]、King 和 Spachis[91] 率先提出了关于 $Fm|nwt|C_{\max}$ 的启发式方法；进而，Gangadharan 和 Rajendran[92]、Rajendran[93] 提出了两种新的调度启发式算法（下文将其分别命名为 GR 算法和 Raj 算法），其求解效果显著优于前两种算法[132]，因而这里只对 GR 算法和 Raj 算法进行简单介绍。

（1）GR 算法[92]

构造初始解：对于工件 $J_i(\forall i \in I)$，计算 $P_i = \sum_{j=1}^{m} j \cdot pt_{ij} / \sum_{j=1}^{m} pt_{ij}$；根据 P_i 取值将工件分为两个集合 $A = \{i | P_i \geq (m+1)/2\}$ 和 $B = \{i | P_i < (m+1)/2\}$；将集合 A 中的工件按总加工时间 $\sum_{j=1}^{m} p_{ij}$ 递增排序，集合 B 中的工件按 $\sum_{j=1}^{m} p_{ij}$ 递减排序；依序首先排列集合 A 的工件，然后排列集合 B 中工件，得到初始解 π。

优化调度解：令 h 从 1 增至 $n-1$，将工件序列 π 中的第 h 个工件依次插入 π 的 $n-h$ 个允许插入的位置，选取其中具有最小 Makespan 的序列作为新的调度解 π；最终得到的序列 π 即为 GR 算法获得的调度解。

（2）Raj 算法[93]

Raj 算法的初始解生成方法和 GR 算法相同，只是在优化调度解的过程中采取了与 NEH 算法相似的思路，即按照初始解的加工顺序依次选取工件插入部分工件序列，使得 Makespan 最小。与 NEH 算法不同的是，初始解中第 h 个工件允许选择的插入位置为当前工件序列的后半段，即$[(h+1)/2, h+1]$，而不是所有可能的插入位置$[1, h+1]$。

Framinan 等[94]通过数据实验比较了 Raj 算法和 NEH 算法，指出在无等待环境，NEH 算法对调度解的优化效果明显优于 Raj 算法，并提出了一种新的启发式方法，我们记为 FN 算法。下面对 NEH 算法和 FN 算法进行说明。

（3）NEH 算法

NEH 算法是目前对 $Fm|prmu|C_{max}$ 的求解效果最好的启发式算法。该算法依据总加工时间为工件赋予优先级，通过依次插入新工件，求得最好的部分调度解，进而得到最终的工件加工序列，具体步骤如下：

步骤一　初始解生成，按工件总加工时间递减的顺序排列 n 个工件，得到工件序列 φ_0。

步骤二　调度解优化，①取 φ_0 中前两个工件，分别计算这两个工件先后两种排序下的 Makespan，取其中具有较小 Makespan 的排序作为下一次搜索的初始序列 π 。②令 $k\leftarrow3$。③取 φ_0 中第 k 个工件插入 π 中 $k-1$ 个工件之间的空位，从得到的 k 个排序中取最小 Makespan 的工件序列，更新 π 。④令 $k\leftarrow k+1$；若 $k>n$ ，π 即为最终调度解，转步骤三；否则，将 π 作为下一次搜索的初始序列，转步骤二的③。

步骤三　算法结束，输出调度解 π 。

对于 NEH 算法，若在工件插入操作（步骤二的③）中考虑无等待的约束来计算部分加工时长，则很容易扩展为适用于无等待流水车间调度问题的求解算法。Framinan 等[94]通过大量的数据实验证明了扩展后的 NEH 算法对于 $Fm|nwt|C_{max}$ 问题依然具有很好的求解效果，在机器数较少时（如 $m\leq5$ 时），由 NEH 获得的调度解甚至会优于 Raj 算法。因此，在无等待流水车间调度领域，NEH 算法仍然是一类重要的调度方法，可以有效求解 $Fm|nwt|C_{max}$ 问题，也可以作为标杆算法来衡量其他调度算法的优劣。

（4）FN 算法[94]

FN 算法通过将 $Fm \mid nwt \mid C_{\max}$ 问题类比为一类新的 TSP 问题来获得初始解，具体策略为：定义一个节点为 J_1，…，J_n 的 TSP 问题，节点间的距离计算公式为 $d_{ij} = p_{i1} + R_m(i, j)$，其中：

$$R_0(i, j) = 0, R_k(i, j) = p_{jk} + \max\{R_{k-1}(i, j), \sum_{h=2}^{m} p_{ih}\} \quad (4-1)$$

对于构建的 TSP 问题，采用 TSP 问题的经典启发式——最远插入法求解，获得的节点序列即为初始工件序列。

Framinan 等分别采用 Raj 算法和 NEH 算法中优化调度解的方法对由 TSP 类比问题获得的初始解进行优化，实验结果表明，应用 NEH 的优化方法能够取得更好的调度解，且 FN 算法的求解效果优于 Raj 和 NEH 算法。

◎4.2 无等待流水车间调度的可逆性

4.2.1 问题描述

无等待流水车间调度问题（No-wait Flowshop Scheduling Problem，NFSP）是调度领域的一类经典问题，要求工件在相邻阶段间不允许等待（$w_{ij} = 0$），这意味着，工件一旦在第一台机器上开始加工，就要不间断地连续经过后面所有阶段的加工。在这种情况下，工件的完工时间具有以下等式特征：

$$C_{ij} + p_{i,j+1} = C_{i,j+1}, \forall i \in I, \forall j, j+1 \in J \quad (4-2)$$

无等待流水车间调度问题采用三元组表示法可以表示为 $Fm \mid nwt \mid C_{\max}$。根据第 3 章的定理 3-5 可知，无等待流水车间调度问题的可行解只存在于排列排序中，也就是说，$Fm \mid nwt \mid C_{\max}$ 与 $Fm \mid nwt, prmu \mid C_{\max}$ 是等价的。Piehler[81]指出，$Fm \mid nwt \mid C_{max}$ 是一类特殊的 TSP 问题。在由 $Fm \mid nwt \mid C_{max}$ 构建的 TSP 问题中，存在 $n+1$ 个节点 $\{J_0, J_1, \cdots, J_n\}$，其中 J_0 为虚拟工件，在各机器上的加工时间均为 0，对应 TSP 问题中的起始/终止节点。节点 J_i 和 J_j 之间的距离 d_{ij} 定义为 J_i 作为 J_j 的紧前工件时两工件在第一台机器上的开工时间之差，计算公式如下：

$$d_{ij} = \max_{1 \leqslant k \leqslant m} \left\{ \sum_{h=1}^{k} p_{ih} - \sum_{h=1}^{k-1} p_{jh} \right\} \tag{4-3}$$

$Fm \mid nwt \mid C_{max}$ 所要解决的问题就是寻找从节点 J_0 出发，对于每个节点经过且仅经过一次，最后再返回 J_0 的最短路径，其中最短路径对应的路径长度就是 $Fm \mid nwt \mid C_{max}$ 的最优 Makespan 值。当 $m=2$ 时，问题是多项式可解的，采用复杂度为 $O(n\log n)$ 的 Gilmore－Gomory 算法即可获得最优解[84]；当 $m \geqslant 2$ 时，$Fm \mid nwt \mid C_{max}$ 问题则是“强 NP－难”的[85]。

4.2.2 问题可逆性分析

$Fm \mid nwt \mid C_{max}$ 问题能够形式化为一类 TSP 问题，因而，对于给定的工件序列 π，可以通过式（4-3）依次计算相邻工件 $J_{\pi(i)}$ 和 $J_{\pi(i+1)}$ 的距离 $d_{\pi(i),\pi(i+1)}$ 来获得对应调度解的 Makespan 值 $C_{max}(\pi)$，具体公式如下：

$$\begin{aligned} C_{max}(\pi) &= \sum_{i=1}^{n-1} d_{\pi(i),\pi(i+1)} + \sum_{j=1}^{m} p_{\pi(n),j} \\ &= \sum_{i=1}^{n-1} \max_{1 \leqslant k \leqslant m} \left\{ \sum_{h=1}^{k} p_{\pi(i),h} - \sum_{h=1}^{k-1} p_{\pi(i+1),h} \right\} + \sum_{j=1}^{m} p_{\pi(n),j} \end{aligned} \tag{4-4}$$

由式（4-4）可以看出，计算相邻工件距离 $d_{\pi(i),\pi(i+1)}$ 的复杂度为 $O(m^2)$，因而，计算 $C_{max}(\pi)$ 的整体复杂度为 $O(nm^2)$[133]。

为简化 Makespan 的计算方法，Kalczynski 等[89]提出了一种复杂度为 $O(nm)$ 的算法来计算每个工件的开工时间 $S_{ij}(\forall i \in I, \forall j \in J)$，伪代码

如下：

$S_{\pi(0),j}=p_{\pi(0),j}=S_{\pi(i),0}=p_{\pi(i),0}\leftarrow 0(\forall i\in I,\ \forall j\in J)$；

令 $i=1, 2, \cdots, n$，依次执行

{

令 $j=1, 2, \cdots, m-1$，依次执行

$\{S_{\pi(i),j}\leftarrow \max\{S_{\pi(i),j-1}+p_{\pi(i),j-1}, S_{\pi(i-1),j+1}\};\}$

$S_{\pi(i),m}\leftarrow \max\{S_{\pi(i),m-1}+p_{\pi(i),m-1}, S_{\pi(i-1),m}+p_{\pi(i-1),m}\}$；

令 $j=m-1, m-2, \cdots, 1$，依次执行

$\{S_{\pi(i),j}\leftarrow \max\{S_{\pi(i),j}, S_{\pi(i),j+1}-p_{\pi(i),j}\};\}$

}

可以看出，上述方法引入了虚拟工件 J_0 和虚拟机器 M_0，且获得的是工件开工时间。这里将其略作变换，取消对虚拟工件和机器的设定，并利用问题的不可中断约束（$C_{ij}=S_{ij}+p_{ij}$）将开工时间转换为完工时间。将该算法记为 CCT（Computing Completion Times）算法，具体步骤如下：

步骤一 $C_{\pi(1)1}\leftarrow p_{\pi(1)1}$，令 j 从 2 到 m，分别计算 $C_{\pi(1),j}\leftarrow C_{\pi(1),j-1}+p_{\pi(1)j}$。

步骤二 令 i 从 2 到 n，执行以下步骤：① $C_{\pi(i),1}\leftarrow C_{\pi(i-1),1}+p_{\pi(i),1}$；②令 j 从 2 到 m，分别计算 $C_{\pi(i),j}\leftarrow \max\{C_{\pi(i-1),j}, C_{\pi(i),j-1}\}+p_{\pi(i),j}$；③令 j 从 $m-1$ 到 1，分别计算 $C_{\pi(i),j}\leftarrow \max\{C_{\pi(i),j}, C_{\pi(i),j+1}-p_{\pi(i),j+1}\}$。

步骤三 $C_{\max}(\pi)\leftarrow C_{\pi(n),m}$，输出 $C_{\max}(\pi)$，算法结束。

根据上述工件完工/开工时间计算方法，Kalczynski 等[89]进一步给出了计算给定工件序列 $\pi=\{1, 2, \cdots, n\}$ 的 Makespan 的网络计划图，记为 G，如图 4-1 所示。图 G 采用了类似于双代号箭线网络图的表示方法，用实箭线表示工件加工时间，虚箭线表示工件间的逻辑关系，箭尾和箭头的节点

分别表示工件在机器上的开始点和完成点。与 CPM 网络图不同的是，图 G 的两个节点间可能存在两条并行反向的弧 p_{ij} 和 $-p_{ij}$，用以表示无等待的情况。序列 π 的 Makespan 值即为图 G 的关键路径长度。

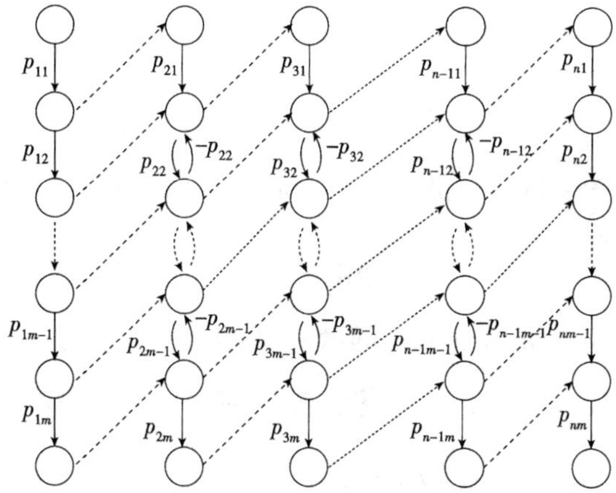

图 4-1　计算工件序列 Makespan 值的网络计划图[89]

基于网络计划图 G，下面将进一步探讨无等待流水车间调度问题的可逆性。这里首先给出逆问题的定义。

定义 4-1（逆问题）[5]　对于两个均由 n 个工件 m 台机器构成的 $Fm \mid nwt \mid C_{\max}$ 问题，令 $p_{ij}^{(1)}$ 和 $p_{ij}^{(2)}$ 分别表示这两个问题中工件 J_i 在机器 M_j 上的加工时间，若满足 $p_{ij}^{(1)} = p_{i,\ m-j+1}^{(2)}$，则这两个问题互为对方的逆问题。

可以看出，原问题和逆问题之间存在下述关系：原问题的第 1 台机器 $M_1^{(1)}$ 等价于逆问题的最后一台机器 $M_m^{(2)}$；原问题的机器 $M_2^{(1)}$ 等价于逆问题的机器 $M_{m-1}^{(2)}$；以此类推，原问题的 $M_j^{(1)}$ 等价于逆问题的 $M_{m-j+1}^{(2)}$。因而，对于任意一个 $Fm \mid nwt \mid C_{\max}$ 问题实例，都能通过加工时间在机器上的逆向转换找到对应的逆问题。

例如，考虑一个 $n \times m = 4 \times 3$ 的 $Fm \mid nwt \mid C_{\max}$ 问题 $Nwt^{(1)}$，加工时间为：

$$P^{(1)} = \begin{pmatrix} p_{11}^{(1)} & p_{21}^{(1)} & p_{31}^{(1)} & p_{41}^{(1)} \\ p_{12}^{(1)} & p_{22}^{(1)} & p_{32}^{(1)} & p_{42}^{(1)} \\ p_{13}^{(1)} & p_{23}^{(1)} & p_{33}^{(1)} & p_{43}^{(1)} \end{pmatrix} = \begin{pmatrix} 5 & 2 & 6 & 2 \\ 1 & 2 & 3 & 4 \\ 4 & 6 & 5 & 3 \end{pmatrix} \tag{4-5}$$

那么其逆问题 $Nwt^{(2)}$ 的加工时间为：

$$P^{(2)} = \begin{pmatrix} p_{11}^{(2)} & p_{21}^{(2)} & p_{31}^{(2)} & p_{41}^{(2)} \\ p_{12}^{(2)} & p_{22}^{(2)} & p_{32}^{(2)} & p_{42}^{(2)} \\ p_{13}^{(2)} & p_{23}^{(2)} & p_{33}^{(2)} & p_{43}^{(2)} \end{pmatrix} = \begin{pmatrix} 4 & 6 & 5 & 3 \\ 1 & 2 & 3 & 4 \\ 5 & 2 & 6 & 2 \end{pmatrix} \tag{4-6}$$

在无等待环境，原问题和逆问题的 Makespan 存在以下关系。

引理4-1 对 $Fm|nwt|C_{\max}$ 问题，若原问题中工件按序列 $\pi=\{i_1, i_2, \cdots, i_n\}$ 加工，逆问题中工件按 π 的逆序 $\overleftarrow{\pi}=\{i_n, i_{n-1}, \cdots, i_1\}$ 加工，则这两个调度解具有相同的 Makespan 值。

证明：若原问题中工件按序列 $\pi=\{i_1, i_2, \cdots, i_n\}$ 加工的网络计划图 $G^{(1)}$ 如图 4-1 所示，那么显然逆问题按 π 的逆序 $\overleftarrow{\pi}=\{i_n, i_{n-1}, \cdots, i_1\}$ 加工的网络计划图 $G^{(2)}$ 与 $G^{(1)}$ 中的节点和箭线是一一对应的，二者的区别仅在于箭线的方向不同。因此，网络计划图 $G^{(1)}$ 和 $G^{(2)}$ 的关键路径长度是相同的，即原问题的调度解和逆问题的逆序调度解具有相同的 Makespan 值。

以上面给出的两个问题 $Nwt^{(1)}$ 和 $Nwt^{(2)}$ 为例，若 $Nwt^{(1)}$ 的工件按照序列 $\pi=\{J_1, J_2, J_3, J_4\}$ 加工，Makespan 所对应的网络计划图和调度甘特图如图 4-2 所示，其中加粗表示的箭头线构成了调度解的关键路径。

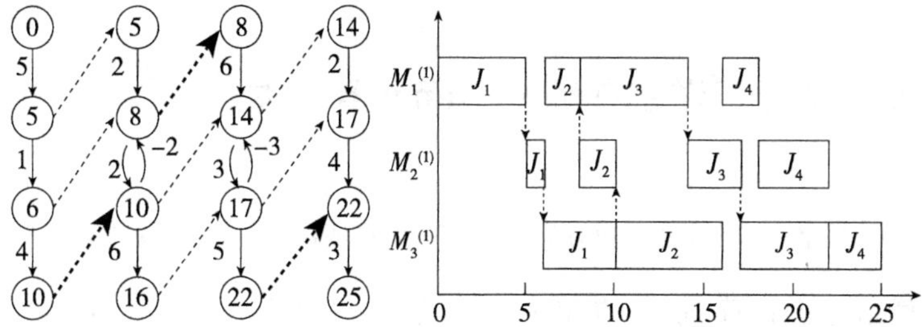

（1）网络计划图　　　　（2）调度甘特图

图 4-2　问题 $Nwt^{(1)}$ 按序列 π 加工的网络计划图和调度甘特图

与 $Nwt^{(1)}$ 对应的逆问题 $Nwt^{(2)}$ 按照序列 $\overleftarrow{\pi}=\{J_4, J_3, J_2, J_1\}$ 加工的网络图和甘特图如图 4-3 所示，有 $C_{\max}^{(2)}(\pi)=C_{\max}^{(1)}(\overleftarrow{\pi})=25$。

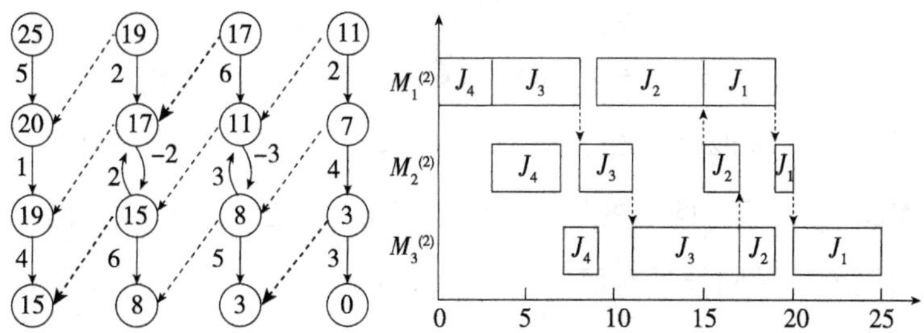

（1）网络计划图　　　　（2）调度甘特图

图 4-3　问题 $Nwt^{(2)}$ 按序列 $\overleftarrow{\pi}$ 加工的网络计划图和调度甘特图

根据引理 4-1，可以得到关于 $Fm \mid nwt \mid C_{\max}$ 问题的可逆性定理。

定理 4-1　$Fm \mid nwt \mid C_{\max}$ 的可逆性（Reversibility）：对于任一可行调度，若工件按相反顺序逆向经过各阶段的机器（由 M_m 到 M_1），则 Makespan 不变。

证明：对 $Fm \mid nwt \mid C_{\max}$ 问题，按照可行解 π 的调度方案将工件顺序反向且机器顺序反向，则相当于对于其逆问题采用 π 的逆序加工。根据引理 4-1 可得，在这种情况下，Makespan 值不会发生变化。

4.2.3 基于可逆性的 Makespan 计算方法

对于一般置换流水车间调度问题 $Fm \mid prmu \mid C_{\max}$，Taillard[134] 提出了一种计算给定工件序列 π 的 Makespan 的方法（以下称为 Taillard 算法），复杂度为 $O(\mid \pi \mid m)$，求解过程如下：Taillard 算法设置了两个参数，最早完工时间 $e_{\pi(t),j}$ 和尾时间（tail）$q_{\pi(t),j}$，$(\forall t, j)$，用于求解 $Fm \mid prmu \mid C_{\max}$ 中工件序列 π 的 Makespan。$e_{\pi(t),j}$ 和 $q_{\pi(t),j}$ 分别对应工件 $\pi(t)$ 在原问题中的完工时间 $C_{\pi(t),j}$ 和在逆问题中的完工时间 $\overleftarrow{C}_{\pi(t),j}$，则对于任意 $t = 1, \cdots, k-1$，工件序列 π 的 Makespan 可以由式（4-7）计算得到。

$$C_{\max}(\pi) = \max_{j \in \{1, \cdots, m\}} \{ C_{\pi(t),j} + \overleftarrow{C}_{\pi(t+1),j} \} \tag{4-7}$$

可以看出，Taillard 算法利用了 $Fm \mid prmu \mid C_{\max}$ 的问题可逆性来计算给定序列 Makespan 值，问题的可逆性保证了上述方法的可行性。由于无等待流水车间调度问题同样具有可逆性，对于任意整数 $k \in [1, n]$，可以借鉴 Taillard 算法的思想，将其扩展到无等待的情况，采用下述方法计算给定工件序列 π 的 Makespan：

步骤一 将 π 分为两个集合：子序列 $A \leftarrow \{J_{\pi(1)}, J_{\pi(2)}, \cdots, J_{\pi(k)}\}$，子序列 $B \leftarrow \{J_{\pi(k+1)}, \cdots, J_{\pi(n-1)}, J_{\pi(n)}\}$。

步骤二 对于子序列 A，将其视为由 k 个工件和 m 台机器构成的新 $Fm \mid nwt \mid C_{\max}$ 问题 $Nwt^{(0)}$，采用 CCT 算法依序计算按序列 A 加工时各工件在各台机器上的完工时间 $C_{\pi(i),j}(i = 1, \cdots, k; j = 1, \cdots, m)$。

步骤三 对于子序列 B，将其视为由 $n-k$ 个工件和 m 台机器构成的新问题 $Nwt^{(1)}$，构建 $Nwt^{(1)}$ 的逆问题 $Nwt^{(2)}$；对于 $Nwt^{(2)}$，采用 CCT 算法计算按序列 $\overleftarrow{B} \leftarrow \{J_{\pi(n)}, J_{\pi(n-1)}, \cdots, J_{\pi(k+1)}\}$ 加工时各工件在机器上的

完工时间 $\overleftarrow{C}_{\pi(i),\ j}(i = k+1,\ \cdots,\ n;\ j = 1,\ \cdots,\ m)$。

步骤四 令 j 从 1 到 m，计算 $T_j \leftarrow C_{\pi(k),\ j} + \overleftarrow{C}_{\pi(k+1),\ j}$。

步骤五 $C_{\max}(\pi) \leftarrow \max\limits_{j \in J}\{T_j\}$；输出 $C_{\max}(\pi)$，算法结束。

上述方法以位置 k 为基准将序列 π 分解为两个集合，分别构建对应子问题或子问题的逆问题并计算工件完工时间，以此得到原问题的 Makespan 值，我们将其称为 CMR（Calculating Makespan by Reversibility）算法。从算法步骤可以看出，对于子问题 $Nwt^{(0)}$ 按序列 A 加工时，计算完工时间的复杂度为 $O(km)$；对于子问题 $Nwt^{(1)}$ 的逆问题 $Nwt^{(2)}$，按序列 $\overleftarrow{B}$ 加工时计算完工时间的复杂度为 $O((n-k)m)$；计算 $T_j\ (j=1,\ \cdots,\ m)$ 进而获得 $C_{\max}(\pi)$ 所需时间为 $O(m)$，因此，整个算法的复杂度为 $O(nm)$。

下面证明，采用 CMR 算法得到的 Makespan 是序列 π 在无等待环境所能取得的最小值。

定理 4-2 对于 $Fm \mid nwt \mid C_{\max}$ 问题，任意一个给定的工件序列，CMR 算法都能给出该工件序列下 Makespan 最小的可行调度。

证明：对于给定的工件序列 π，CMR 算法根据位置 $k \in [1,\ n]$ 将其分为两个子序列 $A = \{J_{\pi(1)},\ \cdots,\ J_{\pi(k)}\}$ 和 $B = \{J_{\pi(k+1)},\ \cdots,\ J_{\pi(n)}\}$，求解思路如图 4-4 所示。

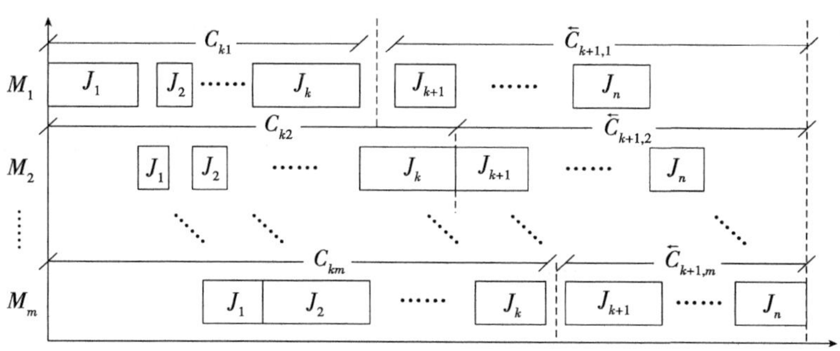

图 4-4 CMR 算法示意图

对于序列 A 对应的问题 $Nwt^{(0)}$，完工时间 $C_{\pi(i),j}(i=1, \cdots, k; j \in J)$ 即为从 $J_{\pi(1)}$ 在 M_1 上开始加工直至 $J_{\pi(i)}$ 离开机器 M_j 的最短时间。

对于序列 B 对应的问题 $Nwt^{(1)}$，其逆问题 $Nwt^{(2)}$ 按 $\overleftarrow{B}$ 加工得到的完工时间 $\overleftarrow{C}_{\pi(i),j}$ $(i=k+1, \cdots, n; j=1, \cdots, m)$ 即为 $J_{\pi(n)}$ 在 M_m（逆问题 $Nwt^{(2)}$ 的第一阶段）上开始加工直至 $J_{\pi(i)}$ 离开 M_j（逆问题 $Nwt^{(2)}$ 的第 $m-j+1$ 阶段）的最短时间。根据定理 4-1 可知，无等待流水车间调度是可逆的，因此，$\overleftarrow{C}_{\pi(i),j}$ 等同于问题 $Nwt^{(1)}$ 按序列 B 加工时，从 $J_{\pi(i)}$ 在 M_j 上开始加工直至 $J_{\pi(n)}$ 离开机器 M_m 的最短时间。

那么，将这两个子序列得到的调度解按照先 A 后 B 的顺序合并，则子调度解内的各工件均满足无等待的要求；而对于衔接这两个调度解的工件 $J_{\pi(k)}$ 和 $J_{\pi(k+1)}$，则至少存在一个 $j^* \in J$，满足：

$$T_{j^*} = \max_{j \in J}\{T_j\} = \max_{j \in J}\{C_{\pi(k),j} + \overleftarrow{C}_{\pi(k+1),j}\} \tag{4-8}$$

显然，当且仅当 $J_{\pi(k)}$ 和 $J_{\pi(k+1)}$ 在 M_{j^*} 上连续加工，即 $C_{\pi(k),j^*} = S_{\pi(k+1),j^*}$ 时，得到的 Makespan 为序列 π 所能获得的最小值，且 $C_{\max}(\pi) = T_{j^*}$。

当 $J_{\pi(k)}$ 和 $J_{\pi(k+1)}$ 在机器 M_{j^*} 上连续加工时，由于 $T_{j^*} = \max_{j \in J}\{T_j\}$，那么，对于 $j \in \{j | T_j \leqslant T_{j^*}, j \in J\}$，机器 M_j 加工 $J_{\pi(k)}$ 和 $J_{\pi(k+1)}$ 时必然存在空闲时间（Idle Time）$\Delta t_j = T_{j^*} - T_j$ 使得工件 $J_{\pi(k+1)}$ 在阶段间严格无等待（若 $\Delta t_j < T_{j^*} - T_j$ 则违背无等待约束；若 $\Delta t_j > T_{j^*} - T_j$ 则导致 $J_{\pi(k)}$ 和 $J_{\pi(k+1)}$ 在 M_{j^*} 上不能连续加工），此时得到的 Makespan 即满足无等待要求的最小值，为：

$$C_{\max}(\pi) = C_{\pi(k),j^*} + C_{\pi(k+1),j^*} = C_{\pi(k),j} + C_{\pi(k+1),j} + \Delta t_j = T_{j^*} \tag{4-9}$$

当 $C_{\max}(\pi) = T_{j^*}$ 时，$J_{\pi(k)}$ 和 $J_{\pi(k+1)}$ 必然在机器 M_{j^*} 上连续加工。因为，

若机器 M_{j*} 加工 $J_{\pi(k)}$ 和 $J_{\pi(k+1)}$ 时存在空闲时间 Δt_{j*} ，那么，调度解的 Makespan 值 $C_{\max}(\pi) \geqslant C_{\pi(k),j*} + C_{\pi(k+1),j*} + \Delta t_{j*} > T_{j*}$ ，与 $C_{\max}(\pi) = T_{j*}$ 矛盾。

综上所述，对于给定序列 π ，由 CMR 算法得到的 Makespan 值满足 $C_{\max}(\pi) = T_{j*}$ ，为该序列所能获得的最小 Makespan 值。

CMR 算法具有与 CCT 算法同等级的时间复杂度（ $O(nm)$ ），且由于 CMR 算法采用了问题分解的思想，使得在计算部分工件序列的 Makespan 值，以及在插入或移除工件时计算新序列的 Makespan 值等方面具有 CCT 算法所无法比拟的灵活性，这点将在下文中做进一步阐述。

◎4.3 快速插入方法

4.3.1 工件插入问题及求解框架

工件插入是调度算法经常采用的优化手段之一[14]，也是邻域搜索中构造邻域的一类重要方法[135]。它将指定的工件插入当前序列的若干位置，从中选择最优的调度解，或作为下次优化过程的初始序列，或作为最终解输出。

定义 4-2（工件插入问题） 给定由 n 个工件组成的工件序列 π 、待插入工件 $J_{n+1} \notin \pi J_{n+1}$ 所允许插入的位置集合 K ，其中，$\forall k \in K$ 均满足 $1 \leqslant k \leqslant n+1$。对于 $\forall k \in K$ ，构建新序列：

$$\pi'_k = \{J_{\pi(1)}, J_{\pi(2)}, \cdots, J_{\pi(k-1)}\} \cup \{J_{n+1}\} \cup \{J_{\pi(k)}, \cdots, J_{\pi(n-1)}, J_{\pi(n)}\} \tag{4-10}$$

工件插入问题就是在$\Pi = \{\pi'_k \mid \forall k \in K\}$ 中寻找最优序列 π'_{k*} ，使

得 $C_{\max}^{*} = C_{\max}(\pi'_{k^{*}}) = \min\limits_{k \in K}\{C_{\max}(\pi'_{k})\}$ 。

工件插入问题的输入为初始序列 π 、待插入工件 J_{n+1} 和位置集合 K ；输出为最优插入位置 k^{*} 和目标值 $C_{\max}^{*}$ 。以下为工件插入问题的求解框架：

步骤一 令 $k^{*} \leftarrow 0$, $C_{\max}^{*} \leftarrow \infty$, $i \leftarrow 1$。

步骤二 $k \leftarrow K(i)$ 。

步骤三 计算 $\pi'_{k} = \{J_{\pi(1)}, J_{\pi(2)}, \cdots, J_{\pi(k-1)}\} \cup \{J_{n+1}\} \cup \{J_{\pi(k)}, \cdots, J_{\pi(n-1)}, J_{\pi(n)}\}$ 的 Makespan 值 $C_{\max}(\pi'_{k})$ 。

步骤四 若 $C_{\max}(\pi'_{k}) < C_{\max}^{*}$ ，则 $k^{*} \leftarrow k$, $C_{\max}^{*} \leftarrow C_{\max}(\pi'_{k})$ 。

步骤五 $i \leftarrow i+1$；若 $i \leqslant |K|$ ，转步骤二，否则输出 k^{*} 和 $C_{\max}^{*}$，算法结束。

工件插入算法经常作为调度算法的子程序被调用，以实现对调度解的优化。对于无等待流水车间调度问题，决定工件插入算法的时间复杂度的关键在于步骤三计算新序列的 Makespan 值。若采用 CCT 算法，步骤三的计算时间为 $O(nm)$，则整个算法的复杂度为 $O(|K| \cdot nm)$。

下文将进一步设计适用于无等待环境且具有较低复杂度的工件插入算法，明确各种算法的适用情况，力图降低工件插入算法对整体调度算法求解效率的制约，为优化调度提供方法支撑。

4.3.2 工件插入的快速算法

(1) 基于矩阵的工件插入算法

若利用 $Fm|nwt|C_{\max}$问题的 TSP 性质，借鉴 Framinan 等[94]提出的方法，可以将工件插入算法的复杂度降为 $O(|K| \cdot (n+m))$。在算法执行前，需要进行预处理，即对于 $\forall i, j \in \pi \cup \{n+1\}$，根据式（4-3）计算 d_{ij}，建立 d_{ij}矩阵，这样在计算最大完工时间时，d_{ij}可视为常数处理。基于

d_{ij}矩阵，工件插入算法的具体步骤如下：

步骤一 令 $k^* \leftarrow 0$, $C^*_{\max} \leftarrow \infty$, $i \leftarrow 1$。

步骤二 $k \leftarrow K(i)$ 。

步骤三 利用 d_{ij} 矩阵，计算 $C_{\max}(\pi'_k)$ ，根据式（4-11）计算 π'_k 的 Makespan 值：

$$C_{\max}(\pi'_k) = \sum_{i=1}^{n} d_{\pi'_k(i),\ \pi'_k(i+1)} + \sum_{j=1}^{m} p_{\pi'_k(n+1),\ j} \tag{4-11}$$

步骤四 若 $C_{\max}(\pi'_k) < C^*_{\max}$ ，则 $k^* \leftarrow k$, $C^*_{\max} \leftarrow C_{\max}(\pi'_k)$ 。

步骤五 $i \leftarrow i+1$；若 $i \leqslant |K|$ ，转步骤二，否则输出 k^* 和 $C^*_{\max}$ ，算法结束。

为便于描述，将上述算法命名为 MJI（Matrix-based Job Inserting）算法。MJI 算法通过预先存储每对工件的 d_{ij} 矩阵来简化工件插入后计算新序列 Makespan 即步骤三的复杂度，将其降为 $O(n+m)$ ，共计 $|K|$ 个序列，因此算法的复杂度为 $O(|K| \cdot (n+m))$ 。

（2）基于可逆性的工件插入算法

MJI 算法虽然将工件插入的复杂度由 $O(|K| \cdot nm)$ 降为了 $O(|K| \cdot (n+m))$ ，然而，这并不是计算效率最高的方法。下面将利用 $Fm|nwt|C_{\max}$ 问题的可逆性，将工件插入算法的计算复杂度进一步降至 $O(|K| \cdot m)$ 。在算法求解前，首先引入预处理过程：

步骤一 对于 $\forall i \in \pi$, $\forall j \in J$ ，计算 $C_{\pi(i),\ j}$ 并输出结果。

步骤二 对于 $\forall i \in \pi$, $\forall j \in J$ ，计算其逆问题按照逆序列 $\overleftarrow{\pi}$ 加工时的工件完工时间 $\overleftarrow{C}_{\pi(i),\ j}$ 并输出。

通过预处理，π 中每个工件在每台机器上的操作都具有与之对应的两个完工时间 $C_{\pi(i),\ j}$ 和 $\overleftarrow{C}_{\pi(i),\ j}$ 。在插入工件时，可以借助正逆序下的完工时间，利用问题可逆性将 CMR 算法扩展为新序列 Makespan 的计算方法，步骤如下：

步骤一 令 $k^* \leftarrow 0$, $C_{\max}^* \leftarrow \infty$, $i \leftarrow 1$。

步骤二 $k \leftarrow K(i)$ 。

步骤三 借鉴 CMR 算法，计算 $C_{\max}(\pi'_k)$ 。①计算 J_{n+1} 排在 $J_{\pi(k-1)}$ 后的最早完工时间：$C_{n+1,1} \leftarrow C_{\pi(k-1),1} + p_{n+1,1}$ ；令 j 从 2 至 m ，计算 $C_{n+1,j} \leftarrow \max\{C_{\pi(k-1),j}, C_{n+1,j-1}\} + p_{n+1,j}$ ；令 j 从 $m-1$ 至 1，计算 $C_{n+1,j} \leftarrow \max\{C_{n+1,j}, C_{n+1,j+1} - p_{n+1,j+1}\}$ ；② 计算 $C_{\max}(\pi'_k) = \max_{j\in J}\{T_j\} \leftarrow \max_{j\in J}\{C_{n+1,j} + \overleftarrow{C}_{\pi(k),j}\}$ 。

步骤四 若 $C_{\max}(\pi'_k) < C_{\max}^*$ ，则 $k^* \leftarrow k$, $C_{\max}^* \leftarrow C_{\max}(\pi'_k)$ 。

步骤五 $i \leftarrow i+1$；若 $i \leqslant |K|$ ，转步骤二，否则输出 k^* 和 $C_{\max}^*$ ，算法结束。

将上述工件插入算法记为 RJI（Reversibility-based Job Inserting）算法。可以看出，步骤三的①计算 J_{n+1} 排在 $J_{\pi(k-1)}$ 后的最早完工时间的复杂度为 $O(m)$ ，步骤三的②计算 $C_{\max}(\pi'_k)$ 所用时间亦为 $O(m)$ ，因而，步骤三的复杂度为 $O(m)$ 。由于共计算 $|K|$ 个序列的 Makespan，算法的复杂度为 $O(|K|\cdot m)$ 。

关于工件插入问题的一般算法、MJI 算法和 RJI 算法的比较见表 4-1。

表 4-1 三种工件插入算法的比较

算法	复杂度	预处理		适用情况
		复杂度	存储规模	
一般算法	$O(\|K\|\cdot nm)$	—	—	$\|K\|$ 为常数
MJI 算法	$O(\|K\|\cdot(n+m))$	$O(n^2m)$ [90,94]	n^2（d_{ij} 矩阵）	—
RJI 算法	$O(\|K\|\cdot m)$	$O(nm)$	$2nm$（$C_{\pi(i),j}$ & $\overleftarrow{C}_{\pi(i),j}$）	$\|K\|$ 为关于 n 的函数

由表 4-1 可以得到以下结论：

第一，RJI 算法无论是在时间复杂度方面还是预处理复杂度方面都优于 MJI 算法，且在 $n \geqslant 2m$ 的情况下，RJI 算法的预存储数据规模也小于 MJI 算法。

第二，当 $|K| = f(n)$ 时，规模为 n 的序列可能插入的位置至多为 $n+1$ 个，因此 $f(n)$ 往往是关于 n 的线性公式，如 n、$n/2$ 等。此时，包含预处理过程的三种算法按复杂度递增排序为：RJI 算法（$O(nm)$）、MJI 算法($O(n^2m)$)、一般算法（$O(n^2m)$）。因而，采用 RJI 算法可以对工件插入问题快速求解。

第三，当 $|K|$ 为常数时，RJI 算法和一般算法具有较小的时间复杂度 $O(nm)$，由于一般算法不需要额外的预处理过程，这种情况可以采用一般算法求解。

◎4.4 基于 TSP 的启发式算法

对于无等待流水车间调度问题 $Fm \mid nwt \mid C_{\max}$，算法设计的关键与难点在于如何生成好的工件序列。针对问题特征，本章提出一种基于 TSP 的启发式算法 THA（TSP-based Heuristic Algorithm），通过将问题类比为一类 TSP 问题来获得初始解，并采用 NEH 的调度优化方法进一步改进调度解。

4.4.1 基于 TSP 的初始调度

由计算给定工件序列的工件完工时间方法——CCT 算法可以看出，当仅有两个工件的时候，调度解的 Makespan 值与相同工件序列下的相应一般流水车间排列排序问题的 Makespan 相同；而当工件数多于两个时，任意工件序列 π 的相邻工件 J_i 和 J_k 之间的关系如图 4-5 所示。

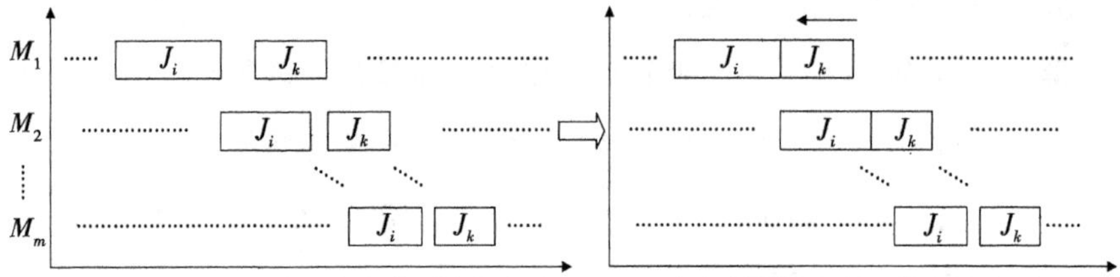

（1）$Fm|nwt|C_{max}$调度解中相邻工件的关系　　（2）转化后相邻工件J_i和J_k的关系

图 4-5　相邻工件 J_i 和 J_k 的甘特图

图4-5（1）为序列 π 中，相邻工件 J_i 和 J_k 在甘特图中的位置关系；图4-5（2）表示，在保持 J_k 之前加工的工件相对位置不变的情况下（即 J_k 之前加工的工件满足无等待的约束），J_k 在不考虑无等待的特殊约束时所能获得的最早完工时间。仅就这两个工件在车间生产中的加工持续时间（即从 J_i 进入 M_1 到 J_k 离开 M_m 的时间长度 $DT_{ik} = C_{km} - S_{i1}$）而言，图4-5（1）和图4-5（2）是等价的，换言之，由图4-5（1）得到的 $DT_{ik}^{(1)}$ 等于图4-5（2）的 $DT_{ik}^{(2)}$。因此，可以由图4-5（2）推得 DT_{ik} 的计算公式：

对于工件 J_i 有：$C_{ij} - S_{i1} = \sum_{t=1}^{j} p_{it}$，$j \in J$；对于工件 J_k 有：$C_{k1} = C_{i1} + p_{k1}$；$C_{kj} = \max\{C_{ij}, C_{k,j-1}\} + p_{kj}$. $j = 2, 3, \cdots, m$；因此，对于 $DT_{ik} = C_{km} - S_{i1}$，有：

$$
\begin{aligned}
DT_{ik} &= C_{km} - S_{i1} \\
&= \max\{C_{im}, C_{k,m-1}\} + p_{km} - S_{i1} \\
&= \max\{C_{im} - S_{i1}, \max\{C_{i,m-1} - S_{i1}, C_{k,m-2} - S_{i1}\} + p_{k,m-1}\} + p_{km} \\
&= \cdots\cdots \\
&= \max\left\{\sum_{t=1}^{m} p_{it} + p_{km}, \sum_{t=1}^{m-1} p_{it} + \sum_{t=m-1}^{m} p_{kt}, \cdots, p_{i1} + \sum_{t=1}^{m} p_{kt}\right\} \\
&= \max_{1 \leq j \leq m}\left\{\sum_{t=1}^{j} p_{it} + \sum_{t=j}^{m} p_{kt}\right\} \qquad (4-12)
\end{aligned}
$$

基于上述分析，对于一个具体的 $Fm|nwt|C_{max}$，均可构建如下TSP问题，

问题由 $n+1$ 个节点 $\{J_0, J_1, \cdots, J_n\}$ 组成，其中 J_0 为虚拟工件，在各台机器上的加工时间 $p_{0j}=0(\forall j \in J)$，对应 TSP 问题的起始/终止节点。节点 J_i 到 J_k 的距离 d_{ik} 定义为：

$$d_{ik} = DT_{ik} = \max_{1 \leqslant j \leqslant m}\left\{\sum_{t=1}^{j} p_{it} + \sum_{t=j}^{m} p_{kt}\right\} \tag{4-13}$$

通过求解上述 TSP 问题，可以获得调度问题 $Fm \mid nwt \mid C_{\max}$ 的工件加工序列。这里采用 TSP 问题的一类经典启发式方法——最近插入法取得近优解，进而将得到的节点序列转化为调度问题的初始解。

最近插入法的复杂度为 $O(n^2)$，计算步骤如下：

步骤一 选择具有最短距离的一对节点，将其加入子路径（subtour）。

步骤二 在不属于子路径的节点集合中，选择与子路径中任一节点的距离最短的节点。

步骤三 在子路径中寻找一个以所选节点为端点的弧，使得插入所选节点所增加的路径长度最小。

步骤四 重复步骤二，直至不存在未选节点。

4.4.2 调度解优化方法

如 4.1 节所言，NEH 算法扩展到无等待环境依然具有良好的求解性能，其中一个重要原因在于它采用了一种优化效果显著的工件插入策略，即通过依次选定待插入工件并确定工件的插入位置来获得较优的调度解，其本质是一类工件插入策略。基于工件插入策略的优化方法，不仅对调度解具有很好的改进效果，且独立于初始解的生成方法，对于任意给定的初始调度，均可通过这种插入方法得到优化，因而，有利于与其他算法结合。

为进一步减小初始解的目标值与最优值的偏差，这里应用 NEH 算法中的工件插入算法作为调度解优化方法（详见 4.1 节 NEH 算法的步骤二），在初始调度的基础上进行优化，获得更优解。调度解优化方法不仅决定了算法的优化性能，而且制约着算法的计算复杂性，下面将对 NEH 调度解优化算法在无等待流水车间环境的扩展方法及其计算复杂度进行探讨。

在无等待环境，Framinan 等[89]提出了一种低复杂度的 NEH 扩展算法，在工件插入过程中采用了基于矩阵的工件插入算法 MJI，步骤如下：

步骤一 预处理。对于 $\forall i, j \in I$，根据式（4-3）计算 d_{ij}，建立 d_{ij} 矩阵；输入初始工件序列 φ_0。

步骤二 调度解优化。①取 φ_0 中前两个工件，分别计算这两个工件先后两种排序下的 Makespan，取其中具有较小 Makespan 的排序作为下一次搜索的初始序列 π。②令 $k \leftarrow 3$。③取 φ 中第 k 个工件插入 π 中 $k-1$ 个工件之间的空位，调用 MJI 算法计算第 k 个工件的最优插入位置，使得插入后的 Makespan 最小；更新 π。④ $k \leftarrow k+1$；若 $k > n$，π 即为最终调度解，转步骤三；否则，将 π 作为下一次搜索的初始序列，转步骤二的③。

步骤三 算法结束，输出调度解 π。

可以看出，计算 d_{ij} 矩阵的复杂度为 $O(n^2m)$。在调度解优化过程中，MJI 算法的复杂度为 $O(k(k+m))$，由于有 n 个工件，MJI 算法的调用次数为 $n-2$，且 k 的最大取值为 n，步骤二的复杂度为 $O(n^2(n+m))$。基于 NEH 的调度解优化方法的计算时间受制于步骤二，为 $O(n^2(n+m))$。

4.3 节提出了一种在时间复杂度上优于 MJI 算法的工件插入算法，即基于可逆性的工件插入算法 RJI。现将 RJI 算法引入基于 NEH 的调度解优化方法，采用 RJI 的预处理方法计算正逆序问题的工件完工时间，调用 RJI 算法计算工件的最优插入位置，进一步降低算法复杂度。

步骤一 预处理，输入初始工件序列 π_0，令 $\pi \leftarrow \{\pi_0(1)\}$。

步骤二 取 π_0 的前两个工件，分别计算这两个工件先后两种排序下的 Makespan，取其中具有较小 Makespan 的排序放入调度工件集 π 中。

步骤三 令 L 从 3 到 n，引入 RJI 算法，依次执行以下步骤：①对于 $\forall J_i \in \pi$，$\forall j \in J$，计算工件 J_i 在机器 M_j 上的完工时间 $C_{\pi(i),j}$。②对于 $\forall J_i \in \pi$，$\forall j \in J$，计算其逆问题按照逆序列 $\overleftarrow{\pi}$ 加工时的工件完工时间 $\overleftarrow{C}_{\pi(i),j}$。③令 $k \leftarrow 1, k^* \leftarrow 0, C^*_{\max} \leftarrow \infty$。④计算 $J_{\pi_0(L)}$ 插入位置 k 后的最早完工时间 $C_{\pi_0(L),j}$：若 $k = 1$，则 $C_{\pi_0(L),1} \leftarrow p_{\pi_0(L),1}$，令 j 从 2 到 m 计算 $C_{\pi_0(L),j} \leftarrow C_{\pi_0(L),j-1} + p_{\pi_0(L),j}$；否则 $C_{\pi_0(L),1} \leftarrow C_{\pi(k-1),1} + p_{\pi_0(L),1}$，令 j 从 2 到 m，计算 $C_{\pi_0(L),j} \leftarrow \max\{C_{\pi(k-1),j}, C_{\pi_0(L),j-1}\} + p_{\pi_0(L),j}$；令 j 从 $m-1$ 到 1，计算 $C_{\pi_0(L),j} \leftarrow \max\{C_{\pi_0(L),j}, C_{\pi_0(L),j+1} - p_{\pi_0(L),j+1}\}$。⑤若 $k < L$，则 $C_{\max} \leftarrow \max\limits_{j \in J}\{C_{n+1,j} + \overleftarrow{C}_{\pi(k),j}\}$；否则 $C_{\max} \leftarrow C_{\pi_0(L),m}$。⑥若 $C_{\max} < C^*_{\max}$，则 $k^* \leftarrow k$，$C^*_{\max} \leftarrow C_{\max}$。⑦$k \leftarrow k+1$；若 $k \leqslant L$，转步骤三的④，否则转步骤三的⑧。⑧更新调度工件集 π，将 $\pi_0(L)$ 插入 $\pi(k^*-1)$ 和 $\pi(k^*)$ 之间。

步骤四 算法结束，输出调度解 π。

如上所述，在调度解优化过程中，步骤三的①～②为 RJI 算法的预处理过程，用时 $O(km)$，步骤三的④～⑥采用了 RJI 算法，用时 $O(km)$，且被调用 $n-2$ 次，因而步骤二至步骤三的复杂度为 $O(n^2m)$。因此，通过利用基于可逆性的工件插入算法 RJI，基于 NEH 的调度解优化方法的复杂度由原先的 $O(n^2(n+m))$ 降为了 $O(n^2m)$，有效削弱了调度优化方法对整体算法的时间复杂度的制约，提高了算法的计算效率。

4.4.3 算法步骤与复杂度分析

THA 算法的具体步骤如下：

步骤一 构建 TSP 问题。①引入虚拟工件 J_0，加工时间 $p_{0j} = 0(j = 1, \cdots, m)$。②令 i 从 0 到 n，k 从 0 到 n：若 $i = k$，则 $d_{ik} \leftarrow \infty$，否则执行步骤一的④。③建立以 $n+1$ 个工件为节点，节点 J_i 到 J_k 距离为 d_{ik} 的 TSP 问题；转步

骤二。④计算节点 J_i 到 J_k 的距离 DT_{ik}：$C_{i1} \leftarrow p_{i1}$；令 j 从 2 到 m，计算 $C_{ij} \leftarrow C_{i,j-1} + p_{ij}$；$C_{k1} \leftarrow C_{i1} + p_{k1}$；令 j 从 2 到 m，计算 $C_{kj} \leftarrow \max\{C_{k,j-1}, C_{ij}\} + p_{kj}$；$DT_{ik} \leftarrow C_{km}$。

步骤二 TSP 问题求解。①采用 NI 算法求解，得到节点序列 π_0。②确定 J_0 在 π_0 中的位置 i；令 k 从 $i+1$ 到 n，$\pi \leftarrow \pi_0(k)$；令 k 从 1 到 $i-1$，$\pi \leftarrow \pi_0(k)$；集合 π 即为初始工件序列。

步骤三 优化初始解。①采用 NEH 的调度解优化方法在序列 π 的基础上进一步优化，得到新的工件序列 π^* 及对应的最大完工时间 $C^*_{\max}$；②算法结束，输出 π^* 和 $C^*_{\max}$。

THA 的算法复杂度分析如下：在构建 TSP 问题的过程中，计算任意两点间距离 DT_{ik} 的时间为 $O(m)$，共计算 n^2 次，因此，步骤一的复杂度为 $O(n^2m)$；步骤二中，NI 算法的复杂度为 $O(n^2)$，确定工件序列的计算时间为 $O(n)$，因此，步骤二的复杂度为 $O(n^2)$；通过 4.4.2 节的分析可知，步骤三的复杂度为 $O(n^2m)$；因此，算法的计算时间受制于步骤一和步骤三，复杂度为 $O(n^2m)$。

◎4.5 数据实验

4.5.1 实验环境与数据

为考察 THA 算法的求解性能，以及初始调度生成方法和调度解优化方法的有效性，本章将 THA 算法与以下四种启发式算法进行比较：

第一种，FN-0 算法。Framinan 等提出的 FN 算法是目前求解 $Fm \mid nwt \mid C_{\max}$ 最为有效的启发式方法[94]，这里取其初始解构造方法进行比较，记为 FN-

0 算法。

第二种，THA-0 算法。根据 THA 算法的思想构建 TSP 问题并采用 NI 方法求解，不采用调度解优化方法进行改进。

第三种，NEH 算法。NEH 算法扩展到无等待流水车间调度问题后依然具有良好的求解效果，因此本章选用 NEH 扩展算法作为对比算法。利用 4.4.2 节中基于可逆性的调度解优化方法，可以将 NEH 的计算时间降至 $O(n^2m)$ 。

第四种，FN 算法。将 FN-0 得到的解作为初始解，采用 4.4.2 节基于 NEH 的调度解优化方法对初始解进行改进。

可以看出，FN-0 和 THA-0 算法均是依据一定的排序规则获得调度解，而 NEH、FN 和 THA 算法则进一步采用由 NEH 提出的调度解优化方法改进调度解。本章采用 C#语言在 PC Pentium4/CPU3.0GHz/RAM1.0G 上编程实现上述四种算法，实验参数依照相关文献的实验设计方法[92-94]，设置为：工件数 $n \in \{10, 20, 30, 40, 50, 60, 70, 80\}$；机器数 $m \in \{5, 10, 15, 20\}$；加工时间 $p_{ij} \in [1, 99]$，按离散均匀分布随机生成。根据问题规模的不同取值，分为 32 组实验，每组随机生成 100 个算例，共计 3200 个算例。

算法性能重点考察算法的计算效率和求解质量，其中计算效率以算法运行的 CPU 时间衡量；求解质量则是通过算法 H 的相对偏离率 $Dev(H)$ 和最好次数比 $Bst(H)$ 衡量，计算公式分别为：

$$Dev(H) = \frac{C_{\max}(H) - C_{\max}^{best}}{C_{\max}^{best}} \times 100\% \tag{4-14}$$

$$Bst(H) = \sum_{i=1}^{N} B_i(H)/N \tag{4-15}$$

其中，N 为当前实验组的算例总数，对于第 i 个算例，若算法 H 能取得五个算法中的相对最佳解，则 $C_{\max}^{best} = C_{\max}(H)$ ，$B_i(H) = 1$，否则 $B_i(H) = 0$。

4.5.2 实验结果与分析

实验结果见表4-2，其中$\overline{Dev}$表示相对偏离率的平均值，CPU表示THA算法的计算时间。

表4-2 THA算法的实验结果

n	m	CPU/s	FN-0		THA-0		NEH		FN		THA	
			$\overline{Dev}$	Bst	$\overline{Dev}$	Bst	$\overline{Dev}$	Bst	$\overline{Dev}$	Bst	$\overline{Dev}$	Bst
10	5	0.000	21.292	0	13.281	0.02	1.654	0.28	1.820	0.30	1.575	0.36
	10	0.000	18.745	0	15.105	0	1.406	0.34	2.022	0.24	1.452	0.32
	15	0.000	17.163	0	15.117	0	0.924	0.36	1.660	0.18	0.989	0.28
	20	0.001	14.614	0	13.281	0	0.742	0.42	1.407	0.24	1.090	0.27
20	5	0.001	14.937	0	10.391	0	1.885	0.26	1.322	0.35	1.378	0.26
	10	0.001	19.265	0	14.110	0	1.434	0.19	1.588	0.32	1.321	0.26
	15	0.002	18.542	0	15.286	0	1.155	0.33	1.563	0.17	1.094	0.33
	20	0.002	16.988	0	15.159	0	0.892	0.38	1.457	0.17	0.858	0.31
30	5	0.001	11.365	0	7.862	0	1.480	0.20	1.177	0.26	0.745	0.45
	10	0.003	15.721	0	12.563	0	1.367	0.20	1.310	0.25	1.062	0.25
	15	0.005	16.954	0	14.739	0	1.442	0.21	1.292	0.21	0.863	0.36
	20	0.006	16.926	0	15.109	0	0.954	0.24	1.172	0.23	0.842	0.33
40	5	0.003	9.511	0	7.161	0	1.604	0.15	0.976	0.32	0.675	0.41
	10	0.006	13.990	0	11.489	0	1.561	0.11	0.796	0.40	0.892	0.27
	15	0.009	15.740	0	13.258	0	1.339	0.25	1.081	0.22	0.877	0.26
	20	0.012	15.978	0	14.196	0	1.025	0.16	1.170	0.15	0.559	0.47

续表

n	m	CPU/s	FN-0		THA-0		NEH		FN		THA	
			$\overline{Dev}$	*Bst*	$\overline{Dev}$	*Bst*	$\overline{Dev}$	*Bst*	$\overline{Dev}$	*Bst*	$\overline{Dev}$	*Bst*
50	5	0.005	8.317	0	6.249	0	1.511	0.13	0.945	0.29	0.554	0.49
	10	0.009	13.258	0	10.566	0	1.646	0.09	0.944	0.23	0.653	0.41
	15	0.013	14.041	0	11.994	0	1.329	0.13	1.159	0.13	0.737	0.35
	20	0.016	15.269	0	13.437	0	1.151	0.21	1.205	0.17	0.753	0.23
60	5	0.006	7.530	0	5.465	0	1.463	0.14	0.741	0.34	0.448	0.50
	10	0.014	11.738	0	9.648	0	1.485	0.13	0.849	0.26	0.684	0.29
	15	0.020	13.603	0	11.765	0	1.366	0.08	1.065	0.19	0.716	0.34
	20	0.026	13.975	0	12.557	0	1.203	0.13	0.963	0.21	0.768	0.25
70	5	0.009	6.836	0	5.048	0	1.201	0.17	0.622	0.29	0.395	0.50
	10	0.018	10.864	0	9.171	0	1.466	0.03	0.887	0.22	0.646	0.38
	15	0.027	12.545	0	10.990	0	1.295	0.08	0.952	0.13	0.678	0.27
	20	0.034	13.316	0	12.305	0	1.297	0.09	0.888	0.14	0.618	0.33
80	5	0.015	6.120	0	5.050	0	1.376	0.08	0.581	0.42	0.497	0.49
	10	0.025	10.539	0	8.575	0	1.468	0.08	1.026	0.16	0.589	0.35
	15	0.037	12.242	0	10.889	0	1.550	0.01	1.007	0.12	0.533	0.42
	20	0.048	12.949	0	11.436	0	1.202	0.08	0.905	0.11	0.553	0.33

由表4-2可以得到以下结论：

第一，由五种算法中 $\overline{Dev}$ 和 *Bst* 的最好值可以看出，THA 算法这两项指标在多数情况下均优于另外四种算法；在问题规模较大时（如 $n \geqslant 20$），求解效果较好的三种算法依次为：THA 算法、FN 算法、NEH 算法；在求解小规模问题时（如 $n \leqslant 10$），NEH 算法则具有相对较优的求解质量。

第二，对于未执行调度解优化的 FN-0 和 THA-0 算法，THA-0 的求解效果明显优于 FN-0 算法；由最好次数比指标可以看出，有两个问题规模为 $n \times m = 10 \times 5$ 的实例甚至通过 THA-0 算法获得了相对最好解。这说明，本章提出的初始调度生成方法是有效的。

第三，FN 算法通过采用调度解优化方法，对 FN-0 的平均改进率达到了 12.64%，THA 算法则达到 10.54%，这说明由 NEH 提出的调度解优化方法在扩展到无等待环境时依然具有很好的优化效果，而 THA 算法的改进率低于 FN 算法是因为 THA 生成的初始调度较好，相同的优化方法相对改进余地不大。

第四，由 FN-0 和 THA-0 两列可见，FN 算法的初始调度相对于 THA 初始解的偏差均值为 2.43%，而在采用相同的调度解优化方法后，两种算法的绝对偏差平均值降为 0.33%。这说明调度解优化方法具有稳定的优化效果，即使对于质量较差的初始调度也能够优化为较好的解。

第五，随着 n 的增大，五种算法的相对偏差率均呈下降趋势，说明工件数的增多有利于削弱无等待的制约作用；随着机器数 m 的增加，五种算法的相对偏差率均明显上升，且 THA 算法的最好次数比在多数情况下呈下降趋势，说明机器数的增加会加大问题求解的难度。

第六，THA 算法具有很好的计算效率，即使对于 80 个工件、20 台机器的调度问题，也能在 0.05s 内给出调度解，完全能够满足调度的需要。

◎4.6 本章小结

无等待是等待时间上限约束的一类特殊情况，要求工件不间断地经过各台机器的加工，即工件在相邻阶段间的等待时间上限为 0。无等待流水车间调度问题等价于一类特殊的 TSP 问题，在不少于三台机器时具有“强

NP-难”的复杂性。关于无等待流水车间调度问题的研究，能够为更具一般性的具有等待时间上限的流水车间调度方法提供探索方向和理论支撑。本章在已有研究的基础上，对无等待流水车间调度性质，尤其是问题可逆性方面进行了深入探讨，并结合问题特征设计了具有较低复杂度的启发式算法，研究成果如下：

第一，基于 Kalczynski 等[89]提出的计算给定工件序列 Makespan 值的网络计划图，分析了原问题和逆问题的工件序列与 Makespan 值的关系，指出了无等待流水车间调度问题具有可逆性，并借鉴 Taillard 算法，基于可逆性提出了一种复杂度为 $O(nm)$ 的 Makespan 计算方法。

第二，工件插入是调度启发式、邻域搜索等方法经常采用的优化手段之一。对于无等待环境的工件插入问题，基于上述 Makespan 计算思路，提出了快速插入算法，并明确了算法的适用情况。算法利用问题的可逆性特征将时间复杂度由一般算法的 $O(|K|\cdot nm)$ 降至 $O(|K|\cdot m)$，在求解效率方面有效削弱了工件插入算法对于整体调度算法的制约作用。

第三，针对无等待的约束特征，分析了工件序列中相邻两工件的加工持续时间，以此为基础提出了一种构造启发式算法：首先，构建 TSP 问题并采用最近插入法生成初始工件序列；其次，应用 NEH 扩展算法中的调度解优化方法改进初始解，并利用基于可逆性的工件插入算法，将调度解优化方法的计算时间减至 $O(n^2m)$。仿真实验表明：本章提出的新算法能够有效求解无等待流水车间调度问题；基于加工持续时间构建的 TSP 问题能够获得质量较高的初始解，且源自 NEH 的调度解优化方法具有显著且稳定的优化效果。

第5章 具有等待时间上限的多机流水车间调度算法

◎5.1 引言

等待时间上限约束存在于多阶段加工的车间调度，如具有多种加工路径的作业车间（Job Shop）、在同一阶段有多台并行机的混合流水车间（Hybrid Flowshop）等，而工件加工路径相同且每阶段仅有一台机器的流水车间调度问题是其中最为基本的形式，其研究成果可以为更为复杂的实际调度问题研究提供基础。

对于以 Makespan 为优化目标的具有等待时间上限的流水车间调度问题，其求解算法的研究成果并不多见。在启发式算法方面，李铁克等[104]分析了等待时间上限与可行调度的解析关系及目标函数的特殊性质，提出了一种基于贪婪插入思想的 GI 算法。在智能搜索算法方面，王晶等[107]基于排列排序，提出了一种结合交换邻域、变邻域和禁忌搜索的动态变邻域搜索方法；尹兆涛等[108]考虑了不限于排列排序的流水车间调度解空间，采用嵌入约束满足和变邻域搜索技术的混合遗传算法求解。这些算法对求解方法进行了初步探索，但对问题特征及其在算法设计中的应用方式缺乏深入探讨和研究，而这正是本章重点关注的问题。

借鉴上述两章对于两机环境和无等待环境下调度特征及求解方法的研究成果，本章针对一般性的具有等待时间上限的流水车间调度问题展开研究，探讨排列排序情况下的完工时间特征和问题特性，在此基础上设计新的调度算法，并通过数据实验考察算法的可行性和有效性。

◎5.2 排列排序下的完工时间

流水车间排列排序问题是一类重要的流水车间调度问题，要求所有机器上的工件加工顺序均相同。与流水车间调度问题的解空间（$(n!)^m$）相比，排列排序的解空间（$n!$）较小，更易于求解；由第 2 章的问题性质可知，在等待时间上限约束下，流水车间排列排序的最优解可以作为原问题的近优解甚至最优解，因而，基于排列排序的调度算法易于得到较优的近似解。基于上述分析，本章以排列排序为基础设计调度算法，表示为 $Fm \mid w_{ij} \leqslant \alpha, prmu \mid C_{\max}$。对于流水车间排列排序，主要解决两个问题：①确定工件的加工顺序，即工件序列；②对于给定工件序列，确定工件的完工时间。前者是决定算法有效性的关键，后者则是保证算法可行性的基础。因此，本章首先对问题②进行分析。

5.2.1 完工时间的计算方法

由于工件在相邻阶段间的等待时间存在上限约束，计算流水车间排列排序的最大完工时间不同于 $Fm \mid prmu \mid C_{\max}$ 问题，在工件的等待时间超出上限时，需要逆向调整相应工件在前几台机器上的完工时间以使调度可行。基于这一思想，Fondrevelle 等[120]针对同时具有等待时间上下限的流水车间排列排序问题，给出了完工时间计算方法。现将该方法应用于本章所考虑的仅存在等待时间上限约束的流水车间排列排序问题，令 π 表示给定的工件序列，则各工件的完工时间计算步骤如下：

步骤一 $C_{\pi(1)1} \leftarrow p_{\pi(1)1}$，令 j 从 2 到 m，分别计算 $C_{\pi(1),j} \leftarrow C_{\pi(1),j-1} + p_{\pi(1)j}$。

步骤二 令 i 从 2 到 n，分别执行以下步骤：① $C_{\pi(i),1} \leftarrow C_{\pi(i-1),1} + p_{\pi(i)1}$；②令 j 从 2 到 m，分别计算 $C_{\pi(i),j} \leftarrow \max\{C_{\pi(i-1),j}, C_{\pi(i),j-1}\} + p_{\pi(i),j}$；③令 j 从 $m-1$ 到 1，分别计算 $C_{\pi(i),j} \leftarrow \max\{C_{\pi(i),j}, C_{\pi(i),j+1} - p_{\pi(i),j+1} - \alpha\}$。

步骤三 $C_{\max}(\pi) \leftarrow C_{\pi(n),m}$，输出 $C_{\max}(\pi)$，算法结束。

将上述计算方法记为 Timetabling，其时间复杂度为 $O(nm)$。

5.2.2 完工时间的数学表达式

根据 Timetabling 方法，可以得到工件完工时间的数学表达式。

引理 5-1 对 $Fm \mid w_{ij} \leqslant \alpha, prmu \mid C_{\max}$ 问题给定的工件序列 π，工件 $J_{\pi(i)}$ 在机器 M_j 上的完工时间可以表示为：

$$C_{\pi(i),j} = \max_{\substack{1 \leqslant k \leqslant j, \\ j+1 \leqslant l \leqslant m}} \left\{C_{\pi(i-1),k} + \sum_{t=k}^{j} p_{\pi(i)t}, C_{\pi(i-1),l} - \sum_{t=j+1}^{l-1} p_{\pi(i)t} - \alpha(l-j)\right\} \tag{5-1}$$

证明：数学归纳法。

令 $C'_{\pi(i),j}$ 表示在不考虑等待时间上限约束的情况下，工件 $J_{\pi(i)}$ 在 M_j 上的最早完工时间，则有：

$$\begin{aligned} C'_{\pi(i),j} &= \max\{C'_{\pi(i),j-1}, C_{\pi(i-1),j}\} + p_{\pi(i),j} \\ &= \max\{\max\{C'_{\pi(i),j-2}, C_{\pi(i-1),j-1}\} + p_{\pi(i),j-1}, C_{\pi(i-1),j}\} + p_{\pi(i),j} \\ &= \max\{C'_{\pi(i),j-2} + p_{\pi(i),j-1} + p_{\pi(i),j}, C_{\pi(i-1),j-1} \\ &\quad + p_{\pi(i),j-1} + p_{\pi(i),j}, C_{\pi(i-1),j} + p_{\pi(i),j}\} \end{aligned}$$

$$= \cdots\cdots$$

$$= \max\left\{C_{\pi(i-1),\ 1} + \sum_{t=1}^{j} p_{\pi(i),\ t},\ C_{\pi(i-1),\ 2} + \sum_{t=2}^{j} p_{\pi(i),\ t},\ \cdots,\ C_{\pi(i-1),\ j} + p_{\pi(i),\ j}\right\}$$

$$= \max_{1 \leqslant k \leqslant j}\left\{C_{\pi(i-1),\ k} + \sum_{t=k}^{j} p_{\pi(i),\ t}\right\} \tag{5-2}$$

当 $j = m$ 时，显然工件 $J_{\pi(i)}$ 在最后一台机器 M_m 上的完工时间满足 $C_{\pi(i),\ m} = C'_{\pi(i),\ m}$，即：

$$C_{\pi(i),\ m} = C'_{\pi(i),\ m} = \max_{1 \leqslant k \leqslant m}\left\{C_{\pi(i-1),\ k} + \sum_{t=k}^{m} p_{\pi(i),\ t}\right\} \tag{5-3}$$

因此，当 $j = m$ 时，引理 5-1 成立。

假设 $j = r + 1$ 时，引理 5-1 成立，即：

$$C_{\pi(i),\ r+1} = \max_{\substack{1 \leqslant k \leqslant r+1,\\ r+2 \leqslant l \leqslant m}}\left\{C_{\pi(i-1),\ k} + \sum_{t=k}^{r+1} p_{\pi(i),\ t},\ C_{\pi(i-1),\ l} - \sum_{t=r+2}^{l-1} p_{\pi(i),\ t} - \alpha(l - r - 1)\right\} \tag{5-4}$$

下面将证明当 $j = r$ 时，引理 5-1 同样成立。

由 $C_{\pi(i),\ r+1}$ 可以逆向推得工件 $J_{\pi(i)}$ 在 M_r 上的完工时间，为满足等待时间上限约束，有：

$$C_{\pi(i),\ r} = \max\left\{C'_{\pi(i),\ r},\ C_{\pi(i),\ r+1} - p_{\pi(i),\ r+1} - \alpha\right\}$$

$$= \max\Big\{\max_{1 \leqslant k \leqslant r}\left\{C_{\pi(i-1),\ k} + \sum_{t=k}^{r} p_{\pi(i),\ t}\right\},$$

$$\max_{1 \leqslant k \leqslant r+1}\left\{C_{\pi(i-1),\ k} + \sum_{t=k}^{r+1} p_{\pi(i),\ t}\right\} - p_{\pi(i),\ r+1} - \alpha,$$

$$\max_{r+2 \leqslant l \leqslant m}\left\{C_{\pi(i-1),\ l} - \sum_{t=r+2}^{l-1} p_{\pi(i),\ t} - \alpha(l - r - 1)\right\} - p_{\pi(i),\ r+1} - \alpha\Big\}$$

$$= \max\Big\{\max_{1 \leqslant k \leqslant r}\left\{C_{\pi(i-1),\ k} + \sum_{t=k}^{r} p_{\pi(i),\ t}\right\},\ C_{\pi(i-1),\ r+1} - \alpha,$$

$$\max_{r+2 \leqslant l \leqslant m}\left\{C_{\pi(i-1),\ l} - \sum_{t=r+1}^{l-1} p_{\pi(i),\ t} - \alpha(l - r)\right\}\Big\}$$

$$= \max_{\substack{1 \leqslant k \leqslant r, \\ r+1 \leqslant l \leqslant m}} \left\{ C_{\pi(i-1),\,k} + \sum_{t=k}^{r} p_{\pi(i),\,t},\ C_{\pi(i-1),\,l} - \sum_{t=r+1}^{l-1} p_{\pi(i),\,t} - \alpha(l-r) \right\} \tag{5-5}$$

因此，若$j = r + 1$时引理5-1成立，则$j = r$时，引理5-1同样成立。

综上可得，对于$1 \leqslant j \leqslant m$，工件$J_{\pi(i)}$在机器$M_j$上的完工时间满足：

$$C_{\pi(i),\,j} = \max_{\substack{1 \leqslant k \leqslant j, \\ j+1 \leqslant l \leqslant m}} \left\{ C_{\pi(i-1),\,k} + \sum_{t=k}^{j} p_{\pi(i),\,t},\ C_{\pi(i-1),\,l} - \sum_{t=j+1}^{l-1} p_{\pi(i),\,t} - \alpha(l-j) \right\} \tag{5-6}$$

5.2.3 完工时间的有向图

对于$Fm \mid w_{ij} \leqslant \alpha, prmu \mid C_{\max}$问题，若增加虚拟机器$M_0$作为首先加工阶段，令所有工件在$M_0$上的加工时间为零，即$p_{i0} = 0 (i \in I)$，工件在$M_0$和$M_1$间的等待时间也要求满足上限$\alpha$的约束，显然，这种问题变换对于任意给定的工件序列$\pi$均不会影响其Makespan值。通过增加虚拟机器，可以得到如图5-1所示的计算序列π的工件完工时间的有向图G。

有向图G中，序列π的第i个工件$J_{\pi(i)}$在机器M_j上的操作与节点x_{ij}对应，节点y_{ij}为辅助节点；工件间的时序约束（工件在完成前一阶段的加工后才允许进入下一阶段）、析取约束（一台机器在同一时刻只能够加工一个工件）和等待时间上限约束（工件在相邻阶段间的等待时间不能超过给定上限值α）通过节点$y_{i,\,j-1}$和$x_{i-1,\,j}$通往节点y_{ij}的两条加权入弧，以及节点y_{ij}和$x_{i,\,j+1}$通往节点x_{ij}的两条加权入弧来表示。因而，在有向图G中，工件$J_{\pi(i)}$离开机器M_j的时间$C_{\pi(i),\,j}$可以通过计算从节点x_{10}到x_{ij}的最大加权路径长度来得到；从节点x_{10}到y_{ij}最长路径的距离则表示，不考虑等待时间上限约束时，$J_{\pi(i)}$在M_j上的最早完工时间$C'_{\pi(i),\,j}$。具体分析如下：

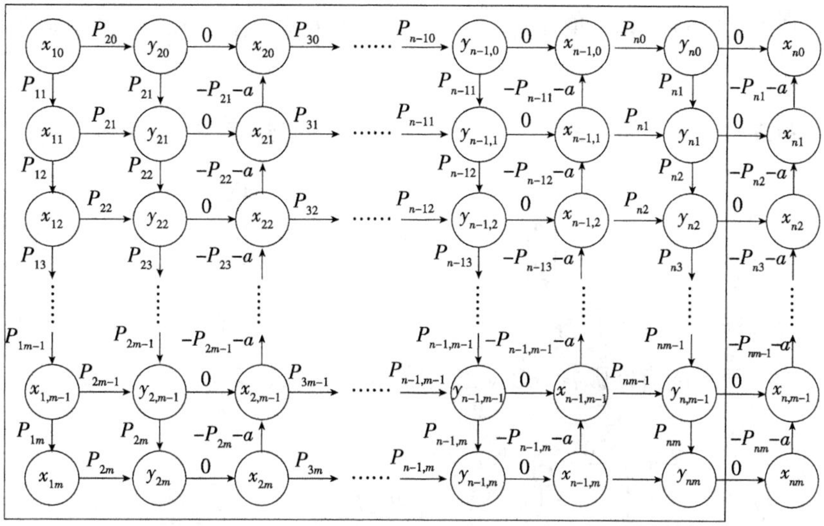

图 5-1　计算调度方案 Makespan 的有向图

对于最早完工时间 $C'_{\pi(i),j}$，其可行取值受制于此工件在前一阶段的最早完工时间 $C'_{\pi(i),j-1}$（时序约束）和同台机器上紧前工件的完工时间 $C'_{\pi(i-1),j}$（析取约束）。对应到有向图 G 的节点 y_{ij}，$C'_{\pi(i),j}$ 表示为从节点 x_{10} 到 y_{ij} 的最大加权路径长度，记 $w(a,\ b)$ 为节点 a 通往节点 b 的入弧权重，$d^*(a)$ 为从节点 x_{10} 到节点 a 的最长路径值，有：

$$\begin{aligned} C'_{\pi(i),j} &= d^*(y_{ij}) = \max\{d^*(x_{i-1,j}) + w(x_{i-1,j},\ y_{ij}),\\ &\qquad d^*(y_{i,j-1}) + w(y_{i,j-1},\ y_{ij})\} \\ &= \max\{C_{\pi(i-1),j} + p_{\pi(i),j},\ C'_{\pi(i),j-1} + p_{\pi(i),j}\} \end{aligned} \tag{5-7}$$

对于完工时间 $C_{\pi(i),j}$，如果采用最早完工时间 $C'_{\pi(i),j}$ 将导致 $J_{\pi(i)}$ 在 M_j 和 M_{j+1} 间的等待时间违背上限约束，那么需要根据此工件在后续阶段 M_{j+1} 的完工时间 $C_{\pi(i),j+1}$ 来修正 $C_{\pi(i),j}$。对应到有向图 G 的节点 x_{ij}，$C_{\pi(i),j}$ 表示为从节点 x_{10} 到 x_{ij} 的最长路径值，有：

$$\begin{aligned} C_{\pi(i),j} &= d^*(x_{ij}) = \max\{d^*(y_{ij}) + w(y_{ij},\ x_{ij}),\\ &\qquad d^*(x_{i,j+1}) + w(x_{i,j+1},\ x_{ij})\} \\ &= \max\{C'_{\pi(i),j},\ C_{\pi(i),j+1} - p_{\pi(i),j+1} - \alpha\} \end{aligned} \tag{5-8}$$

则 π 的 Makespan 值 C_{max}（π）就是从节点 x_{10} 到 x_{nm} 的最长路径 d^*（x_{nm}）。

例 5-1 考虑如下 $Fm|w_{ij}\leqslant\alpha, prmu|C_{max}$ 问题，其中 $n=3, m=3$，$\alpha=1$，

$$P=\begin{pmatrix}p_{11} & p_{21} & p_{31}\\ p_{12} & p_{22} & p_{32}\\ p_{13} & p_{23} & p_{33}\end{pmatrix}=\begin{pmatrix}2 & 2 & 8\\ 4 & 7 & 2\\ 6 & 4 & 3\end{pmatrix} \tag{5-9}$$

与工件序列 $\pi=\{J_1, J_2, J_3\}$ 对应的有向图和甘特图如图 5-2 所示，其中加粗表示的有向弧构成了调度解的关键路径，有 $C_{max}(\pi)=20$。

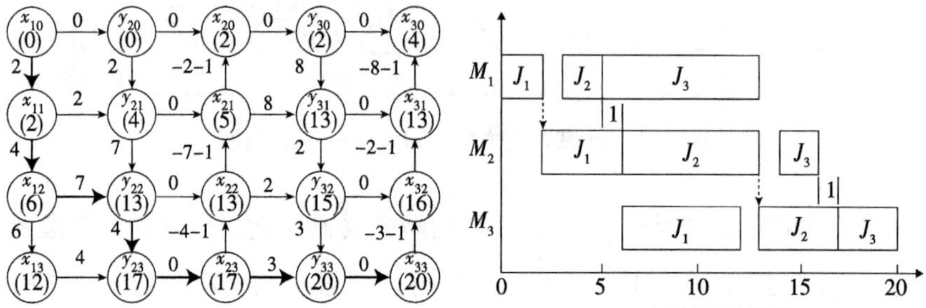

（1）问题有向图　　（2）问题甘特图

图 5-2　例 5-1 对应的有向图和甘特图

由于有向图 G 中节点 y_{nm} 到节点 x_{nm} 的入弧权重为 0，易见从节点 x_{10} 到达节点 y_{nm} 与到达节点 x_{nm} 的最大加权路径长度是相同的，均为调度解的 Makespan 值（即 $C_{max}(\pi)=d^*(x_{nm})=d^*(y_{nm})$）。因此，记图 5-1 中方框部分的有向图为 G'，则 G' 亦可获得序列 π 的最大完工时间。

根据有向图 G'，可以得到具有等待时间上限的流水车间排列排序问题的可逆性定理。这里首先给出逆问题的定义。

定义 5-1（逆问题） 对于两个均由 n 个工件 m 台机器构成的 $Fm|w_{ij}\leqslant\alpha, prmu|C_{max}$ 问题，令 $p_{ij}^{(1)}$ 和 $p_{ij}^{(2)}$ 分别表示这两个问题中工件 J_i 在机器 M_j 上的加工时间，若满足 $p_{ij}^{(1)}=p_{i,m-j+1}^{(2)}$，则这两个问题互为对方的逆问题。

定理 5-1　$Fm|w_{ij}\leqslant\alpha$，$prmu|C_{\max}$ 问题的可逆性：对于可行调度 π，若工件按相反的顺序 $\overleftarrow{\pi}$，逆向经过各阶段的机器（由 M_m 到 M_1），则 Makespan 值不变。

证明：显然对于一个给定的 $Fm|w_{ij}\leqslant\alpha$，$prmu|C_{\max}$ 及其逆问题，若以下结论成立则定理得证；若原问题中工件按序列 π 加工，逆问题中工件按 π 的逆序 $\overleftarrow{\pi}=\{\pi(n),\pi(n-1),\cdots,\pi(1)\}$ 加工，则这两个调度解的 Makespan 值相同。

现证明这一结论：记原问题中阶段 j 的机器为 M_j，对应到逆问题中，M_j 则为第 $m-j+1$ 阶段的加工机器，记为 $\overleftarrow{M}_{m-j+1}$。在原问题中增设虚拟机器 M_0，对应到逆问题中则相应增加了 $m+1$ 阶段，各工件在虚拟机器上的加工时间均为 0。关于原问题和逆问题，机器和工件满足：$M_j=\overleftarrow{M}_{m-j+1}$；$\overleftarrow{\pi}(n-i+1)$。根据有向图 G 的表示方法，可以得到逆问题按序列 $\overleftarrow{\pi}$ 加工时计算 Makespan 的有向图 $\overleftarrow{G}$，如图 5-3 所示。

有向图 $\overleftarrow{G}$ 中，节点 y_{nm} 为起始节点，y_{ij} 对应着序列 $\overleftarrow{\pi}$ 的第 $n-i+1$ 个工件（工件 $J_{\pi(i)}$）在第 $m-j+1$ 阶段（机器 M_j）的操作，节点 x_{ij} 则成为辅助节点；从节点 y_{nm} 到 y_{ij} 的最大路径长度表示逆问题按照序列 $\overleftarrow{\pi}$ 加工时工件 $J_{\pi(i)}$ 在 M_j 上的开工时间。记 $\overleftarrow{w}(a,b)$ 为 $\overleftarrow{G}$ 中节点 a 通往节点 b 的入弧权重，$\overleftarrow{d}^*(a)$ 为从节点 y_{nm} 到节点 a 的最大加权路径长度，现对有向图 $\overleftarrow{G}$ 分析如下：

第一，当 $i\neq1$ 时，节点 x_{ij} 至多有两个来自节点 $x_{i,j-1}$ 和 $y_{i+1,j}$ 的入弧，从节点 y_{nm} 到 x_{ij} 的最大路径长度表示只考虑析取约束和等待时间上限约束时的最早开工时间 $\overleftarrow{S}'_{\pi(i),j}$，有：

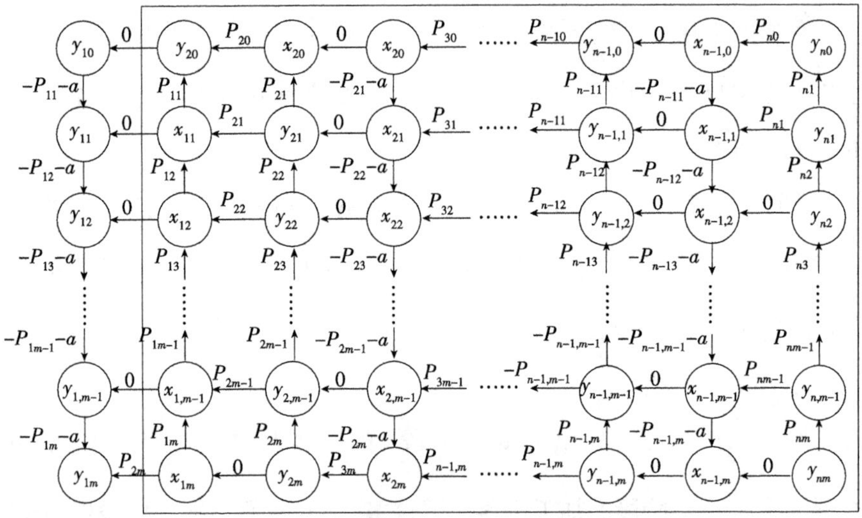

图 5-3　逆问题按逆序加工时计算 Makespan 的有向图 $\overleftarrow{G}$

$$\overleftarrow{S}'_{\pi(i),j}=\overleftarrow{d}^*(x_{ij})=\max\{\overleftarrow{d}^*(x_{i,j-1})+\overleftarrow{w}(x_{i,j-1},x_{ij}),\ \overleftarrow{d}^*(y_{i+1,j})+\overleftarrow{w}(y_{i+1,j},x_{ij})\}$$

$$=\max\{\overleftarrow{S}'_{\pi(i),j-1}-P_{\pi(i),j}-a,\ \overleftarrow{S}_{\pi(i+1),j}+P_{\pi(i+1),j}\} \tag{5-10}$$

当最早开工时间$\overleftarrow{S}'_{\pi(i),j}$作为工件 $J_{\pi(i)}$ 在机器$\overleftarrow{M}_{m-j+1}$（$M_j$）上的开工时间导致 $J_{\pi(i)}$ 在$\overleftarrow{M}_{m-j}$（M_{j+1}）和$\overleftarrow{M}_{m-j+1}$（$M_j$）间的加工违背时序约束时，需要将 $J_{\pi(i)}$ 在$\overleftarrow{M}_{m-j+1}$（$M_j$）上的开工时间后移，对应到有向图 $\overleftarrow{G}$ 中，则表示为节点 x_{ij}和 $y_{i,j+1}$通向节点 y_{ij}的两个入弧，有：

$$\overleftarrow{S}_{\pi(i),j}=\overleftarrow{d}^*(y_{ij})=\max\{\overleftarrow{d}^*(x_{ij})+\overleftarrow{w}(x_{ij},y_{ij}),\ \overleftarrow{d}^*(y_{i,j+1})+\overleftarrow{w}(y_{i,j+1},y_{ij})\}$$

$$=\max\{\overleftarrow{S}'_{\pi(i),j},\ \overleftarrow{S}_{\pi(i),j+1}+P_{\pi(i),j+1}\} \tag{5-11}$$

第二，当 $i=1$ 时，通向节点 x_{1j}的一条入弧来自 $x_{1,j+1}$而非 $x_{1,j-1}$，与有向图 G 的表述方式类似，此时节点 y_{nm} 到 x_{1j}的最大路径长度表示不考虑等待时间上限约束的最早开工时间$\overleftarrow{S}'_{\pi(1),j}$；通过由 x_{1j}指向 y_{1j}的弧进一步限制工件在阶段间的等待时间，获得可行的开工时间$\overleftarrow{S}_{\pi(1),j}$。因此，工件 $J_{\pi(1)}$ 在 $\overleftarrow{M}_{m-j+1}$（即 M_j）上的开工时间即为节点 y_{nm}到 y_{1j}的最大路径长度。

关于逆问题按工件序列 $\overleftarrow{\pi}$ 加工的 Makespan 值 $\overleftarrow{C}_{\max}$（$\overleftarrow{\pi}$），有以下等式成立：

$$\overleftarrow{C}_{\max}(\overleftarrow{\pi}) = \overleftarrow{C}_{\overleftarrow{\pi}(1),0} = \overleftarrow{S}_{\overleftarrow{\pi}(1),0} + P_{\overleftarrow{\pi}(1),0} = \overleftarrow{S}_{\overleftarrow{\pi}(1),0} \tag{5-12}$$

因此，$\overleftarrow{C}_{\max}$（$\overleftarrow{\pi}$）就是从节点 y_{nm}到 y_{10}的最长路径$\overleftarrow{d}^*$（y_{10}）。由于$\overleftarrow{G}$中节点 x_{10}到 y_{10}的入弧权重为 0，易见从节点 y_{nm}到达 x_{10}与到达 y_{10}的最大加权路径长度是相同的，均为调度解的 Makespan 值。因此，记图 5-3 中方框部分的有向图为$\overleftarrow{G}'$，$\overleftarrow{G}'$亦可获得逆问题按工序 $\overleftarrow{\pi}$ 加工的最大完工时间。

显然有向图 G'和$\overleftarrow{G}'$的节点和弧权重一一对应，仅有向弧的方向不同，因而，原问题按序列 π 加工的 Makespan 等于逆问题按 $\overleftarrow{\pi}$ 加工的目标值。

例 5-2 考虑例 5-1 给出的 $Fm \mid w_{ij} \leqslant \alpha, prmu \mid C_{\max}$问题，根据定义 5-1，其逆问题的工件加工时间矩阵为：

$$P' = \begin{pmatrix} p'_{11} & p'_{21} & p'_{31} \\ p'_{12} & p'_{22} & p'_{32} \\ p'_{13} & p'_{23} & p'_{33} \end{pmatrix} = \begin{pmatrix} 6 & 4 & 3 \\ 4 & 7 & 2 \\ 2 & 2 & 8 \end{pmatrix} \tag{5-13}$$

则逆问题按照序列 $\overleftarrow{\pi} = \{J_3, J_2, J_1\}$ 加工的有向图和甘特图如图 5-4 所示，有 $\overleftarrow{C}_{\max}$（$\overleftarrow{\pi}$）$= C_{\max}$（π）$= 20$。

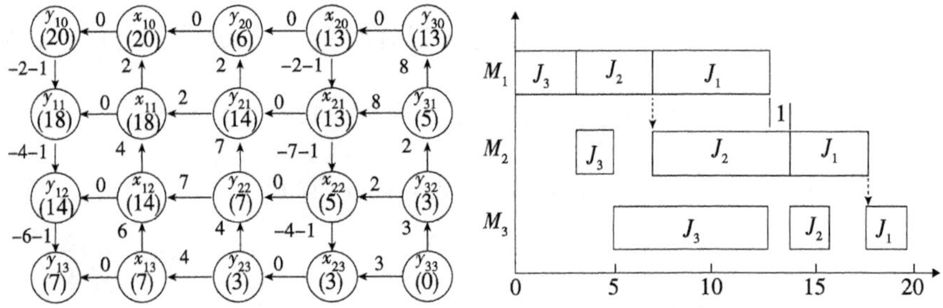

（1）问题有向图　　（2）问题甘特图

图 5-4　例 5-2 对应的有向图和甘特图

◎5.3　基于排列排序的调度算法

在调度算法研究领域，构造启发式算法作为一类传统求解方法，能够利用问题的领域知识快速获得比较好的调度解，有着精确算法和智能搜索算法所不能比拟的计算效率，且结合了问题特征的启发式算法能够为智能搜索和分支定界法提供良好的初始解，并进一步指导求解过程。因此，研究者们对于调度算法的研究往往起始于对符合问题特征的构造启发式算法的探索开发。目前，对于本章所探讨的 $Fm \mid w_{ij} \leqslant \alpha,\ prmu \mid C_{\max}$ 问题，在启发式算法方面，仅有李铁克等[104]提出的一种结合目标特征的调度算法，在等待时间上限较紧或问题规模较大时具有良好的求解效果。

通过以上对完工时间的特征分析，本章基于排列排序提出一种新的调度算法 HMW（Heuristics for Maximum Waiting Times），将调度问题的求解过程分为两个阶段：第一阶段根据约束特征，生成若干个较好的工件序列构成初始序列集合；第二阶段采用插入优化机制进一步改进初始序列，从中选取最好的调度解。

5.3.1 确定初始序列集

无等待流水车间调度问题是等待时间上限为 0 的一类 $Fm \mid w_{ij} \leqslant \alpha \mid C_{\max}$ 问题，其可行解只存在于排列排序中。对于具有等待时间上限的流水车间排列排序问题及其相应无等待问题 $Fm \mid nwt \mid C_{\max}$，二者满足以下关系。

定理 5-2 对于 $Fm \mid w_{ij} \leqslant \alpha, prmu \mid C_{\max}$ 问题，令 $C_{\max}^*$ 和 $C_{\max}^0$ 分别表示原问题和相应无等待问题的最优值，则有：

$$0 \leqslant C_{\max}^0 - C_{\max}^* \leqslant \alpha(n-1)(m-1) \tag{5-14}$$

证明：首先证明对于 $\forall i \in [1, n]$，$\forall j \in [1, m]$ 均满足：

$$0 \leqslant C_{\pi(i),j}^0 - C_{\pi(i),j} \leqslant \alpha(m-1)(i-1) \tag{5-15}$$

当 $i=1$ 时，有 $\alpha(m-1)(i-1)=0$，此时上下限均为 0，因此需证明 $C_{\pi(i),j}^0 - C_{\pi(i),j} = 0$。

对于工件序列 π，当 $1 \leqslant j \leqslant m$ 时，有 $C_{\pi(1),j} = C_{\pi(1),j}^0 = \sum_{k=1}^{j} p_{\pi(1),k}$，满足式（5-15）。

假设 $i=r$ 时，式（5-15）成立，即对于 $1 \leqslant j \leqslant m$，均满足：

$$0 \leqslant C_{\pi(r),j}^0 - C_{\pi(r),j} \leqslant \alpha(m-1)(r-1) \tag{5-16}$$

下面将证明当 $i=r+1$ 时，有 $0 \leqslant C_{\pi(r+1),j}^0 - C_{\pi(r+1),j} \leqslant \alpha r(m-1)$。

无等待流水车间调度问题实质为 $\alpha=0$ 的具有等待时间上限约束的调度问题，由引理 5-1 可得：

$$C_{\pi(r+1),j} = \max_{\substack{1 \leqslant k \leqslant j,\\ j+1 \leqslant l \leqslant m}} \left\{ C_{\pi(r),k} + \sum_{t=k}^{j} p_{\pi(r+1),t},\ C_{\pi(r),l} - \sum_{t=j+1}^{l-1} p_{\pi(r+1),t} - \alpha(l-j) \right\} \tag{5-17}$$

$$C^0_{\pi(r+1),\,j} = \max_{\substack{1\leqslant k\leqslant j,\\ j+1\leqslant l\leqslant m}} \left\{ C^0_{\pi(r),\,k} + \sum_{t=k}^{j} p_{\pi(r+1),\,t},\ C^0_{\pi(r),\,l} - \sum_{t=j+1}^{l-1} p_{\pi(r+1),\,t} \right\}$$

$$(5\text{-}18)$$

因为 $C^0_{\pi(r),\,j} \geqslant C_{\pi(r),\,j}$ ，则有：

$$\max_{1\leqslant k\leqslant j}\left\{ C^0_{\pi(r),\,k} + \sum_{t=k}^{j} p_{\pi(r+1),\,t}\right\} \geqslant \max_{1\leqslant k\leqslant j}\left\{ C_{\pi(r),\,k} + \sum_{t=k}^{j} p_{\pi(r+1),\,t}\right\} \quad (5\text{-}19)$$

$$\max_{j+1\leqslant l\leqslant m}\left\{ C^0_{\pi(r),\,l} - \sum_{t=j+1}^{l-1} p_{\pi(r+1),\,t}\right\} \geqslant \max_{j+1\leqslant l\leqslant m}\left\{ C_{\pi(r),\,l} - \sum_{t=j+1}^{l-1} p_{\pi(r+1),\,t}\right\}$$

$$\geqslant \max_{j+1\leqslant l\leqslant m}\left\{ C_{\pi(r),\,l} - \sum_{t=j+1}^{l-1} p_{\pi(r+1),\,t} - \alpha(l-j)\right\} \quad (5\text{-}20)$$

即 $C^0_{\pi(r+1),\,j} \geqslant C_{\pi(r+1),\,j}$ ，$C^0_{\pi(r+1),\,j} - C_{\pi(r+1),\,j} \geqslant 0$。

因为 $C_{\pi(r),\,j} + \alpha(m-1)(r-1) \geqslant C^0_{\pi(r),\,j}$ ，则有：

$$\max_{1\leqslant k\leqslant j}\left\{ C_{\pi(r),\,k} + \alpha r(m-1) + \sum_{t=k}^{j} p_{\pi(r+1),\,t}\right\} \geqslant \max_{1\leqslant k\leqslant j}\left\{ C^0_{\pi(r),\,k} + \sum_{t=k}^{j} p_{\pi(r+1),\,t}\right\}$$

$$(5\text{-}21)$$

又因为 $m \geqslant l$ 且 $j \geqslant 1$，所以有：

$$\max_{j+1\leqslant l\leqslant m}\left\{ C_{\pi(r),\,l} + \alpha r(m-1) - \sum_{t=j+1}^{l-1} p_{\pi(r+1),\,t} - \alpha(l-j)\right\}$$

$$= \max_{j+1\leqslant l\leqslant m}\left\{ C_{\pi(r),\,l} + \alpha(m-1)(r-1) - \sum_{t=j+1}^{l-1} p_{\pi(r+1),\,t} + \alpha(m-1) - \alpha(l-j)\right\}$$

$$\geqslant \max_{j+1\leqslant l\leqslant m}\left\{ C^0_{\pi(r),\,l} - \sum_{t=j+1}^{l-1} p_{\pi(r+1),\,t}\right\} \quad (5\text{-}22)$$

因此 $C_{\pi(r+1),\,j} + \alpha r(m-1) \geqslant C^0_{\pi(r+1),\,j}$ ，即 $C^0_{\pi(r+1),\,j} - C_{\pi(r+1),\,j} \leqslant \alpha r(m-1)$ 。

综上可得，$0 \leqslant C^0_{\pi(r+1),\,j} - C_{\pi(r+1),\,j} \leqslant \alpha r(m-1)$ 。因此，若 $i = r$ 时式（5-15）成立，则 $i = r+1$ 时，式（5-15）同样成立。对于 $1 \leqslant i \leqslant n$ 且 $1 \leqslant j \leqslant m$ 均满足：$0 \leqslant C^0_{\pi(i),\,j} - C_{\pi(i),\,j} \leqslant \alpha(m-1)(i-1)$ 。

因为 $C_{\max}(\pi) = C_{\pi(n),\,m}$ 且 $C^0_{\max}(\pi) = C^0_{\pi(n),\,m}$ ，有：

$$0 \leqslant C_{\max}^{0}(\pi) - C_{\max}(\pi) \leqslant \alpha(n-1)(m-1) \tag{5-23}$$

定义 π_1^* 为 $Fm \mid w_{ij} \leqslant \alpha,\ prmu \mid C_{\max}$ 的最优工件序列，则有：

$$C_{\max}^{0} \leqslant C_{\max}^{0}(\pi_1^*),\ C_{\max} = C_{\max}(\pi_1^*) \tag{5-24}$$

因而

$$C_{\max}^{0} - C_{\max} \leqslant C_{\max}^{0}(\pi_1^*) - C_{\max}(\pi_1^*) \leqslant \alpha(n-1)(m-1) \tag{5-25}$$

定义 π_2^* 为 $Fm \mid nwt \mid C_{\max}$ 的最优工件序列，则有：

$$C_{\max}^{0} = C_{\max}^{0}(\pi_2^*),\ C_{\max} \leqslant C_{\max}(\pi_2^*) \tag{5-26}$$

因而

$$C_{\max}^{0} - C_{\max} \geqslant C_{\max}^{0}(\pi_2^*) - C_{\max}(\pi_2^*) \geqslant 0 \tag{5-27}$$

由此可得，$0 \leqslant C_{\max}^{0} - C_{\max} \leqslant \alpha(n-1)(m-1)$。

定理 5-2 表明，等待时间上限约束（$\alpha \geqslant 0$）与无等待的约束（$\alpha = 0$）不仅在性质上相似，且对应流水车间排列排序问题的最优 Makespan 值也相近，这点在等待时间上限约束比较紧时尤为明显，因此，可以借鉴无等待流水车间调度问题的求解方法生成初始调度。在 HMW 算法中，将 $Fm \mid w_{ij} \leqslant \alpha,\ prmu \mid C_{\max}$ 问题类比为两台机器的生产环境来生成工件序列，具体方法如下：

步骤一 增加虚拟机器 M_0 和 M_{m+1} 作为开始和结束阶段，其中各工件在这两台虚拟机器上的加工时间为 $p_{i0} = p_{i,\ m+1} = 0(i \in I)$。

步骤二 对于 $\forall j \in \{0,\ 1,\ \cdots,\ m\}$，构建由 n 个工件组成的无等待两机流水车间调度问题 $F2 \mid nwt \mid C_{\max}$，各工件的加工时间为 $P_{i1} = \sum_{k=0}^{j} p_{ik}$，$P_{i2} = \sum_{k=j+1}^{m+1} p_{ik}$（$\forall i \in I$）。

步骤三 对于转化后的 $m+1$ 个 $F2 \mid nwt \mid C_{\max}$ 问题，分别采用 $F2 \mid nwt \mid C_{\max}$ 问题的最优多项式算法——Gilmore-Gomory 算法求解，获得 $m+1$ 个工件加工序列，构成初始序列集合。

5.3.2 插入优化机制

初始序列集合中的调度解主要借鉴了无等待的约束特征，在等待时间上限约束较紧时 Makespan 接近最优值，但当等待时间上限放宽时，初始解的目标值与最优值的偏差就会增大，这就需要引入优化机制进一步获得更优解。

（1）基于 NEH 的插入优化机制

在已有的流水车间排列排序启发式中，NEH 算法提供了一种基于工件插入策略的调度解优化机制，具有显著的优化效果[28]，这里将其简称为插入优化机制。为进一步减小初始解的目标值与最优值的偏差，将此插入优化机制扩展到具有等待时间上限的流水车间排列排序问题，在初始调度的基础上进行优化，获得更好解。记该方法为 Inserting，步骤如下：

步骤一 输入初始工件序列 π_0，将 π_0 的第一个工件放入调度工件集 π 。

步骤二 令 L 从 2 到 n ，依次执行以下步骤：①令 $k^* \leftarrow 0, C_{\max}^* \leftarrow +\infty$。②令 k 从 1 到 L ，将 $\pi_0(L)$ 插入工件 $\pi(k-1)$ 和 $\pi(k)$ 之间，调用 Timetabling 方法计算由这 L 个工件组成的部分工件序列的 Makespan 值 C_k^L ；若 $C_k^L < C_{\max}^*$ ，则 $k^* \leftarrow k$ ，$C_{\max}^* \leftarrow C_{k^*}^L$ 。③更新调度工件集 π ，将 $\pi_0(L)$ 插入 $\pi(k^*-1)$ 和 $\pi(k^*)$ 之间。

步骤三 输出 π 和 $C_{\max}^*$ 。

已知 Timetabling 的复杂度为 $O(nm)$ ，因而，对于每一个 L ，计算部分工件序列的 Makespan 用时 $O(Lm)$ ，由于工件 $\pi_0(L)$ 要插入当前序列的 L 个位置，计算时间为 $O(L^2m)$ ；而 L 从 2 取到 n ，因此插入优化方法的复杂度为 $O(n^3m)$ 。

(2) 基于可逆性的快速插入方法

由具有等待时间上限的流水车间排列排序问题的可逆性能够得到定理5-3，利用这一性质可以有效简化 Inserting 方法，降低时间复杂度。

定理 5-3 对于 $Fm \mid w_{ij} \leqslant \alpha, prmu \mid C_{\max}$，给定工件序列 π，定义 $C_{\pi(i),j}$ 为工件 $J_{\pi(i)}$ 按序列 π 依次经过各阶段（$M_1 \to M_2 \to \cdots \to M_m$）时在机器 M_j 的完工时间；$\overleftarrow{C}_{\pi(i),j}$ 为 $J_{\pi(i)}$ 按照 π 的逆序 $\overleftarrow{\pi} = \{\pi(n), \pi(n-1), \cdots, \pi(1)\}$ 反向经过各阶段（$M_m \to M_{m-1} \to \cdots \to M_1$）时在 M_j 上的完工时间。则对于 $\forall k \in I$，均可通过式（5-28）得到序列 π 的 Makespan 值：

$$C_{\max}(\pi) = \max_{j \in J}\{C_{\pi(k),j} + \overleftarrow{C}_{\pi(k+1),j}\} \tag{5-28}$$

证明： 以 k 为基准（$k \in I$），将 π 分为两个子序列 $\pi_1 = \{J_{\pi(1)}, J_{\pi(2)}, \cdots, J_{\pi(k)}\}$ 和 $\pi_2 = \{J_{\pi(k+1)}, J_{\pi(k+2)}, \cdots, J_{\pi(n)}\}$。

建立在 $C_{\pi(a),j}(1 \leqslant a \leqslant k)$ 和 $\overleftarrow{C}_{\pi(b),j}(k+1 \leqslant b \leqslant n)$ 基础上的调度甘特图如图 5-5 所示。易见 $C_{\pi(a),j}$ 表示从 $J_{\pi(1)}$ 在 M_1 上开始加工直至 $J_{\pi(a)}$ 离开机器 M_j 的最短持续时间；$\overleftarrow{C}_{\pi(b),j}$ 等同于工件按 π 的逆序 $\overleftarrow{\pi}$ 反向经过各阶段（$M_m \to M_{m-1} \to \cdots \to M_1$）时，从 $J_{\pi(n)}$ 在 M_m 上开始加工直至 $J_{\pi(b)}$ 离开 M_j 的最短持续时间。

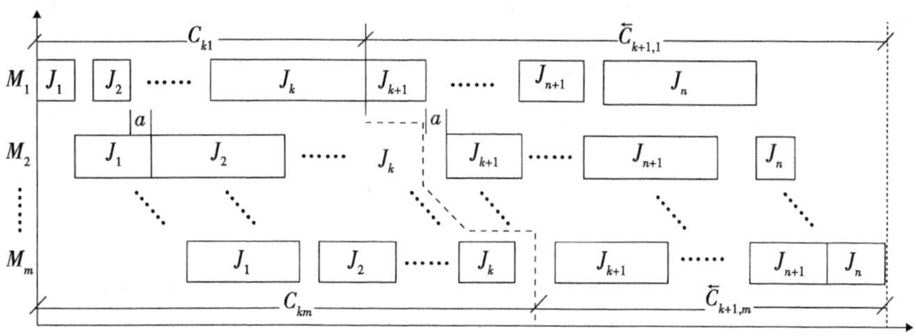

图 5-5 基于正逆序的调度甘特图

若将这两个子序列分别按照正逆序加工得到的调度解进行合并，则子调度解内的各工件均满足等待时间上限约束；而对于衔接这两个调度解的工件 $J_{\pi(k)}$ 和 $J_{\pi(k+1)}$ ，定义 $T_j = C_{\pi(k),j} + \overleftarrow{C}_{\pi(k+1),j}$ ，则至少存在一个 $j^* \in J$ ，满足：

$$T_{j^*} = \max_{j \in J}\{T_j\} = \max_{j \in J}\{C_{\pi(k),j} + \overleftarrow{C}_{\pi(k+1),j}\} \tag{5-29}$$

显然当且仅当 $J_{\pi(k)}$ 和 $J_{\pi(k+1)}$ 在机器 M_{j^*} 上连续加工时，得到的 Makespan 为序列 π 所能获得的最小值，即：

$$C_{\max}(\pi) = T_{j^*} = \max_{j \in J}\{C_{\pi(k),j} + \overleftarrow{C}_{\pi(k+1),j}\} \tag{5-30}$$

定理 5-4 为设计插入优化机制的快速算法提供了理论依据。将简化后的新插入优化方法记为 Inserting-N，具体步骤如下：

步骤一 初始化，输入初始工件序列 π_0。

步骤二 取 π_0 的前两个工件，分别计算这两个工件先后两种排序下的 Makespan，取其中具有较小 Makespan 的排序放入调度工件集 π 。

步骤三 令 L 从 3 到 n ，依次执行以下步骤：①调用 Timetabling 方法，计算 π 中所有工件在各台机器上的完工时间 $C_{\pi(i),j}$ 。②调用 Timetabling 方法，计算工件按照 π 的逆序 $\overleftarrow{\pi}$ 反向经过各阶段（$M_m \to M_{m-1} \to \cdots \to M_1$）时的完工时间 $\overleftarrow{C}_{\pi(i),j}$ 。③令 $k \leftarrow 1$，$k^* \leftarrow 0$，$C^*_{\max} \leftarrow +\infty$。④计算将工件 $\pi_0(L)$ 插入位置 k 时，该工件在各阶段的完工时间最小值 ect_j ：若 $k=1$，则 $ect_1 \leftarrow p_{\pi_0(L),1}$ ，令 j 从 2 到 m ，计算 $ect_j \leftarrow ect_{j-1} + p_{\pi_0(L),j}$ ；否则执行以下步骤：$ect_1 \leftarrow C_{\pi(k-1),1} + p_{\pi_0(L),1}$ ；令 j 从 2 到 m ，计算 $ect_j \leftarrow \max\{C_{\pi(k-1),j},\ ect_{j-1}\} + p_{\pi_0(L),j}$ ；令 j 从 $m-1$ 到 1，计算，则令 $ect_j \leftarrow \max\{ect_j,\ ect_{j+1} - p_{\pi_0(L),j+1} - \alpha\}$ 。⑤计算将工件 $\pi_0(L)$ 插入位置 k 时部分工件序列的 Makespan 值 C^L_k ：若 $k < L$ ，则 $C^L_k \leftarrow \max_{1 \leqslant j \leqslant m}\{ect_j + \overleftarrow{C}_{\pi(k),j}\}$ ，否则 $C^L_k \leftarrow ect_m$ ；若 $C^L_k < C^*_{\max}$ ，则 $k^* \leftarrow k$ ，$C^*_{\max} \leftarrow C^L_{k^*}$ 。⑥ $k \leftarrow k+1$，若 $k \leqslant L$ ，转步骤三的④，

否则转步骤三的⑦。⑦更新调度工件集 π，将 $\pi_0(L)$ 插入 $\pi(k^*-1)$ 和 $\pi(k^*)$ 之间。

步骤四 输出 π 和 $C_{\max}^*$。

在 Inserting-N 方法中，$Fm|w_{ij}\leqslant\alpha, prmu|C_{\max}$ 问题的可逆性保证了在插入工件后计算部分序列 Makespan 值的方法是正确和可行的。就时间复杂度而言，Inserting-N 方法的步骤三由内外两层循环组成，其中步骤三的①～②分别计算由 L 个工件构成的调度问题按给定序列加工及其逆问题按逆序加工时的工件完工时间，计算时间均为 $O(Lm)$；步骤三的③～⑥为内循环，每循环一次执行步骤三的④计算插入工件的完工时间最小值用时 $O(m)$，执行步骤三的⑤计算部分工件序列的 Makespan 值用时 $O(m)$，内循环共计迭代 L 次，因而计算时间为 $O(Lm)$；步骤三的⑦插入工件更新部分工件序列，复杂度为 $O(L)$，因此，步骤三的①～⑦执行一次的计算时间为 $O(Lm)$；L 取值为从 3 到 n，因此，步骤三的复杂度为 $O(n^2m)$。由于步骤二计算两工件排序的 Makespan 的复杂度为 $O(m)$，所以 Inserting-N 方法的计算时间受制于步骤三，为 $O(n^2m)$，与 Inserting 方法（$O(n^3m)$）相比降低了时间复杂度，提高了计算效率。

5.3.3 算法步骤及复杂度

HMW 算法的具体步骤如下：

步骤一 初始化，①令 i 从 1 到 n，赋值 $p_{i0}\leftarrow 0, p_{i,m+1}\leftarrow 0$；②令 $j\leftarrow 0$，$\pi^*\leftarrow\varnothing$，$C_{\max}^*\leftarrow\infty$。

步骤二 确定初始序列，①令 i 从 1 到 n，计算 $P_{i1}\leftarrow\sum_{k=0}^{j}p_{ik}$，$P_{i2}\leftarrow\sum_{k=j+1}^{m+1}p_{ik}$。②将 P_{i1}、P_{i2} 视为工件 J_i 在两机流水车间环境的加工时间，应用

Gilmore-Gomory 算法生成初始工件序列 π_j 。

步骤三 插入优化机制，①采用 Inserting-N 方法在序列 π_j 的基础上进一步优化，得到新的工件序列 π_j^* 及对应的最大完工时间 $C_{\max}(\pi_j^*)$ ；②若 $C_{\max}(\pi_j^*) < C_{\max}^*$ ，则 $\pi^* \leftarrow \pi_j^*$ ，$C_{\max}^* \leftarrow C_{\max}(\pi_j^*)$ 。

步骤四 循环终止判断，令 $j \leftarrow j+1$；若 $j \leqslant m$ ，转步骤二，否则转步骤五。

步骤五 算法结束，输出 π^* 和 $C_{\max}^*$ 。

HMW 算法在确定初始序列时，首先将问题类比为两机环境并计算加工时间，耗时 $O(nm)$ ，然后采用 Gilmore-Gomory 算法生成初始序列，复杂度为 $O(n\lg n)$ ；调度解优化机制的 Inserting-N 方法的复杂度已知为 $O(n^2m)$ ，因此生成一个初始序列并实现插入优化的计算时间为 $O(n^2m)$ 。HMW 算法共计循环 $m+1$ 次，可知时间复杂度为 $O(n^2m^2)$ 。

◎5.4 数据实验

5.4.1 实验的对比算法

为考察 HMW 算法的求解性能，实验中将其与以下四种算法比较：

第一种，NEH-G 算法。在不考虑等待时间受限的情况下，将问题转化为一般流水车间调度并采用 NEH 算法求解，对得到的工件序列调用 Timetabling 方法计算最大完工时间。

第二种，NEH-E 算法。适用于 $Fm \mid w_{ij} \leqslant \alpha \mid C_{\max}$ 问题的 NEH 扩展算法，在调度解优化过程中考虑等待时间上限约束，应用 Inserting-N 方法生成最终调度解。

第三种，THA-E 算法。对第 5 章提出的求解无等待流水车间调度的 THA 算法进行扩展，在调度解优化过程中应用 Inserting-N 方法生成最终调度解。

第四种，GI 算法。李铁克等[104]提出的一种结合 Makespan 特征的贪婪插入算法，记相邻工件的偏移量 $r_{i,\ i+1}=C_{i+1,\ 1}-C_{i1}-p_{i+1,\ 1}$，算法具体步骤如下：

步骤一 采用贪婪与插入结合的排序规则 GI 构造工件加工序列。①计算所有工件从第二阶段到最后阶段的加工时间之和 $\sum_{j=2}^{m}p_{ij}$，按该值升序排列，对于该值相等的工件，按第一阶段的加工时间降序排列。②取其中第一个工件作为种子序列 π_q 的最后工件 i_n，不考虑等待时间上限约束，对工件 i_n 计算所有非种子工件 i' 作为其紧前工件的 $\sum_{j=1}^{m-1}w_{i_n,\ j}+r_{i'i_n}$，选择该值最小的工件作为倒数第二个工件 i_{n-1} 加入种子序列，$q \leftarrow n-1$。③考虑等待时间上限约束，计算所有剩余非种子工件 i' 与工件 i_q 的 $r_{i'i_q}$，选择该值最小的工件作为种子工件 i_q 的紧前工件加入种子序列；$q \leftarrow q-1$，重复此步骤，直至 $q=1$，完成贪婪排序过程。④对种子序列 π_q 中的最后两个工件 $\{i_{n-1},\ i_n\}$，不考虑等待时间上限约束，对其可能的排序计算 Makespan，选择使其较小的排序结果作为初始部分排序，在以后的排序过程中，该两个工件的相对位置保持不变。⑤按种子序列 π_q 由后向前，选择第 p 位工件（$n-2 \geqslant p \geqslant 1$），插入步骤一的④所得部分排序的所有可能位置。要求不改变已排序工件的相对位置，选择使得 Makespan 最小的工件位置，构成当前新的部分排序，$p \leftarrow p-1$，重复此步骤，直至 $p=0$，完成插入排序过程，得到最终工件加工序列。

步骤二 递归回溯，确定工件开工时间。采用递归回溯的方法，最终确定工件在各阶段的开工时间。工件间的调度采用递归方法，按照工件排序依次完成，即先确定上一工件在各阶段的开工时间，然后再确定下一工件；单个工件在阶段间的开工时间采用回溯方法，按照机器顺序依次计算在各阶段的开工时间，当工件在相邻机器间的等待时间超出了上限值，则回溯到上一阶段将开工时间后延，重复此步骤直至前几阶段均满足等待时间上限约束，回溯结束，开始确定下一阶段的开工时间。

步骤三 按工件加工序列，循环调度剩余工件，输出结果。

李铁克等[104]对于 GI 算法的计算效率并未从复杂性角度展开分析，仅是通过数据实验进行了验证。我们在这里给出 GI 算法的时间复杂度。

首先，GI 算法中的步骤二递归回溯方法是计算工件序列 Makespan 的子程序，其执行对象不仅是由 GI 构造的工件序列，在步骤一的③计算 $r_{i'i_q}$ 和步骤一的⑤计算部分排序 Makespan 时也需要调用此程序。在步骤二中，对单个工件而言，在最坏的情况下，阶段 j 的开工时间会后延 $m-j$ 次，换言之，计算单个工件在各阶段的开工时间时，回溯次数最多可达 $(m-1)\times(m-2)\times\cdots\times 1$，复杂度为 $O(m^2)$。共计 n 个工件，因而步骤二在最坏情况下的计算时间为 $O(nm^2)$。

下面对 GI 算法构造工件序列的启发式规则进行分析。

第一，步骤一的①～③是获得种子序列的贪婪排序过程。其中步骤一的①进行工件排序的复杂度为 $O(nm+n\log n)$，步骤一的②确定最后两个工件耗时 $O(nm)$，步骤一的③确定前 $n-2$ 个工件时由于考虑了等待时间上限约束，需调动递归回溯法计算偏移量，复杂度为 $O(n^2m^2)$。因此，贪婪排序的计算时间为 $O(n^2m^2)$。

第二，步骤一的④～⑤是插入排序过程，其实质是对贪婪排序获得的种子序列进行逆序变换，进而采用 NEH 算法提出的调度解优化机制搜索更优解。在迭代寻优的过程中，考虑了等待时间上限约束对部分序列 Makespan 的影响，因而在步骤一的⑤中需调用递归回溯法计算部分序列的最大完工时间，整个插入排序过程的复杂度为 $O(n^3m^2)$。

通过上述分析可知，步骤一的计算时间受制于插入排序过程，为 $O(n^3m^2)$ ；步骤二的复杂度为 $O(nm^2)$ 。因此，GI 算法的复杂度为 $O(n^3m^2)$ 。

为降低 GI 算法复杂度，本实验采用 Inserting-N 方法（ $O(n^2m)$ ）替代插入排序过程（ $O(n^3m^2)$ ），采用 Timetabling 方法（ $O(nm)$ ）替代递归回溯过程（ $O(nm^2)$ ），进而贪婪排序过程的计算时间也相应降至 $O(n^2m)$ 。此时，GI 算法的复杂度减为 $O(n^2m)$ 。

由 Inserting-N 方法的计算时间可知，其他三种对比算法的复杂度也均为 $O(n^2m)$ 。

5.4.2 实验环境与数据

本章采用 C#语言在 PC Pentium4/CPU3.0GHz/RAM1.0G 上编程实现上述算法。考虑到影响算法的主要因素为问题规模、等待时间上限的松紧程度及加工时间的分布，将实验参数设置为：工件数 $n \in \{20, 40, 60, 80\}$ ；机器数 $m \in \{5, 10\}$ ；等待时间上限 $\alpha \in \{1, 5, 10, 20, 40\}$ ；加工时间 $p_{ij} \in [1, 99]$ ，按均匀分布随机生成。根据工件数、机器数和等待时间上限的不同取值，将实验分成 $4 \times 2 \times 5 = 40$ 组，每组随机生成 100 个算例，共计 4000 个算例，并采用以下指标衡量算法的求解质量。

下界偏离率 $Dev(H)$ ，计算公式如下：

$$Dev(H) = \frac{C_{max}(H) - Lower}{Lower} \times 100\% \tag{5-31}$$

其中，$C_{max}(H)$ 表示由算法 H 获得的工件序列的最大完工时间，$Lower$ 为 $Fm \mid w_{ij} \leqslant \alpha \mid C_{max}$ 问题的下界。

获得最好解的成功概率 $Pbt(H)$ ，计算公式如下：

$$Pbt(H)=\frac{\sum_{i=1}^{N}(1-\min\{C_{\max}(H)-C_{\max}^{best},1\})}{N} \tag{5-32}$$

其中，$C_{\max}^{best}$ 表示上述五种启发式算法能够获得的最好 Makespan 值，N 为每组算例总数，$Pbt(H)$ 表示算法 H 获得 $C_{\max}^{best}$ 的次数占算例总数的比例。

现对 $Fm \mid w_{ij} \leqslant \alpha \mid C_{\max}$ 的下界（$Lower$）分析如下：具有等待时间上限的流水车间调度问题的最优解显然是相应一般流水车间调度问题的可行解，因此，$Fm \mid w_{ij} \leqslant \alpha \mid C_{\max}$ 的最小 Makespan 值定然不小于 $Fm \| C_{\max}$ 的最优值。对于两台机器的一般流水车间调度问题，采用 Johnson 规则可以获得最优解，因此，可以采用下述方法求得 $Fm \mid w_{ij} \leqslant \alpha \mid C_{\max}$ 的下界：

步骤一　令 $Lower \leftarrow 0$。

步骤二　令 j 从 1 到 m，计算 $P_j \leftarrow \min\limits_{1 \leqslant i \leqslant n}\{p_{ij}\}$。

步骤三　令 k 从 1 到 $m-1$，执行以下步骤：①若 $k>1$，计算 $C_1 \leftarrow \sum_{h=1}^{k-1} P_h$，否则 $C_1 \leftarrow 0$；②对于在机器 M_k 和 M_{k+1} 上加工的工件，将其视为两机流水车间并按 Johnson 规则排序，不考虑等待时间上限约束，计算此两机流水车间调度问题的 Makespan 值，记为 C_2；③若 $k<m-1$，计算 $C_3 \leftarrow \sum_{h=k+2}^{m} P_h$，否则 $C_3 \leftarrow 0$；④ $L_k \leftarrow C_1+C_2+C_3$，若 $L_k > Lower$，则 $Lower \leftarrow L_k$。

步骤四　输出 $Lower$。

5.4.3　实验结果与分析

实验结果见表 5-1，其中 $\overline{Dev}$ 表示下界偏离率的平均值，CPU 表示 HMW 算法的计算时间。由表 5-1 可以得到以下结论：

第一，HMW 算法的下界偏离率明显优于其他算法（均值为 21.682），且获得相对最好解的成功概率均值达到了 0.79。另外四种算法的优化效果从好到坏依次为：THA-E（23.234；0.15）、NEH-E（23.844；0.15）、GI（24.204；0.06）、NEH-G（33.593；0.001），其中括号内的两个数值分别为算法的下界偏离率均值和成功概率均值。显然，针对一般流水车间调度特征设计的 NEH-G 算法的求解效果远不如其他四种算法。

第二，由成功概率指标可以看出，在大多数情况下，相对最好解由 HMW 算法或 THA-E 算法获得，这说明借鉴无等待流水车间调度问题的求解方法生成初始序列，并利用考虑等待时间上限约束特征的插入优化机制进一步改进初始解的求解思路是正确且有效的。

表 5-1　HMW 算法的实验结果

n	m	α	CPU/s	NEH-G		NEH-E		GI		THA-E		HMW	
				$\overline{Dev}$	Pbt	$\overline{Dev}$	Pbt	$\overline{Dev}$	Pbt	$\overline{Dev}$	Pbt	$\overline{Dev}$	Pbt
20	5	1	0.005	30.987	0.00	22.021	0.11	21.994	0.11	21.385	0.19	19.592	0.70
		5	0.003	29.492	0.00	20.802	0.09	21.120	0.09	20.439	0.13	18.499	0.79
		10	0.003	27.402	0.00	18.982	0.13	18.934	0.08	18.061	0.15	16.230	0.78
		15	0.002	22.030	0.00	14.832	0.13	15.685	0.08	14.737	0.20	12.826	0.77
		20	0.002	15.557	0.01	10.515	0.32	12.628	0.08	11.086	0.18	9.277	0.88
	10	1	0.008	53.039	0.00	45.356	0.09	45.802	0.07	44.972	0.11	42.616	0.82
		5	0.009	49.207	0.00	42.214	0.12	42.984	0.02	41.741	0.11	39.230	0.87
		10	0.009	46.437	0.00	40.015	0.09	40.646	0.07	39.781	0.07	36.987	0.86
		15	0.009	42.372	0.00	37.349	0.11	38.802	0.05	37.294	0.10	34.542	0.88
		20	0.008	35.575	0.03	32.551	0.09	34.426	0.02	32.979	0.12	30.276	0.84

续表

n	m	α	CPU/s	NEH-G		NEH-E		GI		THA-E		HMW	
				$\overline{Dev}$	Pbt	$\overline{Dev}$	Pbt	$\overline{Dev}$	Pbt	$\overline{Dev}$	Pbt	$\overline{Dev}$	Pbt
40	5	1	0.011	33.623	0.00	21.906	0.10	22.562	0.03	21.283	0.21	19.955	0.76
		5	0.011	31.007	0.00	19.595	0.05	19.828	0.06	18.402	0.11	17.129	0.83
		10	0.011	28.195	0.00	16.935	0.10	17.395	0.03	15.875	0.25	14.675	0.70
		15	0.010	22.845	0.00	13.064	0.11	13.897	0.03	12.403	0.17	11.102	0.76
		20	0.010	15.499	0.00	7.436	0.09	9.204	0.03	7.147	0.21	6.135	0.76
	10	1	0.034	47.586	0.00	38.025	0.04	37.083	0.12	36.948	0.13	35.265	0.74
		5	0.034	45.112	0.00	35.428	0.04	34.909	0.07	34.746	0.13	32.986	0.80
		10	0.034	41.699	0.00	32.997	0.00	32.151	0.04	31.882	0.08	29.959	0.88
		15	0.035	36.219	0.00	28.326	0.08	28.480	0.06	28.089	0.09	26.103	0.85
		20	0.033	27.281	0.00	21.180	0.14	22.900	0.02	21.310	0.01	19.436	0.92
60	5	1	0.023	33.996	0.00	21.296	0.09	22.052	0.01	20.551	0.19	19.506	0.74
		5	0.023	31.371	0.00	18.959	0.04	19.189	0.01	17.873	0.21	16.737	0.75
		10	0.023	28.920	0.00	16.661	0.05	17.196	0.01	15.739	0.16	14.573	0.80
		15	0.023	24.051	0.00	12.179	0.02	12.823	0.01	11.044	0.24	10.137	0.75
		20	0.022	16.656	0.00	6.306	0.11	7.784	0.01	5.932	0.16	5.051	0.76
	10	1	0.078	48.250	0.00	37.359	0.03	35.961	0.16	36.206	0.07	34.535	0.77
		5	0.076	45.332	0.00	34.553	0.03	33.320	0.09	33.544	0.10	31.952	0.81
		10	0.074	41.204	0.00	30.852	0.06	30.124	0.08	30.192	0.09	28.403	0.78
		15	0.075	35.074	0.00	24.994	0.06	24.787	0.16	24.815	0.09	23.248	0.73
		20	0.075	25.320	0.00	17.088	0.09	18.406	0.01	17.443	0.07	15.667	0.85

续表

n	m	α	CPU/s	NEH-G		NEH-E		GI		THA-E		HMW	
				$\overline{Dev}$	*Pbt*	$\overline{Dev}$	*Pbt*	$\overline{Dev}$	*Pbt*	$\overline{Dev}$	*Pbt*	$\overline{Dev}$	*Pbt*
80	5	1	0.041	34.941	0.00	21.384	0.04	21.954	0.01	20.333	0.26	19.588	0.71
		5	0.039	32.435	0.00	19.054	0.00	19.844	0.01	17.875	0.28	17.082	0.71
		10	0.040	29.904	0.00	16.626	0.03	17.223	0.01	15.220	0.30	14.534	0.68
		15	0.040	24.274	0.00	11.460	0.04	12.327	0.00	10.669	0.20	9.785	0.79
		20	0.039	17.404	0.00	6.020	0.15	7.812	0.00	5.734	0.13	4.914	0.75
	10	1	0.138	48.143	0.00	36.132	0.01	34.834	0.11	34.811	0.16	33.572	0.72
		5	0.137	44.296	0.00	33.174	0.01	31.920	0.12	32.207	0.10	30.708	0.77
		10	0.137	41.311	0.00	30.152	0.02	29.001	0.17	29.243	0.09	27.909	0.72
		15	0.134	34.108	0.00	23.837	0.03	23.323	0.04	23.150	0.10	21.750	0.83
		20	0.133	25.561	0.00	16.156	0.04	16.865	0.02	16.216	0.05	14.810	0.90

第三，算法 NEH-G 和 NEH-E 的初始解构造方法相同，仅调度解优化过程不同，而求解质量却相差甚远；另外，其他与 NEH-E 采用相同优化方法——Inserting-N 方法进行初始解改进的 HMW、THA-E、GI 算法均显著优于 NEH-G 算法。这说明本章提出的插入优化机制适用于具有等待时间上限约束的情况，对调度解具有很好的优化效果。

第四，在工件数 n 和机器数 m 相同的情况下，五种算法的下界偏差率均随着等待时间上限 α 的增大而下降，说明等待时间上限的增加会降低问题的求解难度；同时 HMW 算法的成功概率呈上升趋势，说明随着等待时间上限约束的松弛，HMW 算法的求解效果越好，优势越明显。

第五，当 α 相同且 $m=5$ 时，随着 n 的增大，HMW、THA-E、GI 和 NEH-E 的下界偏差率降低，NEH-G 呈上升趋势，这是因为工件数的增多有利于削弱等待时间上限的约束作用，但 NEH-G 未考虑等待时间上限的约束特征，不能有效利用工件数对问题求解的有利影响，这说明针对一般流水车间调度问题的排序规则和优化方法不能够很好地应用于等待时间受限的情况。

第六，等待时间上限 α 和工件数 n 相同时，随着机器数 m 的增加，五种算法的下界偏差率均明显上升，这说明机器数量的增加会加大问题求解的难度。HMW 算法的成功概率在多数情况下随 m 增加而上升，表明机器的增减对 HMW 的影响比其他四种算法要相对弱些。

第七，由表 5-1 中 HMW 的 Pbt 列可以看出，HMW 算法的成功概率基本稳定在 0.79 上下，各算例与均值 0.79 的绝对偏差平均值仅为 0.05，受问题规模和等待时间上限的波动影响不大，这说明 HMW 算法的求解质量具有稳定性。

第八，HMW 算法具有很好的计算效率，即使对于 80 个工件、10 台机器的调度问题，也能在 0.14s 内给出调度解，完全能够满足调度的需要。

◎5.5 本章小结

等待时间具有上限值限制是中间产品性质不稳定或具有高温连续作业特征的流程工业生产中常见的一类约束。目前，关于这类流水车间调度方法的研究成果较少，在启发式算法和智能搜索算法领域，已有研究多为初步探索，并未深入分析能够指导算法设计的问题特征。为进一步开发有效的调度算法，本章以排列排序为背景，探讨了能够指导算法设计的问题特征与性质，并在此基础上提出了一种新的求解算法，具体研究成果如下：

在完工时间特征方面，讨论了排列排序下计算给定序列的工件完工时间表示方法，包括计算方法、数学表达式和有向图三种形式，为进一步探讨问题的性质特征奠定了基础。

在排列排序性质方面，根据完工时间的有向图证明了具有等待时间上限的流水车间排列排序问题的可逆性（定理 5-1），提出了基于可逆性的 Makespan 计算公式（定理 5-3），利用该公式能够有效降低插入工件时计算新序列 Makespan 值的复杂度。

在等待时间上限约束与无等待的关联特征方面，利用完工时间的数学表达式，分析了排列排序最优值与无等待情况下的最小 Makespan 值的定量关系，即 $C_{\max}^{0}-C_{\max}^{*}\in[0, \alpha(n-1)(m-1)]$（定理 5-2），根据二者的相似特征，提出了借鉴无等待流水车间调度方法实现问题求解的思路。

在问题求解方面，根据上述特征设计了调度算法，首先将问题类比为两台机器的情况，应用 Gilmore-Gomory 算法求解，获得初始序列集；然后对于初始序列集中的元素采用插入优化机制进一步改进，并利用问题的可逆性，将插入优化机制的复杂度由 $O(n^3m)$ 降至 $O(n^2m)$ 。数据实验表明，本章提出的算法能够有效求解具有等待时间上限的流水车间调度问题。

第 6 章 等待时间上下限约束的置换流水车间调度算法

◎6.1 引言

在紧凑型生产模式下，等待时间受限一方面体现在由于中间产品物理性质或化学性质上的不稳定性所导致的等待时间上限约束，正如上述章节所探讨的；另一方面，工件在相邻阶段间的传送运输需要消耗一定的时间，由此产生了等待时间下限约束，以满足运输要求。在众多工业生产中，等待时间上下限约束是同时存在的。例如，在食品加工业，考虑到食品的易腐蚀性和工作中心之间的距离，限定了产品在相邻阶段间等待时间的区间范围[136]；在钢铁生产中，钢水的高温生产环境限定了等待时间的上限，而钢包在设备间的运输则产生了等待时间的下限要求[137]；在半导体制造中，蚀刻工作区和氧化/沉积/扩散工作区的操作之间通常存在等待时间上下限约束[138]。此外，许多先进的制造技术加强了阶段间的衔接紧凑性，通过紧凑型生产模式来提高工艺质量，例如，钢铁行业的薄带钢 CPS 生产线和晶圆制造中的组合设备（Cluster Tools）等，都对等待时间提出了严格的要求。

置换流水车间调度问题（Permutation Flowshop Scheduling Problem，PFSP）也称为流水车间排列排序问题，要求所有机器上的工件加工顺序均相同（参见第 5.2 节）。置换流水车间调度问题的解空间相对较小，且其最优解非常接近流水车间调度最优解，在流水车间调度研究领域具有重要地位，已有研究大多采用置换流水车间的排列排序来解决流水车间调度问题[9,139]。对于具有等待时间上限的流水车间调度，第 2 章的问题性质分析结果也表明，排列排序解仍具有很好的近优性。鉴于此，本章在上述章节的基础上进一步探讨同时具有等待时间上限和下限约束时，置换流水车间的性质特征及启发式求解算法。

◎6.2 等待时间上下限的调度模型与可逆性分析

6.2.1 数学模型

等待时间上下限的置换流水车间调度问题要求各机器上的工件序列均相同，且工件在相邻机器间的等待时间必须在指定的区间范围内，与第 2 章所研究的问题相比，增加了等待时间下限约束和置换调度要求，数学模型相对于 2.2 节有所改变。为了使等待时间相关参数的符号具有一致性，本章参考 Fondrevelle 等[120]提出的符号定义，分别用 θ_{ij} 、$\theta_{ij}^{\max}$ 和 $\theta_{ij}^{\min}$ 表示工件 J_i 在机器 M_j、M_{j+1} 间的等待时间及其上限和下限，则本章问题采用调度三元组表示方法可表示为 $Fm \mid prmu,\ \theta_{ij}^{\min},\ \theta_{ij}^{\max} \mid C_{\max}$，混合整数线性规划模型如下（其中 $x_{ii'}$ 是表示工件优先关系的 0-1 变量，若 J_i 先于 $J_{i'}$ 生产则为 1，否则为 0）。

$$\min C_{\max} \tag{6-1}$$

$$\text{s.t. } C_{ij} - p_{ij} - C_{i'j} + Ux_{ii'} \geqslant 0,\ 1 \leqslant i < i' \leqslant n;\ j = 1,\ \cdots,\ m \tag{6-2}$$

$$C_{i'j} - p_{i'j} - C_{ij} + U(1 - x_{ii'}) \geqslant 0, 1 \leqslant i < i' \leqslant n; j = 1, \cdots, m \tag{6-3}$$

$$C_{i,j+1} - C_{ij} - p_{i,j+1} \geqslant \theta_{ij}^{\min}, i = 1, \cdots, n; j = 1, \cdots, m - 1 \tag{6-4}$$

$$C_{i,j+1} - C_{ij} - p_{i,j+1} \leqslant \theta_{ij}^{\max}, i = 1, \cdots, n; j = 1, \cdots, m - 1 \tag{6-5}$$

$$C_{\max} \geqslant C_{im}, i = 1, \cdots, n \tag{6-6}$$

$$C_{ij} \geqslant p_{ij}, i = 1, \cdots, n; j = 1, \cdots, m \tag{6-7}$$

$$x_{ii'} = \{0, 1\}, 1 \leqslant i < i' \leqslant n \tag{6-8}$$

目标函数式（6-1）为最小化 Makespan。约束式（6-2）、式（6-3）共同表示机器析取约束；约束式（6-4）、式（6-5）分别定义了等待时间的下限和上限；约束式（6-6）表明 Makespan 为最大完工时间；约束式（6-7）、式（6-8）分别限定了完工时间变量 C_{ij} 和二元变量 $x_{ii'}$ 的取值范围。需要说明的是，Hamdi 和 Loukil[140] 也针对最小化 Makespan 的等待时间上下限置换流水车间调度问题进行了数学建模，但与本章模型不同，该模型采用了工件在加工序列中的位置变量，而不是相对优先关系来表示工件序列。Chen 和 Yang[119] 在对等待时间上限的置换流水车间调度模型的研究中指出，采用工件优先关系作为工件序列变量所建立的模型在理论上优于以工件位置为变量的模型。

6.2.2 问题可逆性

等待时间上下限的置换流水车间调度 $Fm \mid prmu, \theta_{ij}^{\min}, \theta_{ij}^{\max} \mid C_{\max}$，在等待时间下限均为 0 时即为具有等待时间上限的置换流水车间调度问题，5.2.3 节通过构建工件序列的 Makespan 有向图证明了这一问题具有可逆性，本节将 Makespan 有向图扩展到同时考虑等待时间上下限的情况，进而

证明 $Fm \mid prmu, \theta_{ij}^{\min}, \theta_{ij}^{\max} \mid C_{\max}$ 同样具有可逆性。

定理 6-1 考虑以下两个等待时间上下限的置换流水车间调度问题：令 O_{ij} 表示工件 J_i 在机器 M_j 上的操作，$p_{ij}^{(1)}$ 和 $p_{ij}^{(2)}$ 分别表示 O_{ij} 在这两个问题中的加工时间，$\theta_{ij}^{\max(1)}$ 和 $\theta_{ij}^{\max(2)}$ 则分别表示其等待时间上限，$\theta_{ij}^{\min(1)}$ 和 $\theta_{ij}^{\min(2)}$ 分别表示其等待时间下限。若满足式（6-9），则这两个问题互为对方的逆问题，且 Makespan 相同。

$$p_{ij}^{(1)} = p_{i,\ m-j+1}^{(2)}\ ;\ \theta_{ij}^{\max(1)} = \theta_{i,\ m-j}^{\max(2)}\ ;\ \theta_{ij}^{\min(1)} = \theta_{i,\ m-j}^{\min(2)}\ (\forall i,\ j) \tag{6-9}$$

证明： 给定 $Fm \mid prmu, \theta_{ij}^{\min}, \theta_{ij}^{\max} \mid C_{\max}$ 问题的工件序列 π，则 $O_{\pi(i),j}$ 的完工时间受制于 $\{O_{\pi(i-1),j}, O_{\pi(i),j}\}$ 的机器析取约束、$\{O_{\pi(i),j-1}, O_{\pi(i),j}\}$ 的等待时间下限约束和 $\{O_{\pi(i),j}, O_{\pi(i),j+1}\}$ 的等待时间上限约束，如式（6-10）所示。

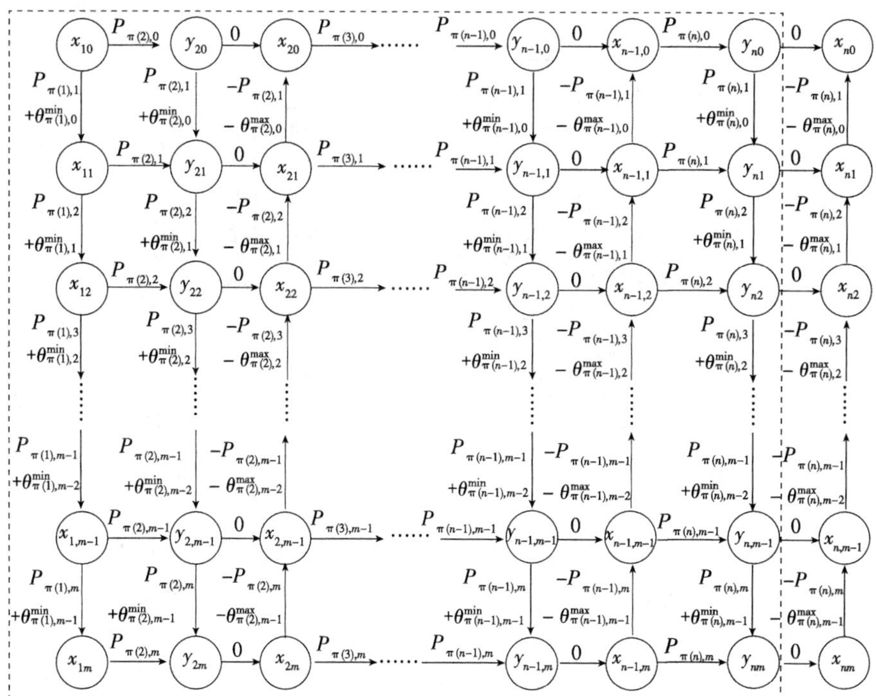

图 6-1 计算调度方案 Makespan 的有向图 G

$$
\begin{aligned}
C_{\pi(i),j} \geqslant \max\{&\max\{C_{\pi(i-1),j},\ C_{\pi(i),j-1}+\theta_{\pi(i),j-1}^{\min}\} \\
&+p_{\pi(i),j},\ C_{\pi(i),j+1}-p_{\pi(i),j+1}-\theta_{\pi(i),j}^{\max}\}
\end{aligned}
\tag{6-10}
$$

参考 5.2.3 节有关具有等待时间上限的置换流水车间调度问题的有向图，令有向图的节点表示工件完工时间，增加虚拟机器 M_0 并设置 $p_{i0}=0$ 且 $\theta_{i0}^{\min}=\theta_{i0}^{\max}=0(\forall i)$，则可以得到如图 6-1 所示的 $Fm \mid prmu,\ \theta_{ij}^{\min},\ \theta_{ij}^{\max} \mid C_{\max}$ 完工时间有向图 G。

类似可得逆问题按逆序加工时的完工时间有向图 $\overleftarrow{G}$，如图 6-2 所示。

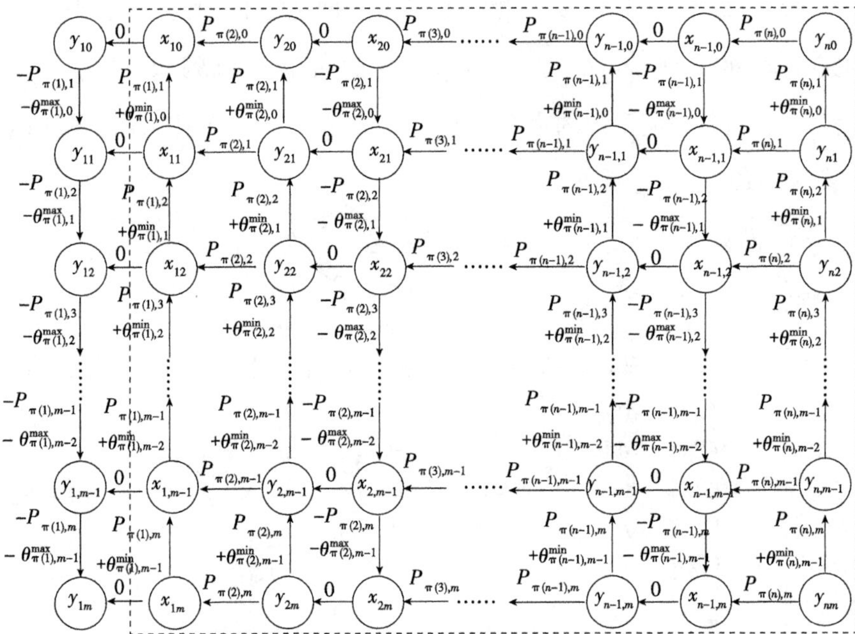

图 6-2　逆问题按逆序加工时计算 Makespan 的有向图 $\overleftarrow{G}$

原问题和逆问题的有向图 G 和 $\overleftarrow{G}$ 中虚线圈出部分的节点和弧权重一一对应，仅有向弧的方向不同，分析过程与 5.2.3 节相似，在此不再赘述。因而，原问题按序列 π 加工的 Makespan 等于逆问题按 $\overleftarrow{\pi}$ 加工的目标值。

◎6.3 基于可逆性的两阶段调度算法

$Fm \mid prmu,\ \theta_{ij}^{\min},\ \theta_{ij}^{\max} \mid C_{\max}$ 是“强 NP-难”问题，有必要结合问题特征开发快速求解的启发式算法，其中要解决两个关键问题：构建高质量的工件序列，以及计算该序列的完工时间。对于完工时间的计算方法，Fondrevelle 等[120]给出了复杂度为 $O(nm)$ 的算法，这里将其记为 Timing 算法，具体如下：

Timing 算法[120]

$C_{\pi(1),1} = p_{\pi(1),1}$；

令 $j = 2$ 至 m，依次执行：$C_{\pi(1),j} = C_{\pi(1),j-1} + \theta_{\pi(1),j-1}^{\max} + p_{\pi(1)j}$；

令 $i = 2$ 至 n，依次执行：

{

$C_{\pi(i),1} = C_{\pi(i-1),1} + p_{\pi(i)1}$；

令 $j = 2$ 至 m，依次执行：

{ $C_{\pi(i),j} = \max\{C_{\pi(i-1),j} + p_{\pi(i),j},\ C_{\pi(i),j-1} + \theta_{\pi(i),j-1}^{\min} + p_{\pi(i),j}\}$；}

令 $j = m-1$ 至 1，依次执行：

{ $C_{\pi(i),j} = \max\{C_{\pi(i),j},\ C_{\pi(i),j+1} - p_{\pi(i),j+1} - \theta_{\pi(i),j}^{\max}\}$；}

}

对于第一个关键问题，即工件序列构建问题，本章提出了一种由初始序列生成和调度解构建两个阶段构成的两阶段构造启发式算法。此外，大

量实验结果表明，由于启发式算法所获取的是问题的近优解而非最优解，在求解原问题和逆问题时往往会得到不同的 Makespan 值，其中必有一个是较优的。由逆问题的定义可以看出，构建逆问题并将逆问题调度解转换为原问题对应解的过程是比较容易的。因此，本章的启发式算法将同时求解原问题和逆问题，从中选择最好的调度解。将此算法记为 ISR，其中 I 表示算法第一阶段初始序列生成（Index Development），S 表示第二阶段调度解构建（Solution Construction），R 表示逆问题求解（Reversed Problem Solution），算法结构如图 6-3 所示。

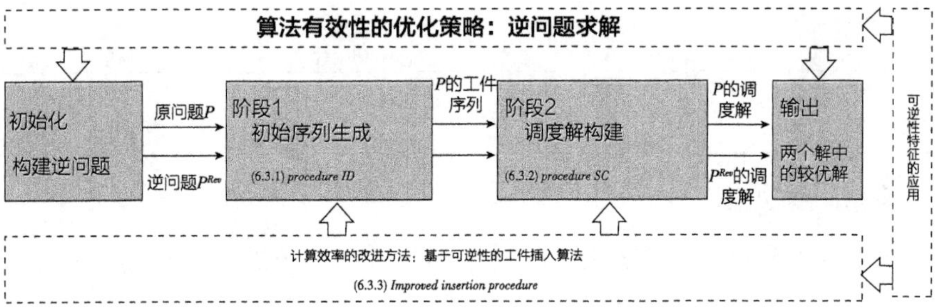

图 6-3　构造启发式 ISR 的算法结构图

6.3.1　初始序列生成

李铁克等[104]指出，对于具有等待时间上限的置换流水车间调度，等待时间上限约束会导致第一阶段机器 M_1 出现空闲时间。在同时具有等待时间上下限的置换流水车间调度问题中，这一特点依然存在，因而，给定工件序列 π，令 $d_{\pi(i)}$ 表示 M_1 从完成 $J_{\pi(i-1)}$ 加工后到开始 $J_{\pi(i)}$ 加工前的空闲时间，则 Makespan 目标函数等价于式（6-11），其中 Π 为所有工件序列的集合。

$$\min C_{\max} = \min_{\pi \in \Pi}\left\{ \sum_{i=1}^{n} p_{\pi(i),\,1} + \sum_{i=2}^{n} d_{\pi(i)} + \sum_{j=1}^{m-1} \theta_{\pi(n),\,j} + \sum_{j=2}^{m} p_{\pi(n),\,j}\right\}$$

$$\Leftrightarrow \min_{\pi\in\Pi}\{\underbrace{(\sum_{i=2}^{n-1} d_{\pi(i)})}_{Item1} + \underbrace{(d_{\pi(n)} + \sum_{j=1}^{m-1}(\theta_{\pi(n),j} + p_{\pi(n),j+1}))}_{Item2}\} \tag{6-11}$$

式（6-11）由两个关键项组成，分别记为 *Item*1 和 *Item*2。ISR 依据这两个关键项确定工件排序，生成初始工件序列，其基本思路如下：

第一，对于式（6-11）的关键项 *Item*2，寻找具有 *Item*2 最小值的有序工件对，将这一对工件作为工件序列 π 的最末两工件。

第二，对于式（6-11）的关键项 *Item*1，将每个未调度工件 $J_i \notin \pi$ 和已调度工件 $J_k \in \pi$ 两两组合，每对组合构造两个有序工件对 $\{J_i, J_k\}$ 和 $\{J_k, J_i\}$，分别计算各工件对在 M_1 上的空闲时间，选择空闲时间最小的工件对，将其未调度工件 J_{i*} 作为待调度工件插入当前工件序列 π。

第三，为进一步优化工件序列，当待调度工件插入序列 π 时，将该工件依次插入 π 的所有可插入位置，选择产生最小 Makespan 的位置作为最终插入位置。

将上述初始序列生成算法记为 ID，步骤如下：

算法名称：ID

输入：问题参数；

输出：初始工件序列 π。

步骤一 设置未调度集合 $U=\{1, \cdots, n\}$ 和工件序列 $\pi=\varnothing$。

步骤二 确定 π 的最末两工件，对于 $i, t \in U \wedge i \neq t$，执行以下步骤：①寻找工件对 $\{J_i, J_t\}$，使得式（6-12）的 $Item2_{it}$ 最小；②将此工件对 $\{J_i, J_t\}$ 加入 π，并从 U 中移除。

$$Item2_{it} = d_{t1} + \sum_{j=1}^{m-1}(\theta_{tj} + p_{t,j+1}) = C_{tm} - p_{t1} - p_{i1} \tag{6-12}$$

步骤三 确定 π 其他位置的工件。①对于 $i, k=1, \cdots, n$，执行以下步骤：根据式（6-13）计算 $Item1_{ik}$。

$$Item1_{ik} = \begin{cases} \infty, \text{若}(i = k) \vee (i, k \in \pi) \\ d_{k1} = C_{k1} - p_{k1} - C_{i1}, \text{否则} \end{cases} \tag{6-13}$$

②对于所有 $i \in U$，执行以下步骤：寻找未调度工件 J_{ID1}，使得式（6-14）的 $Item1_i$ 最小，其中 J_{PreID} 为最近一次插入序列 π 的工件，$Item1'_i$ 表示未插入 J_{PreID} 时关键项 $Item1$ 的最小值。

$$Item1_i = \begin{cases} \min\{Item1_{i,\pi(1)}, Item1_{\pi(1),i}, Item1_{i,\pi(2)}, Item1_{\pi(2),i}\}, \\ \text{若} |\pi| = 2 \\ \min\{Item1'_i, Item1_{i,PreID}, Item1_{PreID,i}\}, \text{否则} \end{cases} \tag{6-14}$$

步骤四 优化 J_{ID1} 的插入位置，对于 $k = 1$ 至 $|\pi| + 1$，执行以下步骤：①将 J_{ID1} 插入 π 的位置 k，将具有最小 Makespan 的位置记为 k^*；②将 J_{ID1} 插入 π 的位置 k^*，并将 J_{ID1} 从 U 中移除；③若 $U \neq \varnothing$，则转步骤三的①，否则输出 π 并结束算法。

在 ID 算法中，步骤二选择最末两工件耗时 $O(n^2m)$；步骤三的①需要 $O(n^2m)$；步骤三的②和步骤四包含了 $n - 2$ 个循环，且在每次循环过程中，待调度工件选择的计算时间为 $O(|U|)$，插入位置优化则为 $O(|\pi|^2m)$。由于 $|U| + |\pi| = n$，步骤三和步骤四的计算复杂度受制于步骤四，为 $O(n^3m)$。因此，ID 算法的复杂度为 $O(n^3m)$。

6.3.2 调度解构建

ISR 算法在调度解构建阶段采用了 3.3.2 节基于可替换集合的工件插入算法，将其扩展至 $Fm | prmu, \theta_{ij}^{\min}, \theta_{ij}^{\max} | C_{\max}$ 问题，步骤如下（为便于描述，将此调度解构建算法记为 SC）：

算法名称：SC

输入： 工件序列 π_0；

输出： 调度解 π^* 。

步骤一 令 $\pi^* = \pi_0$, $i = 1$。

步骤二 将待插入工件记为 $J_{\pi_0(i)}$ ，设局部调度解 $\pi = \pi^* \setminus \{J_{\pi_0(i)}\}$ ，k^0 和 k^* 均为 $J_{\pi_0(i)}$ 在 π^* 中的位置，$C^*_{\max}$ 为 π^* 的 Makespan。

步骤三 令 $k = 1$ 至 n ，执行以下步骤：若 $k \neq k^0$，则将 $J_{\pi_0(i)}$ 插入 π 的第 k 个位置并计算 π 的目标值 $C_{\max}$ ；若 $C_{\max} < C^*_{\max}$ ，则更新 $k^* = k$ ，$C^*_{\max} = C_{\max}$ 。

步骤四 将 $J_{\pi_0(i)}$ 插入 π 的第 k^* 个位置，得到的调度解更新为 π^* 。

步骤五 令 $i = i + 1$，若 $i \leqslant n$ 则转步骤二，否则输出 π^* 。

与 NEH 所采用的插入优化算法相比，SC 算法能够保证生成的调度解 π^* 不劣于初始工件序列 π_0。SC 算法本质上是一种基于插入邻域的降序搜索（Descending Search）。与传统的降序搜索不同，SC 将循环数限制为 n 以保障计算效率，并基于初始工件序列而非前一循环的最优序列来指定插入的工件，从而避免了重复的插入操作，在有限的循环次数内确保搜索的有效性。此外，对于给定的工件序列，SC 算法总是在 $O(n^3m)$ 时间内生成相同的调度解，意味着它是一种典型的启发式构造方法[13]，并且其运算时间仅相当于传统降序搜索完成一次循环的时间。

6.3.3 算法复杂度分析

ISR 算法首先采用 ID 算法生成初始工件序列，然后，运用 SC 算法优化初始序列并生成调度解，最后，构建逆问题并依次调用 ID 算法和 SC 算法求解逆问题。正如 6.3.1 节和 6.3.2 节所述，ID 算法和 SC 算法的复杂

度均为 $O(n^3 m)$ ，而求解原问题和逆问题所耗时间相同，因此，ISR 的时间复杂度为 $O(n^3 m)$ 。

需要注意的是，ID 算法和 SC 算法中均包含了工件插入过程，将工件插入局部调度解中各个位置来寻找最优调度。工件插入过程制约了这两个算法的时间复杂度，进而增加了 ISR 的复杂度。若能够降低工件插入过程的计算时间，则可以提升 ISR 的计算效率。

在 6.2.2 节中证明了 $Fm \mid prmu,\ \theta_{ij}^{\min},\ \theta_{ij}^{\max} \mid C_{\max}$ 具有可逆性，因此，可将适用于 $Fm \mid prmu \mid C_{\max}$ 问题的 Taillard 算法扩展至 $Fm \mid prmu,\ \theta_{ij}^{\min},\ \theta_{ij}^{\max} \mid C_{\max}$ ，其实现思路与 5.3.2 中“基于可逆性的快速插入方法”相似，在此不再赘述。扩展的 Taillard 算法步骤如下：

算法名称：扩展的 Taillard 算法

输入：局部调度 π ，包含 k 个工件；待插入工件 J_i ；

输出：J_i 的最佳插入位置 t^* 和插入后的工件序列。

步骤一　调用 Timing 算法计算 $C_{\pi(t),j}$ 和 $C_{\pi(t),j}^{rev}$ $(t = 1,\cdots,k, j = 1,\cdots,m)$ 。

步骤二　$C_{\max}^* = +\infty$; $t^* = 0$。

步骤三　令 $t = 1$ 至 k ，执行以下步骤：①计算等待时间约束下 J_i 的最早完工时间，若 $t = 1$，则执行：$C_{i1} = p_{i1}$ ，对于 $j = 2$ 至 m，计算 $C_{ij} = C_{i,\ j-1} + \theta_{i,\ j-1}^{\min} + p_{ij}$ ；否则执行以下步骤：$C_{i1} = C_{\pi(t-1),\ 1} + p_{i1}$ ，对于 $j = 2$ 至 m 计算 $C_{ij} = \max\{C_{\pi(t-1),\ j},\ C_{i,\ j-1} + \theta_{i,\ j-1}^{\min}\} + p_{ij}$ ，对于 $j = m - 1$ 至 1 计算 $C_{ij} = \max\{C_{ij},\ C_{i,\ j+1} - p_{i,\ j+1} - \theta_{ij}^{\max}\}$ ；②计算 Makespan，若 $t \leqslant k$ ，则 $C_{\max}^t = \max\limits_{1 \leqslant j \leqslant m}\{C_{ij} + C_{\pi(t),\ j}^{rev}\}$ ，否则 $C_{\max}^t = C_{im}$ ；③更新最佳插入位置，若 $C_{\max}^t < C_{\max}^*$ ，则 $t^* = t$ ，$C_{\max}^* = C_{\max}^t$ 。

步骤四　将 J_i 插入 π 中位置 t^* ，输出更新后的工件序列 π 。

易见，扩展 Taillard 算法的复杂度为 $O(k^2m)$ 。在 ID 算法的步骤四中采用扩展 Taillard 算法能够将复杂度降为 $O(|\pi|m)$ ，在 SC 的步骤三采用扩展 Taillard 算法能将时间复杂度降至 $O(nm)$ ，因此，引入扩展 Taillard 算法可以将 ISR 算法的计算时间由 $O(n^3m)$ 减至 $O(n^2m)$ 。

6.3.4 算例说明

为加强对 ISR 算法的理解，本节给出一个算例对 ISR 算法的运行过程进行说明。算例由五个工件和两台机器组成，详细参数见表 6-1，其中 J_4 为上下限相同的严格等待时间约束，即 $\theta_{41}^{\min}=\theta_{41}^{\max}=1$。

表 6-1　工件加工时间与等待时间上下限

	J_1	J_2	J_3	J_4	J_5
p_{i1}	36	30	28	26	31
p_{i2}	43	36	39	22	22
$[\theta_{i1}^{\min},\ \theta_{i1}^{\max}]$	[2, 5]	[7, 8]	[0, 4]	[1, 1]	[0, 4]

(1) 初始序列生成：ID 算法

ID 算法用于生成初始工件序列。首先，确定 π_0 的最末两个位置。根据式（6-12），有 $\min\limits_{1\leqslant i,\ t\leqslant 5\wedge i\neq t}\{Item2_{it}\}=Item2_{45}=22$，因此 $\pi_0=\{J_5,\ J_3\}$ 。

为确定 π_0 其他位置的工件，根据式（6-13）可以得到有序工件对关于 $Item1$ 的 5 × 5 矩阵：

$$Item1_{5\times5}=\begin{bmatrix}\infty & 7 & 13 & 18 & 10\\ 2 & \infty & 11 & 16 & 8\\ 0 & 1 & \infty & 12 & 4\\ 0 & 0 & 0 & \infty & \infty\\ 0 & 0 & 0 & \infty & \infty\end{bmatrix}\tag{6-15}$$

因此，$Item1_1 = Item1_2 = Item1_3 = 0$。选择 J_1 插入 π_0 中，确定最佳插入位置为 2，即 $\pi_0 = \{J_4, J_1, J_5\}$ 。重新计算 $Item1_2$ 和 $Item1_3$，进而选择 J_2 插入 π_0 的位置 2，得到 $\pi_0 = \{J_4, J_2, J_1, J_5\}$ 。最后，J_3 被插入 π_0 的位置 2，得到 $\pi_0 = \{J_4, J_3, J_2, J_1, J_5\}$ ，其 Makespan 值为 194。

（2）调度解构建：SC 算法

SC 算法基于初始工件序列 π_0 构建调度解 π^* 。

令 $\pi^* = \pi_0$。先考虑 π_0 的第一个工件 J_4。将 J_4 插入序列 $\pi^* \setminus \{J_4\} = \{J_3, J_2, J_1, J_5\}$ 的各个位置，得到调度解 $\{J_4, J_3, J_2, J_1, J_5\}$ 、$\{J_3, J_4, J_2, J_1, J_5\}$ 、$\{J_3, J_2, J_4, J_1, J_5\}$ 、$\{J_3, J_2, J_1, J_4, J_5\}$ 和 $\{J_3, J_2, J_1, J_5, J_4\}$ 。其中具有最小 Makespan 的调度解为 $\{J_3, J_2, J_1, J_5, J_4\}$ ，将其更新为 π^* ，即 $\pi^* = \{J_3, J_2, J_1, J_5, J_4\}$ ，$C^*_{\max} = 191$。

考虑 π_0 的第二个工件 J_3。将 J_3 插入 $\pi^* \setminus \{J_3\} = \{J_2, J_1, J_5, J_4\}$ 的各个位置，得到的五个调度解中的最优解仍为 $\{J_3, J_2, J_1, J_5, J_4\}$ 。以此类推，依次考虑 J_2、J_1 和 J_5，最优解未发生变化，为 $\pi^* = \{J_3, J_2, J_1, J_5, J_4\}$ ，$C^*_{\max} = 191$。

（3）逆问题求解

在 ISR 算法中，逆问题也调用 ID 算法和 SC 算法进行求解。首先，构建逆问题，问题参数见表 6-2。

表 6-2　逆问题的加工时间与等待时间上下限

	J_1^{rev}	J_2^{rev}	J_3^{rev}	J_4^{rev}	J_5^{rev}
p_{i1}^{rev}	43	36	39	22	22
p_{i2}^{rev}	36	30	28	26	31
$[\theta_{i1}^{\min}, \theta_{i1}^{\max}]$	[2, 5]	[7, 8]	[0, 4]	[1, 1]	[0, 4]

逆问题首先采用 ID 算法求解，得到 Makespan 为 191 的初始工件序列

$\pi_0^{rev}=\{J_4^{rev}, J_5^{rev}, J_1^{rev}, J_2^{rev}, J_3^{rev}\}$，对应原问题的工件序列$\{J_3, J_2, J_1, J_5, J_4\}$；进而采用SC算法，得到调度解$\pi^{*rev}=\pi_0^{rev}=\{J_4^{rev}, J_5^{rev}, J_2^{rev}, J_1^{rev}, J_3^{rev}\}$，对应到原问题为$\{J_3, J_1, J_2, J_5, J_4\}$，与原问题由ID算法和SC算法得到的调度解相同，Makespan为191。

（4）调度解分析

对于此算例，原问题和逆问题经由ID算法和SC算法得到的调度解相同，即$\pi^*=\{J_3, J_2, J_1, J_5, J_4\}$，$C_{\max}^*=191$。我们进一步采用运筹学软件CPLEX对6.2.1节的数学模型进行精确求解，得到的Makespan最优值为191，说明ISR算法生成的调度解为算例的最优解。

由上述ISR运算过程可以看出，ID算法可以为逆问题生成最优解，但对于原问题则无法取得最优解。这说明，虽然原问题和逆问题具有相同的Makespan最优值，但采用同一个启发式算法对原问题和逆问题求解，则很有可能产生不同的调度解。

◎6.4 算法最优性测试

通过数据实验能对ISR算法性能进行检验：首先，基于小规模算例进行算法最优性测试，将ISR算法得到的解与CPLEX求解数学模型得到的最优解进行对比；进而，将ISR算法与经典启发式进行对比，实验算例基于Taillard提出的标杆算例生成。本节首先进行算法最优性测试，在6.5节将进行大规模的综合实验研究，其中，CPLEX通过C#语言进行调用，这两节涉及的启发式算法均采用C#语言编程实现，实验环境为Intel Core i5-6300U/ CPU 2.40GHz 2.50GHz and RAM 8.0G。

对于$Fm|prmu, \theta_{ij}^{\min}, \theta_{ij}^{\max}|C_{\max}$，Fondrevelle等[120]给出了标杆算例的

生成方案，用于16个小规模标杆算例组，每组包括10个算例。Hamdi 和 Loukil[140]选用了其中的七个算例组，问题规模均为12个工件和五个机器，并将文中提出的遗传算法（GA）与 Fondrevelle 等[120]提出的启发式算法进行对比。

本节采用 Hamdi 和 Loukil[140]的算例进行实验测试，即源自 Fondrevelle 等[120]的七个算例组共计70个算例。实验将 ISR 算法与 Fondrevelle 等[120]的启发式（记为 H）和 Hamdi 和 Loukil[140]的遗传算法 GA 进行比较，衡量指标为相对误差率和成功率。相对误差率（Relative Error）的计算公式为 $(C_{\max}(A) - C_{\max}^{opt})/C_{\max}^{opt} \times 100$，其中 $C_{\max}(A)$ 是算法 A 取得的 Makespan 值，$C_{\max}^{opt}$ 则为 CPLEX 对数学模型求解所得到的最优值。成功率（Success Ratio，SR）为 ISR 取得最优 Makespan 值的算例在同组算例的数量占比。

实验结果见表6-3，其中各列含义说明如下：

第1列“Class No.”为 Fondrevelle 等[120]给出的算例组编号；

第2-5列为算例的参数设置。第2列表示工件加工时间的异质性，值“No”表示加工时间在离散均匀分布 $DU[20, 50]$ 内随机生成，值“Yes”说明前六个工件的加工时间服从分布 $DU[20, 50]$，其他工件的则为 $DU[20, 100]$。第3列表示机器负荷，其中值“No”表示机器具有同质性，能力相同，其他情况则为机器异质性环境，设在异质机器上的加工时间为正常时间的75%。第4-5列给出了等待时间上限和下限的取值范围。

第6-8列为各算法相对误差率的平均值，其中第6列和第7列的相对误差值分别来自 Fondrevelle 等[120]和 Hamdi 与 Loukil[140]给出的结果。

第9列为 ISR 的成功率 SR，其中分母“10”是每个算例组的算例数，分子为 ISR 取得最优解的算例个数。

第10-11列为分别运行 ISR 和 CPLEX 的 CPU 时间均值，单位为秒（s）。

表 6-3 小规模算例的实验结果

Class No.	Proc	Load	θ_{ij}^{max}	θ_{ij}^{min}	相对误差率（%）			SR	CPU 时间（s）	
					H	GA	ISR		ISR	CPLEX
1	No	No	[0, 7]	0	1.63	0.41	0.19	5/10	0.0016	2403.93
2	No	1-3-5	[0, 7]	0	1.10	0.55	0.34	4/10	0.0016	997.10
4	No	No	∞	0	0.97	0.70	0.40	5/10	0.0070	2495.33
7	Yes	No	[0, 7]	0	1.18	0.38	0.34	4/10	0.0031	30.15
11	No	No	[0, 14]	[0, 7]	1.70	0.31	0.42	3/10	0.0002	671.64
12	No	No	[0, 14]	[0, 14]	2.29	1.10	0.21	5/10	0.0000	485.08
14	No	1-3-5	[0, 14]	[0, 7]	1.87	0.21	0.58	2/10	0.0016	868.94
				均值	1.53	0.52	0.35	0.25	0.0022	1136.02

表 6-3 表明，对于大多数算例组，ISR 能够取得最低（最好）的相对误差值，并且综合所有算例所得到的相对误差均值也是 ISR 的最低。请注意，Hamdi 和 Loukil[140] 提出的遗传算法 GA 是一种元启发式算法，其最大代数为 1000，种群大小为 80。这意味着，对于每个算例，遗传算法是从 $80 \times 1000 = 8 \times 10^4$ 染色体（即调度解）中搜索最优的 Makespan，而 ISR 作为一种构造启发式，运行时仅产生两个初始工件序列和 $2n(n-1) = 264$ 个调度解（原问题和逆问题各占 50%）。这意味着 ISR 具有构建高质量解的能力。此外，就 SR 指标而言，平均每 10 个实例中有四个实例通过 ISR 获得了最优解。相对误差和成功率这两个指标的实验结果共同表明，对于小规模问题，ISR 生成的 Makespan 与最优值的偏差很小，甚至对于许多问题可以有效地构造出最优调度解。

另外，关于算法效率，从表 6-3 可以看出，对于 12 个工件和五台机器的算例，ISR 的平均 CPU 时间少于 0.003s，显著低于 CPLEX 的精确算法。

◎6.5 综合实验研究

6.5.1 实验数据与对比算法

本节基于 Taillard[141] 的标杆算例对 ISR 算法的性能展开综合实验。Taillard[141] 针对流水车间 $Fm \| C_{\max}$ 给出了 120 个标杆算例。本章按照标杆算例设置了 120 个实验组，每组包含 20 个随机生成的算例，每个算例的问题规模、加工时间等基本参数采用标杆算例参数，等待时间上限 $\theta_{ij}^{\max} \in DU[1, 99]$，等待时间下限 $\theta_{ij}^{\min} \in DU[0, \theta_{ij}^{\max}]$。实验共计 $120 \times 20 = 2400$ 个算例。

如上所述，$Fm | prmu, \theta_{ij}^{\min}, \theta_{ij}^{\max} | C_{\max}$ 的两个特例 $Fm | prmu | C_{\max}$ 和 $Fm | nwt | C_{\max}$ 均为经典调度问题，针对前者的 NEH 算法已被多次验证为最有效的构造启发式算法，针对后者的 FN 算法在引入 NEH 的工件插入机制后具有很好的求解性能。本章将这两个算法扩展至 $Fm | prmu, \theta_{ij}^{\min}, \theta_{ij}^{\max} | C_{\max}$ 问题，并将其作为对比算法，此外，将对比算法的初始工件序列生成算法和调度解构建算法分别与 ISR 的 ID 算法和 SC 算法进行对比，对比算法说明见表 6-4：

表 6-4 几种算法比较

NEH	目前对 $Fm | prmu | C_{\max}$ 求解效果最好的启发式算法。Fondrevelle 等[120] 的数据实验表明，将 NEH 扩展至 $Fm | prmu, \theta_{ij}^{\min}, \theta_{ij}^{\max} | C_{\max}$ 问题后同样具有很好的求解质量。
FN	Framinan 和 Nagano[94] 提出的 $Fm | nwt | C_{\max}$ 启发式算法，其中的调度解构建方法采用的 NEH 工件插入机制，实验表明 FN 算法对于 $Fm | nwt | C_{\max}$ 的求解效果优于 NEH 算法。

续表

LPT	NEH 的初始序列生成规则，即最长加工时间优先规则（LPT）。
FN-0	FN 的初始序列生成算法。
NI	NEH 和 FN 的调度解构建算法。

为检验 ISR 算法的有效性及问题参数的影响，设置如下数据实验：首先，在 6.5.2 节将 ISR、NEH、FN 等启发式及其初始序列生成算法进行对比分析；然后，在 6.5.3 节对问题规模和等待时间对算法求解的影响进行实验分析；最后，在 6.5.4 节对 ISR 的调度解构建策略和逆问题求解策略的优化效果进行评估分析。

6.5.2 启发式比较分析

本节实验将 ISR 与对比算法 NEH 和 FN 进行比较，并将初始序列生成算法 ID 与 LPT 和 FN-0 进行比较。为了评估算法性能，参考文献［94］采用相对偏差率（Percentage Relative Deviation，PRD）和成功率（Percentage of Success，PS）作为评价指标。其中，PRD 的计算公式见式（6-16），$C_{\max}^{Best}$ 为本节所有启发式算法求得的 Makespan 的最小值；PS 是将算法取得最小 Makespan 的次数折算成百分比单位。

$$PRD(A)=\frac{C_{\max}(A)-C_{\max}^{Best}}{C_{\max}^{Best}}\times 100\% \tag{6-16}$$

表 6-5 给出了启发式算法的 PRD 均值（Avg.）和标准差（Std.），PS 指标的实验结果见表 6-6。

表 6-5　启发式算法的 PRD 均值与标准差

n	m	初始工序生成算法				构造启发式算法					
		LPT	FN-0	ID		NEH		FN		ISR	
		Avg.	Avg.	Avg.	Std.	Avg.	Std.	Avg.	Std.	Avg.	Std.
20	5	35.180	29.927	2.862	1.824	2.528	1.858	2.712	1.828	0.161	0.539
	10	31.060	30.659	2.824	1.970	3.223	2.085	3.167	1.990	0.057	0.234
	20	22.714	24.628	2.281	1.445	2.595	1.750	2.696	1.714	0.071	0.280
50	5	37.762	30.533	2.341	1.055	2.136	1.272	2.577	1.298	0.031	0.172
	10	38.146	31.240	2.541	1.122	2.885	1.564	2.885	1.530	0.028	0.137
	20	33.843	28.494	2.607	1.134	2.934	1.513	2.855	1.377	0.042	0.234
100	5	39.355	29.816	2.250	0.734	1.772	0.970	2.326	0.913	0.015	0.085
	10	41.995	32.116	2.314	0.835	2.220	1.086	2.244	1.011	0.002	0.018
	20	38.500	30.004	2.107	0.769	2.468	1.117	2.452	1.131	0.006	0.045
200	10	44.798	32.596	1.753	0.505	1.927	0.732	2.016	0.654	0.001	0.007
	20	44.080	31.473	1.749	0.536	2.067	0.724	2.010	0.749	0.001	0.006
500	20	48.248	32.750	1.334	0.285	1.551	0.413	1.650	0.453	0	0
Avg.		37.973	30.353	2.247	1.018	2.359	1.257	2.466	1.221	0.035	0.146

表 6-5 表明，各问题规模下取得最小（最好）PRD 值的算法是 ISR，其次为 ID、NEH 和 FN，其中 ISR 的 PRD 均值比 ID 的 PRD 均值低 63 倍。此外，ISR 的 PRD 标准差也最低。特别是对于问题规模较大的实例 $n \times m = 500 \times 20$，ISR 的 PRD 均值和标准差均为 0，说明这些实例的最好调度解均由 ISR 产生。由表 6-5 也可以看出，尽管 ID 只是 ISR 的初始序列生成算法，但在大多数情况下其 PRD 值优于 NEH 和 FN 算法。

表 6-6　启发式算法的 PS 值（%）

		初始工序生成算法			构造启发式算法		
n	m	LPT	FN-0	ID	NEH	FN	ISR
20	5	0	0	3.50	12.50	7.00	82.50
	10	0	0	3.00	4.00	6.50	90.00
	20	0	0	2.00	5.00	6.50	90.00
50	5	0	0	0	5.50	2.00	93.00
	10	0	0	0	4.50	2.00	94.50
	20	0	0	0	2.50	3.50	94.50
100	5	0	0	0	5.00	0	96.00
	10	0	0	0	1.00	0	99.00
	20	0	0	0	0.50	2.00	97.50
200	10	0	0	0	0	0.50	99.50
	20	0	0	0	0.50	0.50	99.00
500	20	0	0	0	0	0	100.00
	Avg.	0	0	0.71	3.42	2.54	94.63

在表 6-6 中，94.63%的实例通过 ISR 生成了最好调度解。当 $n \geqslant 200$ 时，ISR 的 PS 值不低于 99%，特别是对于算例组 $n = 500$，$m = 20$，ISR 的 PS 值达到了 100%。此外，对于 $n = 20$ 的情况，ISR 的初始序列生成算法 ID 在 17 个算例中取得了最好 Makespan 值，进一步验证了算法的有效性。值得一提的是，虽然 NEH 和 FN 的 PRD 值在多数情况下劣于 ID 算法，但这两种算法的 PS 值优于 ID，这一方面说明 NEH 和 FN 仍具有良好的调度解构造性能，另外也表明将 PRD 和 PS 这两个指标综合考虑可以全面衡量算法的有效性。

综合上述实验结果，可以得到以下两点结论：首先，ISR 的性能优于扩展的 NEH 和 FN。其次，ISR 中的初始序列生成算法 ID 在算法有效性方面明显优于其他初始序列生成算法，甚至与 NEH 和 FN 不相上下。如前所述，算法的有效性应同时由 PRD 和 PS 来衡量。就 PRD 而言，ID 优于扩展的 NEH 和 FN；就 PS 而言，ID 能够为某些小型实例提供最佳解决方案。

6.5.3　参数敏感性分析

问题规模和等待时间是影响算法性能的关键参数。本节将讨论这些因素对启发式 NEH、FN 和 ISR 求解性能的影响。

（1）问题规模的影响

问题规模涉及机器数 m 和工件数 n。从表 6-5 和表 6-6 可以看出，随着问题规模（特别是工件数 n）的增加，NEH、FN 和 ISR 的 PRD 值呈下降趋势；就 PS 而言，NEH 和 FN 逐渐减小，ISR 则反而增加。

为进一步观察 n 对算法性能的影响，图 6-4 给出了 m = 20 时各算法 PRD 和 PS 的均值及其 95%置信区间（Confidence Interval，CI）。

表 6-5、表 6-6 和图 6-4 表明，随着问题规模（尤其是工件数 n）的增加，NEH/FN 和 ISR 之间的调度解质量差距逐步缩小，但是 NEH/FN 能够生成优于 ISR 调度解的可能性仍然很低，并且呈下降趋势。

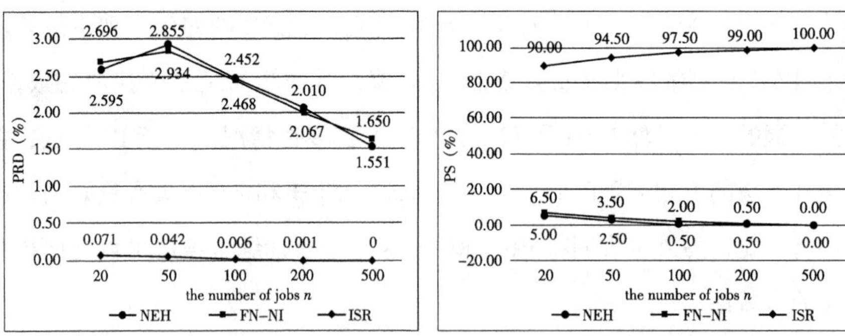

(a) 95% CI for PRD　　(b) 95% CI for PS

图 6-4　工件数 n 影响下的 PRD 与 PS 均值及其 95%置信区间

（2）等待时间上限的影响

为检验等待时间上限对 NEH、FN 和 ISR 算法性能的影响，设计了两组实验。在第一组实验中，$\theta_{ij}^{max}(\forall i, j)$ 均值不同但区间长度相同，设 $\theta_{ij}^{min} \in DU[1, 20]$，$\theta_{ij}^{max} \in DU[21, 40]$，$[41, 60]$，$[61, 80]$，$[81, 100]$。在第二组实验中，$\theta_{ij}^{max}(\forall i, j)$ 区间长度不同但均值相同，设 $\theta_{ij}^{min} \in DU[1, 20]$，$\theta_{ij}^{max} \in DU[21, 100]$，$[31, 90]$，$[41, 80]$，$[51, 70]$。

针对上述每种区间分布，基于问题规模为 100 个工件、10 台机器的 Taillard 标杆算例（TA071 至 TA080），随机生成 40 个测试算例，算例总数为 8 × 10 × 40 = 3200。实验取得的 PRD 均值及其 95%置信区间如图 6-5 所示。

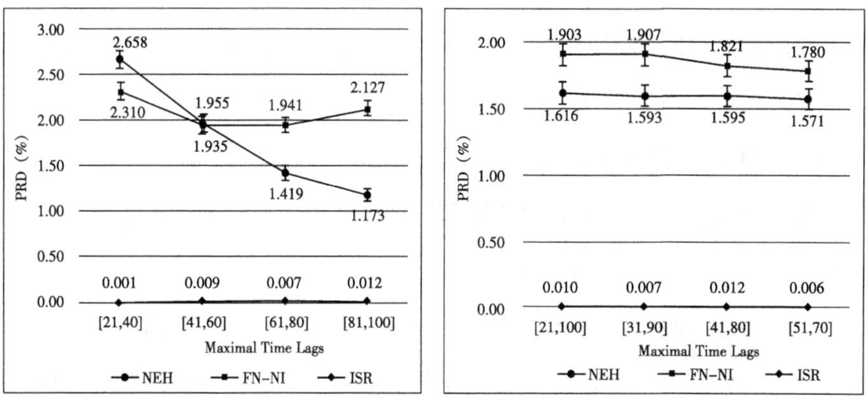

(a) θ_{ij}^{max} with different means　　(b) θ_{ij}^{max} with different interval length

图 6-5　等待时间上限影响下的 PRD 均值及其 95%置信区间

对于均值不同的等待时间上限情况，由图 6-5（a）可以得到以下两点认识：

首先，ISR 在 PRD 指标方面优于其他启发式，但随着 $\theta_{ij}^{max}(\forall i, j)$ 的增加，其 PRD 值呈轻微上升趋势。这表明，随着 θ_{ij}^{max} 的增加，ISR 在三种算法中的相对有效性有所减弱。

其次，当 $\theta_{ij}^{\max}(\forall i, j)$ 较小时（如 $\theta_{ij}^{\max} \in [21, 40]$），FN 的 PRD 值优于 NEH，但随着 $\theta_{ij}^{\max}$ 的增加，NEH 的 PRD 值逐渐变得更优，最终远小于 FN 的值。由此可知，当等待时间上限很紧时，$Fm | nwt | C_{\max}$ 的启发式算法能够获得较好的调度解，反之，$Fm | prmu | C_{\max}$ 的启发式算法求解效果更佳。这是因为随着 $\theta_{ij}^{\max}$ 的增加，等待时间上限的约束作用逐渐减弱，从而 $Fm | prmu, \theta_{ij}^{\min}, \theta_{ij}^{\max} | C_{\max}$ 的最小 Makespan 逐渐接近 $Fm | prmu | C_{\max}$ 最优值。

图 6-5（b）显示了具有不同区间长度的等待时间上限对算法求解的影响，实验结果表明，等待时间上限的离散程度对这三种启发式的相对有效性没有明显影响。

（3）等待时间下限的影响

为研究等待时间下限对 NEH、FN 和 ISR 算法性能的影响，设计了两组实验。在第一组实验中，$\theta_{ij}^{\min}(\forall i, j)$ 均值不同但区间长度相同，设 $\theta_{ij}^{\max} \in [81, 100]$，$\theta_{ij}^{\min} \in [1, 20]$，$[21, 40]$，$[41, 60]$，$[61, 80]$。在第二组实验中，$\theta_{ij}^{\min}(\forall i, j)$ 区间长度不同但均值相同，设 $\theta_{ij}^{\max} \in [81, 100]$，$\theta_{ij}^{\min} \in [1, 80]$，$[11, 70]$，$[21, 60]$，$[31, 50]$。

针对上述每种区间分布，基于 Taillard 标杆算例 TA071 至 TA080 随机生成 40 个测试算例，共计 3200 个算例。实验取得的 PRD 均值及其 95%置信区间如图 6-6 所示。

对于均值不同的等待时间下限情况，图 6-6（a）的结果与图 6-5（a）的趋势恰恰相反。这是因为，随着 $\theta_{ij}^{\min}(\forall i, j)$ 的增加，等待时间的区间长度变短，则等待时间的约束作用变强，当区间长度为 0 时（即等待时间上下限相等），问题转换为扩展的无等待流水车间问题[122]。

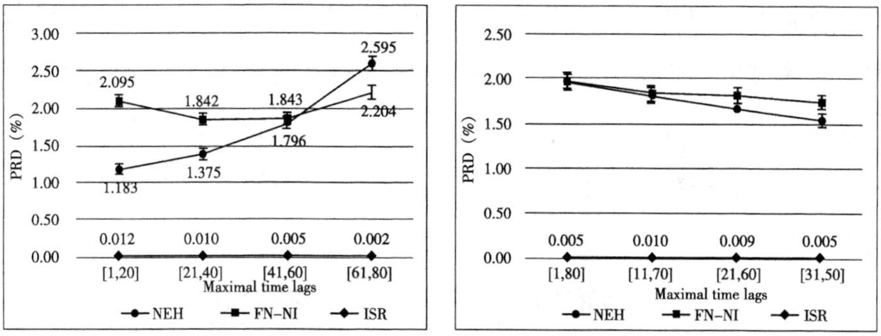

(a) θ_{ij}^{max} with different means　　(b) θ_{ij}^{max} with different interval length

图 6-6　等待时间下限影响下的 PRD 均值及其 95%置信区间

对于区间长度不同的等待时间下限情况，图 6-6（b）表明，当等待时间下限的分散程度降低时，NEH / FN 与 ISR 在求解质量上的差距逐渐减少。

6.5.4　算法策略的有效性分析

为检验 ISR 算法所采用的调度解构建策略和逆问题求解策略的有效性，进一步设计了两组实验：第一组比较 ID-NI 和 ID-SC 的性能，以测试调度解构建算法 NI 和 SC 对 ID 生成的初始工件序列的优化效果；第二组对 ID-SC 和 ISR 进行比较，以验证逆问题求解策略对 ID-SC 生成的调度解的优化效果。表 6-7 列出了两组实验的对比算法。

表 6-7　两组实验的启发式算法

	实验评估的优化策略	初始算法	引入优化策略的算法
第一组实验	NI（NEH 和 FN 采用的策略）	ID	ID-NI
	SC（ISR 所采用的策略）		ID-SC
第二组实验	逆问题求解策略	ID-SC	ISR

借鉴 PRD 和 PS 指标，本节提出了两个衡量优化策略改进效果的指标，即相对改进率（Percentage of Relative Improvement，PRI）和成功改进率（Percentage of Successful Improvement，PSI）。PRI 的计算公式为式（6-17），PSI 为算法在引入优化策略后找到比初始算法更优解的次数（以百分比为单位）。

$$PRI = \frac{C_{max}(\text{初始算法}) - C_{max}(\text{引入优化策略的算法})}{C_{max}(\text{初始算法})} \times 100\% \quad (6-17)$$

测试算例按照 6. 5. 1 节的方法生成，表 6-8 和表 6-9 分别给出了两组实验结果。

表 6-8　NI 和 SC 的优化效果对比

		NI：ID-NI 和 ID 的对比			SC：ID-SC 和 ID 的对比		
n	m	PRI 均值	PRI 标准差	PSI（%）	PRI 均值	PRI 标准差	PSI（%）
20	5	-0. 13	2. 61	47. 00	1. 98	1. 51	95. 00
	10	-0. 53	2. 38	42. 50	1. 86	1. 36	96. 00
	20	-0. 75	2. 35	30. 00	1. 53	0. 97	98. 50
50	5	-0. 16	1. 50	46. 50	1. 82	0. 83	100. 00
	10	-0. 07	1. 81	48. 00	2. 05	0. 91	100. 00
	20	-0. 26	1. 93	43. 50	1. 67	0. 78	100. 00
100	5	0. 23	0. 92	57. 00	1. 79	0. 55	100. 00
	10	0. 14	1. 17	56. 00	1. 81	0. 61	100. 00
	20	-0. 11	1. 12	42. 50	1. 65	0. 55	100. 00
200	10	0. 04	0. 74	50. 00	1. 50	0. 39	100. 00
	20	-0. 12	0. 80	42. 50	1. 39	0. 35	100. 00
500	20	-0. 04	0. 41	45. 00	1. 13	0. 19	100. 00
均值		-0. 15	1. 48	45. 88	1. 68	0. 75	99. 13

关于调度解构建算法，对于 ID 生成的初始工件序列，SC 能够生成比 NI 更优的解。表 6-8 中 NI 的 PRI 值多为负数，这是因为 NI 无法确保生成的调度解优于初始序列，特别是在初始工件序列的质量足够好的情况下。然而，SC 可以生成不劣于初始工件序列的调度解，并且 SC 的 PRI 值和 PSI 值进一步表明，SC 可以对大多数算例求得较优解。因此，ISR 算法的调度解构建算法 SC 比 NEH 的工件插入机制 NI 更适用于优化高质量的调度解。

表 6-9　逆问题求解策略的优化效果：ID-SC 和 ISR 的对比

n	m	PRI 均值	PRI 标准差	PSI（%）	n	m	PRI 均值	PRI 标准差	PSI（%）
20	5	0.83	1.39	49.00	100	5	0.43	0.56	54.00
	10	0.64	1.01	45.50		10	0.43	0.61	50.50
	20	0.70	1.20	43.00		20	0.40	0.62	47.00
50	5	0.46	0.73	46.50	200	10	0.30	0.46	48.50
	10	0.57	0.85	49.50		20	0.33	0.44	53.00
	20	0.69	0.91	57.50	500	20	0.18	0.27	48.00
					均值		0.50	0.75	49.33

关于逆问题求解策略的优化效果，由表 6-9 可以看出，ISR 的 PRI 和 PSI 两个指标均优于未采用逆问题求解的 ID-SC。此外，ISR 相对于 ID-SC 的 PSI 值约为 50%，这表明该策略有近半数的机会可以改进调度解。

此外，为了考察算法的求解效率，表 6-10 列出了 ISR 及其子算法在求解所有算例，以及问题规模为 500 × 20 的算例（具有最大问题规模）所用的平均 CPU 时间。结果表明，ISR 具有很快的求解速度，且若不对逆问题求解，仅解决原问题，则计算时间减半。

表 6-10　ISR 及其子算法的 CPU 计算时间（单位：s）

	ID	ID-SC	ISR		ID	ID-SC	ISR
Avg.	0.21	0.33	0.66	500 × 20	1.95	3.04	6.11

◎6.6 本章小结

等待时间上下限约束常见于中间产品性质不稳定且生产阶段间提出工件运输、产品冷却等要求的紧凑型生产环境。目前关于这类置换流水车间调度方法的研究成果较少。本章基于前几章的成果，进一步探讨了同时具有等待时间上限和下限情况下问题的性质特征，并提出了一种两阶段构造启发式算法，具体研究成果如下：

在问题性质方面，给出了等待时间上下限的置换流水车间调度问题对于给定工件序列的完工时间有向图，指出问题具有可逆性。

在问题求解方面，根据问题特征设计了两阶段构造启发式。第一阶段提出了基于机器空闲时间的等效目标函数，并根据目标函数特征设计初始工件序列生成算法；第二阶段采用基于可替换集合的工件插入机制实现调度解构建。通过对原问题和逆问题的同步求解来确定较优解。

在算法优化策略方面，基于可逆性对算法的计算效率和有效性进行优化。对于算法的计算效率，基于可逆性改进了启发式算法的插入过程，将算法复杂度从 $O(n^3m)$ 降至 $O(n^2m)$；对于算法的有效性，提出了逆问题求解策略，有效提高了算法求解质量。

对算法性能进行了最优性测试和综合实验，结果表明，在大多数情况下，本章提出的启发式算法具有很好的求解性能；此外，当等待时间上下限的区间长度 $[\theta_{ij}^{\min}, \theta_{ij}^{\max}]$ 较小时，或等待时间上限较小时，等待时间约束会较强，近优算法找到高质量调度解的难度将会加大。

第 7 章 具有批处理和等待时间上限的流水车间调度

◎7.1 引言

在生产具有高度连续性要求的流程工业，由于工艺要求及机器限制，经常会同时存在等待时间上限和批处理约束，例如钢铁生产的炼钢—连铸过程，钢水的温度限制使得其在相邻阶段的等待时间不能超过一定的时间上限（等待时间上限约束），在连铸阶段，同一台连铸机必须在一定炉次范围（浇次）连续浇铸（批处理约束）；加热炉—热轧生产则要求板坯离开加热炉后不允许等待而直接进入热轧机组（无等待约束），热轧时必须严格按照轧制计划规定的板坯顺序（轧制单元）连续加工（批处理约束）。因此，关于具有批处理和等待时间上限的流水车间调度问题的研究已成为日益重要的研究课题，其在实践上对钢铁生产这类生产紧凑型流程工业的生产管理水平的提高具有重要的指导意义，在理论上则可以推动具有问题特征的一类流水车间调度理论的发展。

在对于一般性的具有等待时间限制的流水车间调度研究基础上，本章将进一步探讨最后阶段为批处理的调度问题的性质特征，并结合加热炉—热轧的生产背景，研究一类存在多能力机的无等待单批次流水车间调度问题，分析问题特征并设计求解算法。

◎7.2 等待时间上限的批调度问题描述

在现代制造企业，为提高生产效率、减少机器处理不同类型工件导致的安装次数和安装成本，在组织生产过程中要求工件成批加工，产生了具有批处理约束的调度问题（Scheduling with Batching），简称批调度。批调度存在以下两种模式[142]：

其一，工件组批调度（Family Scheduling），机器在加工不同规格的工件时存在安装时间，因而需要将工件分批连续加工，其中每个批次由同类工件（Family）组成且数量不超过限定值。

其二，批处理机（Batching Machine）调度，批处理机可以同时加工多个工件，批次的加工时间等于批次内所有工件的最大加工时间，且所有工件的完工时间相同，即同时完成该批次的加工。

对于工件组批调度问题，根据批次内工件完工时间，可以进一步分为两种情况：批可得（Batch Availability）和工件可得（Job Availability）。在批可得的情况下，一组工件在机器上连续加工完毕后，统一配送到下一道工序；而对于工件可得，批次内的单个工件一旦完工，即可送达下一道工序。

本章针对工件组批调度中的工件可得情况，考虑在具有等待时间上限的流水车间环境最后阶段为批处理的调度问题，问题描述如下：n 个工件 $\{J_1, J_2, \cdots, J_n\}$ 以相同次序经过 m 个阶段 $\{M_1, M_2, \cdots, M_m\}$，每阶段仅有一台机器；在最后阶段加工的工件要求按照预先指定的批次成组加工，在加工同批次工件时机器 M_m 不允许空闲（批处理约束）；由于阶段间连续加工的要求，工件在相邻机器间的等待时间不能超过给定上限值 α

（等待时间上限约束）；调度的目标是确定各台机器上的工件加工顺序和完工时间 C_{ij}，使得最大完工时间（Makespan）$C_{\max} = \max\{C_{ij}\}$ 最小化。应用三元组表示法，此问题可表示为 $Fm \mid w_{ij} \leqslant \alpha,\ batching(m) \mid C_{\max}$。

◎7.3 单批次调度性质分析

7.3.1 单批次调度的等价转化

在批调度问题中，工件按照指定的批次分组加工，因而每个批次均可视为一个复合工件，批次间的顺序可以采用相同生产环境下面向一般工件的调度方法来确定。流水车间环境批处理阶段仅有一台机器，在完成一个批次的加工后才能开始下一批次，因此，可以将批调度问题分解为若干针对单批次的子问题，记为 $Fm \mid w_{ij} \leqslant \alpha,\ s-b(m) \mid C_{\max}$。

单批次调度存在以下特征：

第一，在批处理阶段，工件必须严格按照生产计划指定的需求顺序在机器上加工，换言之，同批次的工件间存在着单链（Chain）约束，表示为 $J_{\pi(i)} < J_{\pi(i+1)}$，其中 π 为预先指定的工件加工序列；

第二，批处理阶段在生产过程中不允许机器停机待料，即机器存在无空闲（No-idle）约束，表示为 $C_{im} = C_{km} - p_{km}$，其中 J_i 为 J_k 的紧前工件。

不失一般性，将工件按序列 π 中的加工顺序重新编号，即令 $i = \pi(i)$，则上述两个特征可以表示为等式约束（7-1），其中 S_{ij} 表示 J_i 在 M_j 的开工时间：

$$C_{im} = C_{i+1,\ m} - p_{i+1,\ m} = S_{i+1,\ m} \tag{7-1}$$

因此，单批次调度相当于在最后阶段具有单链约束和无空闲约束的调度问题。因而，具有等待时间上限的单批次流水车间调度 $Fm \mid w_{ij} \leqslant \alpha$，$s-b(m) \mid C_{\max}$ 等同于调度问题 $Fm \mid w_{ij} \leqslant \alpha$，$chain(m)$，$no-idle(m) \mid C_{\max}$。

在批处理阶段，由于式（7-1）的等式约束，当链中的第一个工件确定了开工时间，后续工件的开工时间也随之确定。又由于阶段间存在等待时间上限约束和时序约束，有以下不等式成立：

$$0 \leqslant S_{ij} - C_{i,\ j-1} \leqslant \alpha \tag{7-2}$$

结合式（7-1）和式（7-2），工件在批处理阶段的特殊约束可以转化为工件在阶段 $m-1$ 的完工时间间隔（Finish-to-finish Time Lags）约束：

$$p_{im} - \alpha \leqslant C_{i+1,\ m-1} - C_{i,\ m-1} \leqslant p_{im} + \alpha \tag{7-3}$$

因此，对于批处理阶段为最后加工阶段的调度问题，有：

$$C_{\max} = C_{nm} = \max_{i \in I} \{ C_{i,\ m-1} + \sum_{t=i}^{n} p_{t,\ m} \} \tag{7-4}$$

记式（7-4）最右端的函数为 $f(C_{i,\ m-1})$，可以将上述由 m 个阶段构成的单批次调度问题转化为由 $m' = m-1$ 个阶段组成且最后阶段存在完工时间间隔约束的调度问题 $Fm' \mid w_{ij} \leqslant \alpha$，$L_i \leqslant \Delta c_{im'} \leqslant U_i \mid f(C_{im'})$，其中，$\Delta c_{im'}$ 表示工件 J_{i+1} 与 J_i 在 m' 阶段的完工时间间隔，有 $\Delta c_{im'} = C_{i+1,\ m'} - C_{i,\ m'}$，$L_i$ 和 U_i 分别表示时间间隔的上下限。

7.3.2　两阶段环境的调度可行性

通过上述等价转化方法，能够将单批次调度问题的阶段数由 m 减至 $m-1$，缩小了问题规模。尤其对于仅有两阶段的情况，通过问题转化，原有的流水车间调度问题 $F2 \mid w_i \leqslant \alpha$，$s-b(2) \mid C_{\max}$ 可以归约为一类单机调度问题，且单机环境不存在多阶段加工，因而，此问题仅具有完工时间间隔约束，令 h_i 表示工件 J_i 的批处理时间，S_i、C_i 分别表示 J_i 在转化后的单机调度问题（对应原问题的第一阶段）中的开工时间和完工时间，则完工时间间隔约束表示为：

$$h_i - \alpha \leqslant C_{i+1} - C_i \leqslant h_i + \alpha,\ i \in \{1, 2, \cdots, n-1\} \quad (7-5)$$

上述单机调度问题表示为 $1|L_i \leqslant \Delta c_i \leqslant U_i|f(C_i)$，其中 $\Delta c_i = C_{i+1} - C_i$，$L_i = h_i - \alpha$，$U_i = h_i + \alpha$，$f(C_i) = \max_{i \in I}\{C_i + \sum_{t=i}^{n} h_t\}$。

对于 $F2|w_i \leqslant \alpha, s-b(2)|C_{\max}$ 问题的工件序列特征，根据第 2 章的定理 2-6，可以得到下述引理 7-1：

引理 7-1　对 $F2|w_i \leqslant \alpha, s-b(2)|C_{\max}$ 问题，若满足 $0 \leqslant \alpha < p_i + h_i$，则在第一阶段工件 J_i 先于 J_{i+1} 加工。

证明：由定理 2-6 可以得到，当 $0 \leqslant \alpha < p_i + h_i$ 时，若 J_i 和 J_{i+1} 在两阶段的加工顺序不同，则有 $w_{i+1} \geqslant p_i + h_i > \alpha$，导致 J_{i+1} 违背等待时间上限约束。因此，当 $0 \leqslant \alpha < p_i + h_i$ 时，J_i 和 J_{i+1} 在两台机器上的加工顺序一定相同，由于在第二阶段 J_i 先于 J_{i+1} 加工，则在第一阶段 J_i 也必然先于 J_{i+1} 加工。

根据引理 7-1，可以得到 $F2|w_i \leqslant \alpha, s-b(2)|C_{\max}$ 问题的调度可行性定理。

定理 7-1　对 $F2|w_i \leqslant \alpha, s-b(2)|C_{\max}$，若至少存在一个 $i \in \{1, 2, \cdots, n-1\}$，使得 $p_i > \alpha - h_i$ 且 $p_{i+1} > h_i + \alpha$，则此问题不存在可行调度。

证明：由引理 7-1 可知，当 $0 \leqslant \alpha < p_i + h_i$，即 $p_i > \alpha - h_i$ 时，工件 J_i 在 M_1 上先于 J_{i+1} 加工。因为 $F2|w_i \leqslant \alpha, s-b(2)|C_{\max}$ 能够转化为针对 M_1 的单机调度问题 $1|L_i \leqslant \Delta c_i \leqslant U_i|f(C_i)$，所以当 $p_i > \alpha - h_i$ 时，机器的析取约束（机器在同一时刻只能加工一个工件）要求 J_{i+1} 和 J_i 满足下式：

$$C_{i+1} - C_i \geqslant p_{i+1},\ i \in \{1, 2, \cdots, n-1\} \quad (7-6)$$

另外，J_{i+1} 与 J_i 在 M_1 上的完工时间间隔要求满足式（7-5）。可以看出，式（7-5）（7-6）均为关于完工时间间隔 Δc_i 的约束条件，若要问题存在可行解，则必须同时满足这两个不等式。然而，当 $p_{i+1} > h_i + \alpha$ 时，两个不等式约束构造的 Δc_i 区间不存在交集，即完工时间 C_i 无解。

综上，当 $p_i > \alpha - h_i$ 且 $p_{i+1} > h_i + \alpha$ 时，$F2 | w_i \leqslant \alpha,\ s-b(2) | C_{\max}$ 不存在可行调度。

进一步考虑等待时间上限约束的特殊情况——无等待环境的调度问题 $F2 | nwt,\ s-b(2) | C_{\max}$，由于 $\alpha = 0$，问题的完工时间间隔限定为定值：

$$C_{i+1} - C_i = h_i,\ i \in \{1,\ 2,\ \cdots,\ n-1\} \tag{7-7}$$

此时，问题转化为单机调度 $1 | \Delta c_i = \theta_i | f(C_i)$。进而可以得到无等待环境的调度可行性定理。

定理 7-2 对 $F2 | nwt,\ s-b(2) | C_{\max}$，当且仅当 $\forall i \in \{1,\ 2,\ \cdots,\ n-1\}$ 均满足 $p_{i+1} \leqslant h_i$ 时，问题存在唯一可行调度，且

$$\min C_{\max} = p_1 + \sum_{i=1}^{n} h_i \tag{7-8}$$

证明：根据引理 7-1 可知，当 $\alpha = 0$ 时，两台机器上的工件加工顺序是一致的。对于 $\forall i \in \{1,\ 2,\ \cdots,\ n-1\}$，$J_i$ 和 J_{i+1} 存在以下关系：

第一，将式（7-7）代入式（7-6），有 $h_i \geqslant p_{i+1}$，可见当 $\forall i \in \{1,\ 2,\ \cdots,\ n-1\}$ 满足 $p_{i+1} \leqslant h_i$ 时，工件在 M_1 上按照单批次内的工件顺序加工即可得到可行调度。

第二，由定理 7-1 可得，当 $\alpha = 0$ 时，若至少存在一个 $i \in \{1,\ \cdots,\ n-1\}$，使得 $p_{i+1} > h_i$，则此问题不存在可行调度。因此，仅当 $\forall i \in \{1,\ 2,\ \cdots,\ n-1\}$ 均满足 $p_{i+1} \leqslant h_i$ 时，问题存在可行调度。

第三，在满足 $p_{i+1} \leqslant h_i$（$\forall i \in \{1,\ 2,\ \cdots,\ n-1\}$）时，$F2 | nwt,\ s-b(2) | C_{\max}$ 的可行调度如图 7-1 所示。

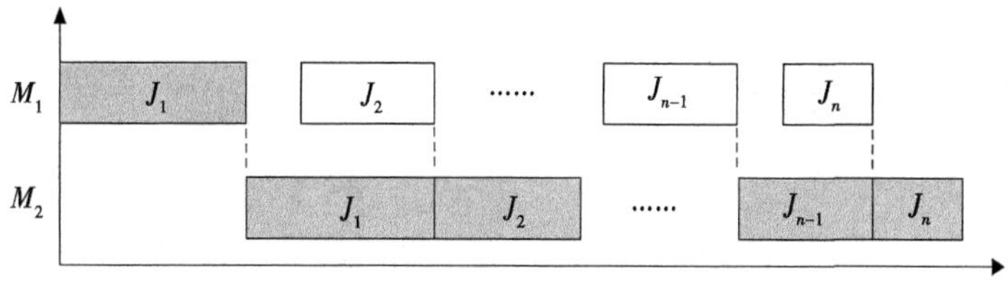

图 7-1　$F2|nwt, s-b(2)|C_{\max}$ 的可行调度

对于 M_1 上的任意工件 J_i，若将其完工时间提前，则违背无等待约束；若将其完工时间延后，则违背 M_2 的无空闲约束，因此图 7-1 的调度方案显然是唯一解，也是最优解。由于 $\alpha=0$ 时 J_1 必然为 M_1 上的首先加工工件，所以 M_1 上的 J_1 和 M_2 上的所有工件构成调度的关键路径，此时有：

$$\min C_{\max}=p_1+\sum_{i=1}^{n}h_i \tag{7-9}$$

◎7.4　存在多能力机的一类特殊问题

在具有等待时间上限的流水车间调度问题中，仅有两台机器（$m=2$）且无等待（$\alpha=0$）的情况是最基本的一类问题。通过上述对 $F2|nwt, s-b(2)|C_{\max}$ 的分析，与之等价的单机调度 $1|\Delta c_i=\theta_i|f(C_i)$ 由于同时具有完工时间间隔约束和机器析取约束，在机器析取约束对于完工时间的要求与时间间隔约束相悖时，将导致问题无解。那么若松弛析取约束，考虑第一阶段的机器为多能力机（Multiple Capacitated Machine）[143,144]的问题（即机器能够同时加工多个工件），问题性质会怎样变化？下面以加热炉—热轧生产为背景，对第一阶段为多能力机的 $F2|nwt, s-b(2)|C_{\max}$ 问题展开研究。

7.4.1 问题背景

本节所考虑的存在多能力机的无等待两阶段单批次调度问题具有以下特征：第一阶段为多能力机，机器能够按照先入先出原则同时加工多个工件，工件的加工时间未定，存在最小加工时间限制；第二阶段为批处理阶段，批次内的工件严格按照规定的顺序加工，且不允许出现机器空闲；两个阶段间存在无等待约束，即一个工件在完成第一阶段的加工后，必须马上进入下一阶段的加工。

这一问题源自钢铁生产中的加热炉—热轧生产。热轧生产是钢铁生产的关键部分和瓶颈工序，具有连续作业要求和快速加工特征，对钢铁生产的顺利进行和产品质量的稳定提高起着关键作用。加热炉是衔接浇铸和热轧的关键工序，其能源消耗占据了整个钢铁生产过程的 10%有余[145]，具有高能耗的特点。合理的调度方案能够有效降低加热炉阶段的能源消耗，保障热轧阶段的快速连续生产，节约生产成本并稳定生产质量。

根据连铸工序的板坯交送热轧机组的工艺路线和连铸坯到达热轧机组的温度情况，钢铁生产的主流程分为四种衔接方式[146]，如图 7-2 所示。

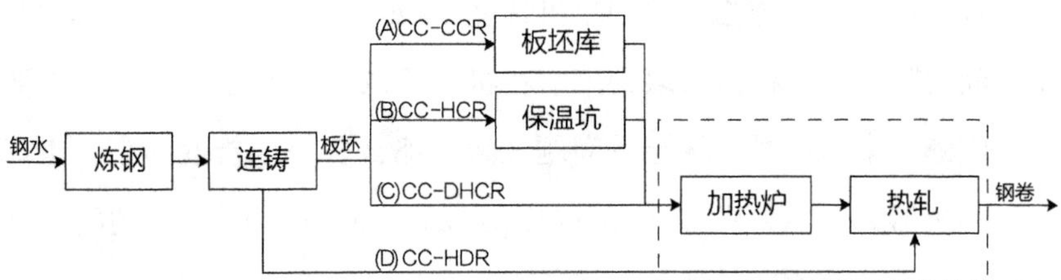

图 7-2 连铸与热轧工序的衔接方式

第一种为连铸—冷坯装炉轧制（Continuous Casting - Cold Charge Rolling，CC-CCR），简称冷装模式。连铸坯浇铸出来后先送到板坯库存放，根据轧制计划的需要，在一定时间后装炉加热轧制。板坯装炉温度低于 400℃的均属于此种方式。

第二种为连铸—热坯装炉轧制（Continuous Casting-Hot Charge Rolling，CC-HCR)，也称为温装模式。连铸坯浇铸出来后先放于保温坑中，根据热轧计划需要装炉加热轧制，装炉温度一般为 400℃～700℃。

第三种为连铸—直接热坯装炉轧制（Continuous Casting-Direct Hot Charge Rolling，CC-DHCR）模式。连铸坯浇铸出来后直接通过输送辊道装入加热炉进行短时间加热然后轧制，装炉温度都在 700℃～1000℃。

第四种为连铸—直接轧制（Continuous Casting-Hot Direct Rolling，CC-HDR）模式。连铸坯浇铸出来后直接运输至热轧机轧制，途中针对板坯采取边部加热措施，一般轧制温度在 1100℃以上。

现代钢铁企业在连铸和热轧的衔接区通常配有一台或多台并行的加热炉，对应着热轧工序的一套热轧机组，在连铸和热轧的衔接工艺上大多采取 CC-CCR 与 CC-HCR（或 CC-DHCR）的混合生产方式。本节将此生产方式下的加热炉—热轧调度问题作为研究背景，其生产工艺要求如下：

关于加热炉的多能力机特征，一台加热炉可以同时处理多块板坯，板坯在加热炉中按先入先出的原则加工。

关于加热炉内板坯加工时间，每块板坯根据其入炉温度、重量等不同而具有不同的标准加工时间，板坯在炉内的停留时间达到标准加工时间后才可视为达到要求的轧制温度。

关于板坯入炉，加热炉的入炉口有足够的空间放置入炉板坯，板坯的入炉时间为决策变量，实际加工时间取决于板坯的入炉时间和出炉时间。

关于热轧机组，热轧工序配有一套热轧机组，板坯要求严格按照轧制计划中的顺序进入热轧机组进行轧制，在生产中不允许热轧机组停机待料。

关于加热炉与热轧的衔接。加热炉必须严格按照轧制计划中对板坯需求的顺序向热轧机组连续提供板坯，板坯进入热轧机组前不能在加热炉外停留，只能在加热炉内保温等待。

关于调度优化目标，由于加热炉是高能耗设备，除了传统的针对生产效率的优化目标外，还应重点考虑节能降耗目标。加热炉—热轧调度中板坯的炉内停留时间属于未知的决策变量，而长时间的停留会大量消耗加热炉的生产能源。Tang 等[145]指出，加热炉阶段约有 60%的热能消耗是不必要的炉内停留时间所导致的。此外，2017 年某国有大型钢铁集团的数据表明，钢坯每在加热炉内多停留一分钟，就会消耗 83.3m^3的天然气，而每台加热炉的不必要炉内停留时间高达 36 小时/月。因此，除了最小化最大完工时间（Makespan），还要考虑最小化炉内总停留时间（总加工时间），以提高机器利用率和降低能源消耗。

综上，加热炉—热轧调度问题可以描述为：根据轧制计划确定的板坯轧制顺序，在满足上述生产工艺要求的情况下，确定板坯在加热炉上的加工顺序、实际加工时间及入炉和出炉时间，确定板坯在热轧机组上的开工时间和完工时间，使板坯的最大完工时间（Makespan）和炉内总停留时间（总加工时间）最小。

可以看出，加热炉—热轧调度问题在本质上可以视为一类存在多能力机的无等待两阶段单批次流水车间调度问题。多能力机无等待调度问题除了在钢铁工业普遍存在外，还常见于食品加工等典型的紧凑型流程工业。例如，在蔬菜鲜切生产的冷却和甩干过程中，为保证蔬菜的新鲜度，每篮蔬菜的切分清洗过程在低于 7℃的冷水中进行，然后放入旋转干燥机中干燥。其中，冷却机是一台多能力机，可以一次处理多个蔬菜篮，并允许它们在冷却水中停留以等待干燥机的加工[147]。

7.4.2 研究现状分析

根据单批次调度的等价转化方法，加热炉—热轧调度可以转化为针对加热炉阶段的调度问题，这也是问题求解的关键点和难点。目前，有关加热炉的研究大多侧重于热能的优化控制[148,149]，生产调度方面的文献为数不多。其中，Mui 等[150]提出了一种加热炉的调度策略，但是没有考虑热轧的后序要求；李靖等[151]探讨了加热炉生产物流仿真问题，研究了面向应用的系统工具；宁树实等[152]指出并行加热炉的调度问题相当于多约束背包问题，并设计了遗传算法；Zhao 和 Wang[153]将步进梁式加热炉调度问题转化为一类提前/拖期的并行机调度问题，给出了数学模型并提出了一种结合进化算法的混合启发式。在这篇文献中，加工时间被视为常量而非变量，热轧开工时间假设为已知参数并将其作为钢坯的交货时间，这意味着热轧机的连续加工要求不能被严格遵循。此外，这项工作研究了将冷坯和热坯同时装入炉中的混合生产方式，因此考虑了连续装入冷/热坯的最小数量限制，以保证产品质量。

赵玉芳和唐立新以加热炉调度为背景展开了一系列的调度问题研究：文献［154，155］针对管坯加热炉的特点，抽象出极小化最大完工时间和总完工时间的单机连续型批调度问题，提出了动态规划算法；文献［156］对于单机连续型批调度问题中工件释放时间和工期同序的情况，证明了最小化最大拖期和误工工件数这两类问题都是“强 NP-难”的；文献［157］进一步探讨了加热炉的衔接作用，抽象出一种带有链约束的单机连续型批调度问题，证明了其极小化最大拖期问题是“强 NP-难”的。在上述研究基础上，唐立新教授团队进一步探讨了以下问题：文献［158］考虑了厚板的加热炉—热轧调度，将问题分解为热轧批量调度和加热炉调度，针对两个子问题分别设计了分散搜索算法和基于决策树的启发式算法。其中，热轧的连续加工是通过最小化机器空闲时间来保障，而没有做硬性要求，并且由于厚板的特殊性，对相邻坯料的厚度变化施加了约束。文献［145］聚焦于混装模式下加热炉调度问题，以节能降耗为目标，提出了一种结合约束传播的散点搜索算法。类似于 Zhao 和 Wang[153]，文中假定钢坯的热轧开始时间为已知定值，但要求钢坯的加热炉出炉时间必须等于热轧开始时间，以确保加热炉和热轧的无等待衔接，此外还考虑了连续装料的冷/热坯最小数量，并将其作为分散搜索算法设计的基本考虑因素。

上述文献对加热炉调度进行了细致的研究，但是由于问题的复杂性和许多特殊的工艺约束，这些研究成果很难推广到一般性的多能力机无等待调度问题。

7.4.3 问题描述与分析

本节所考虑的问题是从加热炉—热轧生产中抽象出来的存在多能力机的无等待两阶段单批次流水车间调度问题，可以描述为：n 个工件 $\{J_1, J_2, \cdots, J_n\}$ 以相同的顺序经过两个阶段的加工，阶段间不允许等待，其中，第 1 阶段的机器能够按先入先出原则同时加工多个工件，工件具有最小加工时间限制；第 2 阶段的工件必须严格按照规定顺序加工，且不允许机器出现空闲时间；由于加工时间是柔性的，优化目标为最小化最大完工时间（Makespan）和第一阶段的总加工时间。与 7.3.2 节所考虑的 $F2 \mid nwt, s-b(2) \mid C_{\max}$ 不同，此问题在第一阶段存在以下特殊约束：

第一，同时加工约束（Simultaneous Processing Feature）：机器允许工件按先入先出原则同时加工，令 S_i、C_i 表示 J_i 在第一阶段的开工时间和完工时间，则同时加工约束表示为：

$$(S_k - S_i \geqslant 0) \Leftrightarrow (C_k - C_i \geqslant 0), i, k = 1, 2, \cdots, n \tag{7-10}$$

第二，最小加工时间约束（Minimum Processing Time Constraints）：每个工件的实际加工时间不能小于给定的标准加工时间，表示为：

$$p_i \geqslant p_i^*, i = 1, 2, \cdots, n \tag{7-11}$$

借鉴单批次调度问题的转化方法，第二阶段的批处理约束和阶段间的无等待约束可以转化为第一阶段的完工时间间隔约束，见式（7-7）。此外，对于问题的目标函数，记 $C'_{\max}$ 为第一阶段的最大完工时间，则有 $C'_{\max} = C_{\max} - h_n$，其中 h_n 为工件 J_n 的批处理时间，为已知定值。因此，作为目标函数，$C'_{\max}$ 与 $C_{\max}$ 是等价的。综上可得，本节所考虑的存在多能力机的调度问题能够转化为具有同时加工约束、最小加工时间约束和完工时间间隔约束的单机调度问题，记 $smlt$ 为同时加工约束，p_i^* 为工件 J_i 在 M_1 上的标准加工时间，此问题可表示为 $1 \mid smlt, p_i \geqslant p_i^*, \Delta c_i = \theta_i \mid C'_{\max}, \sum p_i$。

7.4.4 工件序列可行性

$1 \mid smlt, p_i \geqslant p_i^*, \Delta c_i = \theta_i \mid C'_{\max}, \sum p_i$ 问题可以分解为以下两个子问题：①工件排序，即确定工件的加工顺序；②时间变量计算，即确定所有工件的开工时间和加工时间，进而得到完工时间。关于问题①，由定理 7-2 可知，对 $1 \mid \Delta c_i = \theta_i \mid f(C_i)$，当 $p_{i+1} > h_i$ 时问题不存在可行调度；而对于 $1 \mid smlt, p_i \geqslant p_i^*, \Delta c_i = \theta_i \mid C'_{\max}, \sum p_i$ 问题，由于机器能同时加工多个工件，其工件序列的可行性有所变化。

定理 7-3 对于 $1 \mid smlt, p_i \geqslant p_i^*, \Delta c_i = \theta_i \mid C'_{\max}, \sum p_i$，存在且仅存在一种可行的工件加工序列。

证明：在与 $1|smlt, p_i \geqslant p_i^*, \Delta c_i = \theta_i | C'_{\max}, \sum p_i$ 对应的两阶段流水车间调度问题中，第一阶段的机器必须严格按照预先指定的工件加工顺序向批处理阶段连续供应完工工件，而批处理阶段的工件优先约束通过问题转化，变换为单机环境的完工时间间隔约束，因此，对 $1|smlt, p_i \geqslant p_i^*$，$\Delta c_i = \theta_i | C'_{\max}, \sum p_i$，工件的完工顺序与完工时间间隔约束指定的顺序一致。另外，工件在机器上按照先入先出原则加工，因而工件的开工顺序与完工顺序一致。因此，对于 $1|smlt, p_i \geqslant p_i^*, \Delta c_i = \theta_i | C'_{\max}, \sum p_i$，在满足所有约束条件的情况下，存在且仅存在唯一可行的工件加工序列，即工件应按照完工时间间隔约束给出的完工时间关系进行排序。

虽然 $1|smlt, p_i \geqslant p_i^*, \Delta c_i = \theta_i | C'_{\max}, \sum p_i$ 问题仅存在一种可行的工件加工序列，但是对于同一个工件序列，不同的时间变量赋值会产生多种质量不同的调度解，甚至错误的赋值会使得原本可行的工件序列无法获得可行的调度解。在经典调度问题中，机器在同一时刻只允许加工一个工件，因而计算时间变量的方法对于存在多能力机的调度问题不再适用。所以，需要重新考虑以下问题：

[**设限问题**] 对 $1|smlt, p_i \geqslant p_i^*, \Delta c_i = \theta_i | C'_{\max}, \sum p_i$，给定一组工件序列 π，如何确定工件 $J_i(\forall i \in \pi)$ 的开工时间 S_i 和加工时间 p_i，在满足所有约束条件的情况下使得目标函数最小？

下面将结合目标函数的性质，研究设限问题的求解方法。

7.4.5 多项式最优算法

$1|smlt, p_i \geqslant p_i^*, \Delta c_i = \theta_i | C'_{\max}, \sum p_i$ 问题以最小化 Makespan 和总加工时间为优化目标，其中，Makespan 最小化有利于提高生产效率和设备

利用率，总加工时间最小化则是降低机器能源消耗的关键。下面将对这两个目标函数的特征作进一步分析，在此基础上探讨设限问题的求解算法。

（1）最大完工时间（Makespan）特征分析

在 $1|smlt, p_i \geqslant p_i^*, \Delta c_i = \theta_i|C'_{\max}, \sum p_i$ 问题中，完工时间间隔是被严格限定的，立足于该特点分析问题的 Makespan 性质能够指导问题的求解方向。

在这里，首先给出期望开工时间 S_i^* 的定义。

定义 7-1（期望开工时间） 工件 J_i 在不考虑先入先出原则的情况下，满足完工时间间隔约束和最小加工时间限制的最大开工时间称为 J_i 的期望开工时间(Expected Starting Time)，记为 S_i^* 。

根据式（7-7）可得 $C_i = C_1 + \sum_{t=1}^{i-1} h_t$ ，因而期望开工时间 S_i^* 的计算公式如下：

$$S_i^* = S_1^* + p_1^* - p_i^* + \sum_{t=1}^{i-1} h_t \tag{7-12}$$

在此基础上，可以得到计算期望开工时间的 ESTC（Expected Starting Time Calculation）算法，具体步骤如下：

步骤一 $S_1^* \leftarrow 0$。

步骤二 令 i 从 2 至 n ，根据式（7-11）计算工件 J_i 的期望开工时间 S_i^* 。

步骤三 令 $\Delta t \leftarrow \min\{S_i^*\}$ ，若 $\Delta t < 0$，则令 i 从 1 至 n ，依次计算 $S_i^* \leftarrow S_i^* - \Delta t$ 。

步骤四 算法结束，输出 S_i^* 。

ESTC 算法的计算复杂度为 $O(n)$ 。

显然，期望开工时间与工件在机器上的加工顺序无关。根据期望开工时间，可以得到 Makespan 的下界。

定理 7-4 令 J_{i*} 表示期望开工时间为零的工件，即 $S_{i*}^{*}=0$，则 $C'_{\max}$ 满足：

$$C'_{\max} \geqslant p_{i*}^{*} + \sum_{i=i*}^{n-1} h_i \tag{7-13}$$

证明： 若第一个完工工件 J_1 的开工时间 S_1 和加工时间 p_1 确定，该工件的完工时间 C_1 也相应确定。由于完工时间间隔约束的严格限制，其余工件的完工时间可以根据约束式（7-7）顺次获得，有：

$$C'_{\max} = C_n = C_1 + \sum_{i=1}^{n-1} h_i = S_1 + p_1 + \sum_{i=1}^{n-1} h_i \tag{7-14}$$

由此式可得，当 C_1 取得最小值时，Makespan 达到最优。

若记工件 J_1 的最早完工时间为 C_1^{*}，则有 $C_1^{*}=S_1^{*}+p_1^{*}$。这点可以由反证法得到。假设 $C_1^{*}<S_1^{*}+p_1^{*}$，则显然有 $S_{i*}^{*}<0$，进而使得 $S_{i*}\leqslant S_{i*}^{*}<0$，违背 $S_i\geqslant 0$ 的约束。由此可得：

$$C'_{\max} \geqslant S_1^{*} + p_1^{*} + \sum_{i=1}^{n-1} h_i = p_{i*}^{*} + \sum_{i=i*}^{n-1} h_i \tag{7-15}$$

定理 7-4 表明，Makespan 的下界与工件的加工序列无关，且期望开工时间是使调度解的 Makespan 值达到下界的最迟开工时间。换言之，当工件 J_i（$i=1, \cdots, n$）的开工时间 $S_i \in [0, S_i^{*}]$ 时，则可能得到 Makespan 最小值。

（2）总加工时间特征分析

根据最小加工时间约束，可以得到总加工时间的下界：

$$\mathrm{LB}\left(\sum p_i\right) = \sum_{i=1}^{n} p_i^{*} \tag{7-16}$$

对于一个给定的工件序列，最理想的情况为所有工件的开工时间均采用期望开工时间，此时总加工时间可以取得下界值。但是，该赋值可能会违背同时加工约束的先入先出原则，即式（7-10），因而需要调整部分工件的开工时间和加工时间。换言之，致使工件的实际加工时间超出标准加工时间的原因在于，在机器上同时加工的工件需满足先入先出原则，因此对于完工顺序较早但标准加工时间较短的工件必须提前开工才能不违背同时加工约束，如图 7-3 所示。

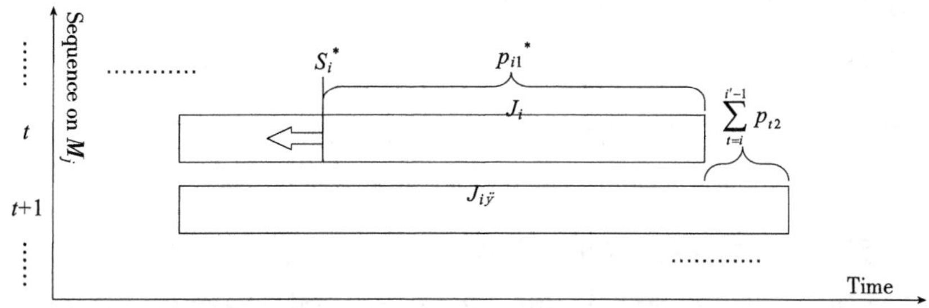

图 7-3　同时加工时间约束下修复工件开工时间的示意图

基于图 7-3 的开工时间修复思路，通过下面的 TVS（Time Variables Setting）算法可以获得设限问题的最优解：

步骤一　$i \leftarrow 1$。

步骤二　时间变量赋值，$S_{\pi(i)} \leftarrow S^*_{\pi(i)}$，$p_{\pi(i)} \leftarrow p^*_{\pi(i)}$，其中 $\pi(i)$ 表示 π 的第 i 个工件。

步骤三　冲突检测，若 $S_{\pi(i)} < S_{\pi(i-1)}$，说明相邻工件 $J_{\pi(i-1)}$、$J_{\pi(i)}$ 不满足同时加工约束的先入先出原则，定义冲突工件 $cf \leftarrow i - 1$，转步骤四消解冲突；否则转步骤五。

步骤四　冲突消解，$p_{\pi(cf)} \leftarrow p_{\pi(cf)} + S_{\pi(cf)} - S_{\pi(cf+1)}$，$S_{\pi(cf)} \leftarrow S_{\pi(cf+1)}$；若 $cf \geq 2$ 且 $S_{\pi(cf)} < S_{\pi(cf-1)}$，则 $cf \leftarrow cf - 1$，重复此步骤，否则转步骤五。

步骤五　$i \leftarrow i + 1$，若 $i \leq |\pi|$，转步骤二，否则转步骤六。

步骤六　算法结束，输出调度解。

关于 TVS 算法的计算时间，在最坏情况下，工件 $J_{\pi(i)}$（$i \in \{1, \cdots, n\}$）的时间变量赋值（步骤二）将导致开工时间与前 $i - 1$ 个加工工件出现冲突（步骤三），此时需要执行 $i - 1$ 次冲突消解步骤（步骤四），计算时间为 $O(i)$；i 的取值为从 1 至 n，因此，TVS 算法的复杂度为 $O(n^2)$。

为降低 TVS 算法的复杂度，我们采用逆序计算的思想改进算法，即依据机器上的工件加工序列，逆向计算问题的时间变量值，具体步骤如下：

步骤一　$k \leftarrow |\pi|$ ，$i \leftarrow \pi(k)$ ，$S_i \leftarrow S_i^*$ ，$p_i \leftarrow p_i^*$ 。

步骤二　$k \leftarrow k-1$；若 $k \geqslant 1$，转步骤三，否则转步骤四。

步骤三　$i \leftarrow \pi(k)$ ，$S_i \leftarrow \min\{S_i^*,\ S_{\pi(k+1)}\}$ ，$p_i \leftarrow p_i^* + S_i^* - S_i$ ，转步骤二。

步骤四　算法结束，输出调度解。

可以看出，在逆向计算过程中，每个工件的开工时间和加工时间只需计算一次，而原方法中同一工件的时间变量可能会做多次调整，显然逆向计算更为有效。基于逆向计算的 TVS 算法每迭代一次就计算一个工件的开工时间和加工时间，共计 n 个工件，因而基于逆向计算的 TVS 算法复杂度为 $O(n)$ 。

对于 TVS 算法获得的调度解，有定理 7-5 成立。

定理 7-5　TVS 算法能够获得设限问题的最优解。

证明：TVS 算法的基本思想在于，针对给定的工件序列，对与紧前工件存在开工时间冲突的工件 J_i ，确定其冲突集合

$$CF_i = \{J_k \mid (C_k < C_i) \land (S_k^* > S_i^*),\ k,\ i \in \pi\} \tag{7-17}$$

通过最小限定的延长冲突集合内的工件的加工时间，获得可行调度。

对于总加工时间，显然通过 TVS 算法得到的每个工件的实际加工时间均为该序列下的最小值。若减少其中任一工件的加工时间，必然导致下述两种情况之一：情况一，若该工件的原加工时间等于标准加工时间（$p_i = p_i^*$），p_i 的减小会违反最小加工时间限制，即约束式（7-11）；情况二，若该工件的原加工时间大于标准加工时间（$p_i > p_i^*$），p_i 的减小会使后序工件违背同时加工约束的先入先出原则，即约束式（7-10）。因此，此调度解在给定的工件序列下具有最小的总加工时间。

对于 Makespan，此调度解也能够获得最小值。由 TVS 算法的步骤二可以得到任一工件 J_i 的完工时间为 $C_i = S_i + p_i = S_i^* + p_i^* = C_i^*$，即为定理 7-4 指出的最早完工时间。因此，由 TVS 算法可以获得问题的 Makespan 最小值。

综上所述，TVS 算法可以得到设限问题的最优解。

（3）多项式最优算法

上述分析表明，对 $1 \mid smlt,\ p_i \geqslant p_i^*,\ \Delta c_i = \theta_i \mid C'_{\max},\ \sum p_i$，若给定一组工件序列 π，那么通过以下算法确定工件的时间变量能够最小化目标函数。

步骤一　调用 ESTC 算法，根据完工时间间隔约束计算各工件的期望开工时间。

步骤二　调用 TVS 算法，计算工件的开工时间和加工时间，得到工件序列 π 下的最优目标值。

结合定理 7-3 可知，当工件编号与工件完工顺序一致时，将工件序列 $\pi = \{1,\ 2,\ \cdots,\ n\}$ 作为上述算法的输入即可获得 $1 \mid smlt,\ p_i \geqslant p_i^*,\ \Delta c_i = \theta_i \mid C'_{\max},\ \sum p_i$ 的最优解，算法复杂度为 $O(n)$；若工件编号与工件完工顺序不一致，则需要增加预处理过程，按照工件完工顺序对工件排序后重新编号，此时算法的计算时间受制于预处理过程，为 $O(n\log n)$。

◎7.5　本章小结

批处理和等待时间上限的特殊约束广泛存在于如钢铁制造、食品加工等具有高度连续性的流程工业。本章研究了最后阶段为批处理且具有等待时间上限的流水车间调度问题的基本性质；针对仅有两台机器且无等待的生产环境，结合加热炉—热轧生产背景，进一步考虑了存在多能力机的单批次调度问题，探讨问题的性质特征，进而给出了多项式最优算法，研究成果如下：

针对最后阶段为批处理且具有等待时间上限的流水车间调度问题，首先，通过分析单批次调度的约束特征，给出了一种问题的等价转化方法，将阶段数由 m 降至 $m-1$；尤其对于仅有两台机器的问题，能够将流水车间调度简化为单机调度问题。进而，针对两台机器的情况，分析了调度问题不存在可行解的条件，并对于等待时间上限约束的特殊情况——无等待的调度问题，探讨了存在可行调度的充要条件，并给出了 Makespan 的计算公式。

针对存在多能力机的一类特殊流水车间调度问题，首先，结合加热炉—热轧生产背景，考虑了第一阶段为多能力机的无等待两阶段单批次流水车间调度问题，以 Makespan 和总加工时间作为优化目标，将其转化为单机调度，并给出了该问题的唯一可行工件序列。进而，通过对 Makespan 和总加工时间的性质研究，给出了计算给定工件序列最小 Makespan 和总加工时间的方法，在此基础上提出了此调度问题的多项式最优算法。

第8章 一类并行多能力机的无等待混合流水车间调度

◎8.1 引言

结合现代钢铁企业由一台或多台并行的加热炉对应一套热轧机组的实际生产背景（如图8-1所示），本章将第7章所考虑的存在多能力机的两阶段流水车间调度问题进一步扩展为第一阶段存在并行机的混合流水车间调度，在分析问题性质的基础上，设计符合问题特征的调度算法。

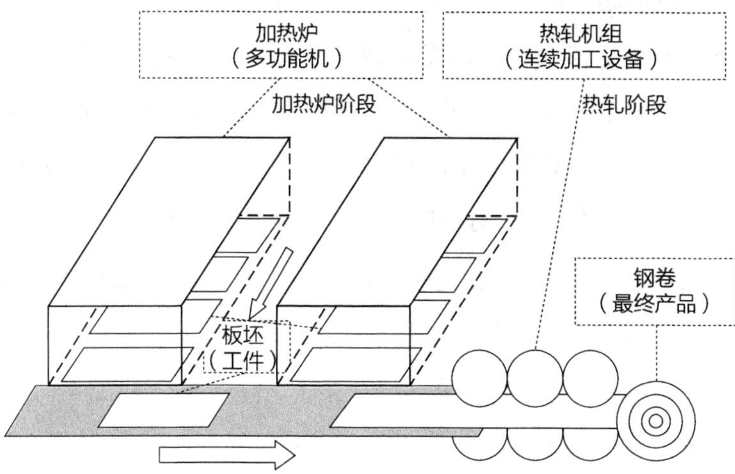

图8-1 具有多台并行加热炉的加热炉—热轧生产车间示意图

加热炉可以同时加工多个钢坯，但不要求钢坯同时入炉/出炉，其生产特征既不同于常见的单工件加工机器，也不同于同时加工多个工件的批处理机。由于加热炉调度的独特性，已有学者提取其典型特征，将其抽象为更具一般性的调度问题来进行理论研究。Tang 和 Zhao[155] 提出了“半连续批处理调度（Semi Continuous Batch Scheduling）”的概念，并研究了单机环境的调度问题，研究了 Makespan 和总完工时间这两个目标的最优性能并提出了动态规划算法。与本章问题不同，该问题仅包含一台机器，并且将工件的加工时间定义为批处理工件集合中的工件最长加工时间。此外，该问题是先将工件分组后再对其排序，以满足半连续批处理机的生产要求，且未考虑后续生产阶段（即热轧）的限制。Tang 和 Wang[159] 将这个问题扩展至流水车间，第一阶段的设备为半连续批处理机，阶段之间存在阻塞约束，提出了一种最小化 Makespan 的分散搜索算法。这篇文献同样仅考虑了一台半连续批处理机，并且半连续批处理调度的定义与本章的多能力机调度有很大不同。

若从本章问题中排除机器的多能力机特征，它将简化为具有无等待和无空闲约束的混合流水车间调度问题。对于无等待混合流水车间调度问题，即使只有两个阶段，且其中任一阶段仅一台机器的问题也是“NP-难”的。对于这一特例，刘等提出了一种贪婪启发式，并给出了启发式的最坏性能比。Wang 和 Liu[160] 针对两阶段无等待混合流水车间调度问题，扩展了经典启发式生成问题目标值上界，并提出了一种遗传算法。Khalili[161] 针对更具一般性的无等待混合流水车间调度问题，以最小化 Makspan 和总拖期为优化目标，提出了一种多目标电磁算法。对于无空闲流水车间调度问题，在不少于三台机器且优化目标为 Makespan 的情况下是“强 NP-难”的。Goncharov 和 Sevastyanov[162] 对这类问题展开全面综述，并提出了几种近似启发式算法。对于无等待且无空闲的问题，Wang 等[163] 研究了两阶段柔性流水车间调度问题，其中两阶段的机器数分别为 m 和 $m+1$，两阶段之间存在无等待约束，第二阶段的机器存在无空闲约束。文中指出该问题是“NP-难”的，并提出了一种启发式算法。上述研究中的机器在同一时间仅能处理一个工件，若机器为多能力机，则现有成果中的调度性质和求解方法将不再适用，这将在本章中进行详细分析。

◎8.2 具有并行多能力机的调度模型

8.2.1 问题描述

本章所研究的并行多能力机无等待混合流水车间调度问题可以描述为：n 个工件 $\{J_1, J_2, \cdots, J_n\}$ 以相同的顺序经过两个阶段的加工，阶段间不允许等待，其中第一阶段有 m 台并行的多能力机 $\{M_1, M_2, \cdots, M_m\}$，第二阶段有一台具有批处理特征的机器 HR_1，工件在第二阶段的加工顺序已由计划层事先指定。优化目标为单批次调度的 Makespan 和第一阶段的总加工时间最小，其中单批次意味着第二阶段的机器为无空闲加工。

为便于描述，定义符号和变量如下：

i——工件序号，J_i 表示第 i 个工件，$i \in I = \{1, 2, \cdots, n\}$，不失一般性，假设工件按批次内的先后加工顺序编号；

j——第一阶段的机器序号，$j \in J = \{1, 2, \cdots, m\}$；

p_i^*——工件 J_i 在第一阶段的标准加工时间；

p_i——工件 J_i 在第一阶段的实际加工时间；

h_i——工件 J_i 在第二阶段的加工时间；

U——足够大的正整数；

S_i，C_i——工件 J_i 在第一阶段的开工时间和完工时间；

S_{i2}，C_{i2}——工件 J_i 在第二阶段的开工时间和完工时间；

C_{max}——最大完工时间 Makespan；

x_{ijk}——若工件 J_i 在第一阶段的机器 M_j 上的第 k 个位置加工，$x_{ijk}=1$；否则，$x_{ijk}=0$。

8.2.2 数学模型

本章所研究的无等待混合流水车间调度问题为两阶段生产环境，第一阶段有多台并行多能力机，第二阶段为一台无空闲加工的连续生产机器，两阶段间存在无等待约束，且第二阶段的工件加工顺序已定，其数学模型如下：

模型 8-1

$$\min F_1 = C_{max} \quad (8-1)$$

$$\min F_2 = \sum_{i=1}^{n} p_i \quad (8-2)$$

$$p_i \geqslant p_i^* \text{ , } i \in I \quad (8-3)$$

$$C_i - S_i = p_i \text{ , } i \in I \quad (8-4)$$

$$C_{i2} - S_{i2} = h_i \text{ , } i \in I \quad (8-5)$$

$$S_l - S_i + U(2 - x_{lj(k+1)} - x_{ijk}) \geqslant 0 \text{ , } i,\ l,\ k,\ k+1 \in I;\ \ j \in J \quad (8-6)$$

$$C_l - C_i + U(2 - x_{lj(k+1)} - x_{ijk}) \geqslant 0 \text{ , } i,\ l,\ k,\ k+1 \in I;\ \ j \in J \quad (8-7)$$

$$S_{i2} - C_i = 0 \text{ , } i \in I \quad (8-8)$$

$$S_{i+1,\ 2} - C_{i2} = 0 \text{ , } i,\ i+1 \in I \quad (8-9)$$

$$C_{i2} \leqslant C_{max} \text{ , } i \in I \quad (8-10)$$

$$\sum_{j=1}^{m} \sum_{k=1}^{n} x_{ijk} = 1 \text{ , } i \in I \quad (8-11)$$

$$\sum_{i=1}^{n} x_{ijk} \leqslant 1 \text{ , } j \in J;\ \ k \in I \quad (8-12)$$

$$x_{ijk} = \{0,\ 1\}\ ,i,\ k \in I;\ \ j \in J \tag{8-13}$$

$$S_i,\ C_i,\ p_i,\ S_{i2},\ C_{i2} \geqslant 0\ ,i \in I \tag{8-14}$$

其中，目标函数式（8-1）为最小化最大完工时间（Makespan）；目标函数式（8-2）为最小化第一阶段的总加工时间；约束式（8-3）表示工件在第一阶段的实际加工时间不得少于标准加工时间；约束式（8-4）(8-5)表示工件在加工过程中不允许中断；约束式（8-6）（8-7）表示工件在第一阶段的机器上按先入先出原则进行加工；约束式（8-8）表示工件在阶段间不允许等待；约束式（8-9）表示工件在第二阶段的加工顺序应满足链约束关系，且工件在前一工件完工后要立即开始加工；约束式（8-10）表示 Makespan 为所有工件完工时间的最大值；约束式（8-11）表示每个工件只能在一台机器的一个位置加工；约束式（8-12）表示每台机器的每个位置最多允许加工一个工件；约束式（8-13）（8-14）为变量取值约束。

8.2.3 模型约简

混合流水车间在批处理阶段仅有一台机器，因此，在 7.3 节中提出的单批次调度问题的转化方法同样适用于此问题。记 $C'_{\max}$ 为第一阶段的最大完工时间，则存在多能力机的无等待单批次混合流水车间调度可以转化为针对第一阶段的具有同时加工约束、最小加工时间约束和完工时间间隔约束的平行机调度问题，表示为 $Pm \mid smlt,\ p_i \geqslant p_i^*,\ \Delta c_i = \theta_i \mid C'_{\max},\ \sum p_i$，问题模型由模型 8-1 转化为模型 8-2。

模型 8-2

$$\min F_1 = C'_{\max} \tag{8-15}$$

$$(8-2)$$

s. t. （8-3）（8-4）（8-6）（8-7）（8-11）～（8-13）

$$C_{i+1} - C_i = h_i \text{ , } i\text{, } i + 1 \in I \tag{8-16}$$

$$C_i \leqslant C'_{\max} \text{ , } i \in I \tag{8-17}$$

$$S_i\text{, } C_i\text{, } p_i \geqslant 0 \text{ , } i \in I \tag{8-18}$$

其中，目标函数式（8-15）为最小化平行机调度的 Makespan；约束式（8-16）表示工件必须按指定顺序完工，且连续完工的两个工件要满足完工时间间隔约束；约束式（8-17）定义了平行机调度的 Makespan；约束式（8-18）为变量取值约束。

可以看出，模型 8-2 为多目标的混合整数规划模型，包括 mn^2 个指派变量和 $3n$ 个时间变量。虽然模型能够提供最优调度解，但此模型的变量和约束会随着工件数和机器数的增加而迅速增长，对于大规模的问题会出现“维数灾难”，运用运筹学方法很难在有效时间内获得问题解[164]。在生产过程中往往要求调度求解的快速响应，因此针对问题特征设计近似算法不失为一条有效的途径。

◎8.3　基于目标性质的算法求解框架

8.3.1　目标函数分析

在单机调度 $1 | smlt, p_i \geqslant p_i^*, \Delta c_i = \theta_i | C'_{\max}, \sum p_i$ 中计算期望开工时间的 ESTC 算法与工件的加工序列无关，因此，同样适用于平行机环境。根据第 7 章的定理 7-4 和定理 7-5，可以得到 Makespan 最优值的计算公式：

$$\min C'_{\max} = p_{i*}^* + \sum_{i=i*}^{n-1} h_i \tag{8-19}$$

且当工件 $J_i\ (i \in I)$ 的开工时间 $S_i \in [0,\ S_i^*]$ 时，才可能取得此最优值。

由 $0 \leqslant S_i \leqslant S_i^*$，可以得到总加工时间的上下界，下界为 $\text{LB}\left(\sum p_i\right) = \sum_{i=1}^{n} p_i^*$，上界为 $\text{UB}\left(\sum p_i\right) = \sum_{i=1}^{n} C_i^*$。下面给出的两类多项式可解的特殊问题，其总加工时间的最小值分别取得该下界和上界值。

定理 8-1 对 $Pm \mid smlt,\ p_i \geqslant p_i^*,\ \Delta c_i = \theta_i \mid C'_{\max},\ \sum p_i$ 问题，若 $\forall i \in I \setminus \{n\}$ 均有 $p_{i+1} \leqslant p_i + h_i$，则此问题的最小总加工时间为：

$$\min \sum_{i=1}^{n} p_i = \text{LB} = \sum_{i=1}^{n} p_i^* \tag{8-20}$$

证明：若 $\forall i \in I \setminus \{n\}$ 均满足 $p_{i+1} \leqslant p_i + h_i$，则对于任意的机器指派方案，所有工件的加工时间均能取得最小值（即标准加工时间）且不会违反约束条件。此时，最小总加工时间可取得下界值 $\sum_{i=1}^{n} p_i^*$。

定理 8-2 对 $Pm \mid smlt,\ p_i \geqslant p_i^*,\ \Delta c_i = \theta_i \mid C'_{\max},\ \sum p_i$ 问题，若 $\forall i \in I \setminus \{n\}$ 均有 $p_{i+1} \geqslant p_i + h_i$，则此问题的最小总加工时间为：

$$\min \sum_{i=1}^{n} p_i = \text{UB} = \sum_{i=1}^{n} C_i^* \tag{8-21}$$

证明：当 $\forall i \in I \setminus \{n\}$ 均有 $p_{i+1} \geqslant p_i + h_i$ 时，对于任一工件，无论指派到哪台机器上，其开工时间必然为零，否则在满足完工时间间隔约束的情况下一定会违背先入先出原则。因此有 $\min \sum_{i=1}^{n} p_i = \sum_{i=1}^{n} C_i^*$。

对于一般的 $Pm \mid smlt,\ p_i \geqslant p_i^*,\ \Delta c_i = \theta_i \mid C'_{\max},\ \sum p_i$ 问题，由第 7 章的定理 7-5 可知，对于每台机器上的工件加工序列采用 TVS 算法计算工件的时间变量，则能够获得给定序列下各工件加工时间和完工时间的最小值。

8.3.2 算法框架

基于上述目标函数性质，可以得到 $Pm \mid smlt, p_i \geqslant p_i^*, \Delta c_i = \theta_i \mid C'_{\max}, \sum p_i$ 的求解框架，具体步骤如下：

步骤一 初始化。①预处理，按照完工时间间隔约束所指定的工件完工顺序对工件排序，并重新编号；②调用 ESTC 算法，根据完工时间间隔约束计算工件的期望开工时间。

步骤二 确定每台机器的工件序列。①采用某种规则，确定机器指派方案；②将每台机器上的工件按照完工时间间隔约束所指定的顺序进行工件排序。

步骤三 确定时间变量。① $j \leftarrow 1$；② $\pi = T_j$，其中 T_j 表示机器 M_j 上的工件加工序列；将 π 作为 TVS 算法的输入计算 M_j 上各工件的开工时间和加工时间；③ $j \leftarrow j+1$；若 $j \leqslant m$，则转步骤三的②，否则转步骤四。

步骤四 算法结束，输出调度解。

在求解框架下，只有步骤二机器指派过程是未确定的；步骤一的初始化过程对工件重新编号并确定了期望开工时间和完工时间；步骤三针对由步骤二获得的机器指派方案，计算所有工件的时间变量，进而获得该方案下的 Makespan 和总加工时间最小值。因此，对任意一个机器指派方案，都可以通过此框架获得与其对应的最优可行调度。

通过以上分析，可以看出机器指派方案对调度结果的优劣有着重要影响，如何确定一个好的机器指派方案是算法设计的关键所在。单机调度问题 $1 \mid smlt, p_i \geqslant p_i^*, \Delta c_i = \theta_i \mid C'_{\max}, \sum p_i$ 存在多项式最优算法的原因在于单机环境不需要确定工件的加工机器，工件序列具有唯一性。但对于平行机调度而言，机器指派方案存在多种可能，每种可行的指派方案所对应的调度解都是不同的。因此，有必要设计有效的方法确定机器指派方案。机器指派可以进一步分为两个子问题：确定各工件所在的加工机器；确定每台机器上的工件加工序列。对于这两个子问题，借鉴第 7 章关于单机调度问题的定理 7-3，有以下推论成立。

推论 8-1 在同一台机器上加工的工件应按照完工时间间隔约束所指定的顺序开始加工。

推论 8-2 若按照完工时间间隔约束所指定的顺序依次确定工件所在机器，得到的机器指派方案必定是可行的。

推论 8-2 为确定工件所在机器的方法提供了指导思路；在确定了各工件的加工机器后，推论 8-1 则给出了确定每台机器上的工件加工序列的理论依据。由此可见，对于 $Pm \mid smlt,\ p_i \geqslant p_i^*,\ \Delta c_i = \theta_i \mid C'_{\max},\ \sum p_i$ 问题，算法设计的难点在于机器指派，而机器指派的关键则在于确定每个工件所在的机器。

定理 8-3 给出了算法框架的关于总加工时间这一目标的最坏性能比，即由此框架生成的任意调度解与最优调度的总加工时间比值上限。

定理 8-3 令 $\sum p_i(OPT)$ 表示最优调度的总加工时间，$\sum p_i(FRM)$ 为由算法框架生成的任意调度解的总加工时间。设 $P_{\max} = \max\limits_{\forall i}\{p_i^*\}$，$P_{\min} = \min\limits_{\forall i}\{p_i^*\}$，$P_{FRM}^{div} = P_{\max}/P_{\min}$，则以下结论成立：

若 $n = 1$ 或 $p_i^* = p_i^{*\prime},\ \forall i \in I$，则 $P_{FRM}^{div} = 1$，且

$$\sum p_i(FRM)/\sum p_i(OPT) = \min\{n,\ P_{FRM}^{div}\} = 1 \tag{8-22}$$

若 $n > 1$ 且 $P_{FRM}^{div} > 1$，则：

$$\frac{\sum p_i(FRM)}{\sum p_i(OPT)} \leqslant \frac{nP_{FRM}^{div}}{n + P_{FRM}^{div} - 1} < \min\{n,\ P_{FRM}^{div}\} \tag{8-23}$$

$$\lim_{P_{FRM}^{div} \to +\infty} \sum p_i(FRM)/\sum p_i(OPT) = n \tag{8-24}$$

$$\lim_{n \to +\infty} \sum p_i(FRM) / \sum p_i(OPT) = P_{FRM}^{div} \tag{8-25}$$

证明：算法框架的最坏情况是将所有工件均调度到一台机器上，此时有：

$$p_n = p_n^* \tag{8-26}$$

$$p_i = \max_{i<k\leqslant n} \{p_k - \sum_{t=i}^{k-1} h_t,\ p_i^*\},\ i = n-1,\ n-2,\ \cdots,\ 1 \tag{8-27}$$

因此，$p_i \leqslant \max\limits_{i\leqslant k\leqslant n}\{p_k^*\} \leqslant \max\limits_{\forall t\in I}\{p_t^*\}$，（$\forall i$）且 $\sum p_i(FRM) \leqslant nP_{\max}$，而当 $p_n = P_{\max}$ 且 $h_i = 0(\forall i)$ 时有 $\sum p_i(FRM) = nP_{\max}$。

此外，$\sum p_i(OPT)$ 满足不等式（8-28）。若 $i^* = \arg\max\limits_{\forall i\in I}\{p_i^*\}$ 且 $p_i = P_{\min}$（$\forall i \in I \backslash \{i^*\}$），$\sum p_i(OPT)$ 与不等式右端的值相等。

$$\sum p_i(OPT) \geqslant \sum_{\forall i\in I} p_i^* \geqslant P_{\max} + (n-1)P_{\min} \tag{8-28}$$

因而有：

$$\frac{\sum p_i(FRM)}{\sum p_i(OPT)} \leqslant \frac{nP_{\max}}{(n-1)P_{\min} + P_{\max}} \leqslant \frac{nP_{FRM}^{div}}{n + P_{FRM}^{div} - 1} \tag{8-29}$$

由这个不等式可以得出：

若 $n = 1$ 或 $P_{FRM}^{div} = 1$，则 $P_{\max} = P_{\min}$，有 $\sum p_i(FRM) / \sum p_i(OPT) = 1$。

若 $n > 1$ 且 $P_{FRM}^{div} > 1$，则 $n + P_{FRM}^{div} - 1 > \max\{n,\ P_{FRM}^{div}\}$，有 $\sum p_i(FRM) / \sum p_i(OPT) < \min\{n,\ P_{FRM}^{div}\}$。当 $P_{FRM}^{div} \to +\infty$ 时有 $\sum p_i(FRM) / \sum p_i(OPT) \leqslant \dfrac{n}{(n-1)/P_{FRM}^{div} + 1} \to n$；当 $n \to +\infty$ 时有 $\sum p_i(FRM) / \sum p_i(OPT) \leqslant \dfrac{P_{FRM}^{div}}{1 + (P_{FRM}^{div} - 1)/n} \to P_{FRM}^{div}$。

◎8.4 基于指派规则的启发式算法

8.4.1 基于 CP 规则的调度算法

由于完工时间间隔约束严格限定了工件的完工顺序，工件在完工时间上具有单链优先约束，即每个工件最多有一个前驱和后继。对于此类具有链约束的平行机调度问题，Hu[165] 于 1961 年提出的关键路（Critical Path，CP）规则是一种经典且有效的方法[166,167]。

CP 规则以最高 *level* 优先思想为指导进行调度。在链约束中，无后继的节点称为根（Root），它的 *level* 为 1；根的直接前驱节点的 *level* 为 2；*level* 为 2 的节点的直接前驱节点的 *level* 为 3，以此类推。对于本节考虑的问题 $Pm \mid smlt,\ p_i \geqslant p_i^*,\ \Delta c_i = \theta_i \mid C'_{\max},\ \sum p_i$，具有最高 *level* 的工件即为最先完工的工件，其 *level* 值为 n；最后完工的工件的 *level* 最小，等于 1。我们基于 CP 的思想，提出 CPSF（Critical Path rule for Sequencing under the Framework）算法，具体步骤如下：

步骤一 初始化。

步骤二 机器指派。① $T_j \leftarrow \varnothing(\ \forall j \in J)$，$i \leftarrow 1, j \leftarrow 1$。②工件按完工时间的先后顺序编号，因此链约束的第 i 个工件即为工件 J_i，依据 CP 规则，将 J_i 指派至机器 M_j，即 $T_j \leftarrow T_j + \{i\}$。③ $i \leftarrow i + 1$；若 $i > n$，转步骤三；否则，转步骤二的④。④ $j \leftarrow j + 1$；若 $j > m$，则令 $j \leftarrow 1$，转步骤二的②。

步骤三 确定时间变量。

步骤四 算法结束，输出调度解。

CPSF 算法首先对工件排序并重新编号，进而调用 ESTC 算法实现初始化，复杂度为 $O(n\log n)$ ；在步骤二中，将 n 个工件依次指派到 m 台机器上，计算时间为 $O(n)$ ；最后，确定时间变量的复杂度为 $O(n)$ 。因此，CPSF 算法的计算时间为 $O(n\log n)$ 。

对于 CPSF 算法，有定理 8-4 成立。

定理 8-4 若对于任意 i，$i+m\in I$，均满足 $p_{i+m}^{*}-p_{i}^{*}\leqslant\sum_{k=0}^{m-1}h_{i+k}$ ，则 CPSF 算法可以给出问题的最优调度。

证明： 经过预处理后的工件序号与完工顺序一致，则 CPSF 算法得到的各台机器上的工件排序为 $T_j=\{J_j,\ J_{j+m},\ J_{j+2m},\ \cdots\}\ (j\in J)$ 。

因此，工件 J_i、J_{i+m} 必然是在同台机器上加工的两个相邻工件，根据约束式（8-16）有 $C_{i+m}-C_i=\sum_{k=0}^{m-1}h_{i+k}\geqslant 0$。若工件 J_i、J_{i+m} 满足 $p_{i+m}^{*}-p_{i}^{*}\leqslant\sum_{k=0}^{m-1}h_{i+k}$ ，则有 $p_{i+m}^{*}-p_{i}^{*}\leqslant C_{i+m}-C_i$ ，即 $S_{i+m}-S_i\geqslant 0$，满足同台机器加工工件的先入先出原则。因此，如果对于任意 i，$i+m\in I$ ，均能满足 $p_{i+m}^{*}-p_{i}^{*}\leqslant\sum_{k=0}^{m-1}h_{i+k}$ ，则在 CPSF 算法得到的调度解中，所有工件的加工时间均为最小值，即等于标准加工时间。此时，总加工时间达到下界，为最小值。

由第 7 章的定理 7-4 和定理 7-5 可得，由 CPSF 算法得到的 Makespan 也是最小值。因此，若 $p_{i+m}^{*}-p_{i}^{*}\leqslant\sum_{k=0}^{m-1}h_{i+k}$（$\forall i$，$i+m\in I$），CPSF 算法能够获得最优解。

定理 8-4 表明，在满足一定条件的前提下，即当机器数和完工时间间隔足以缓冲不同工件在机器上的标准加工时间的差值时，CPSF 算法能够得到最优调度。下面将针对一般情况，对 CPSF 算法关于总加工时间的最坏性能比进行分析。

定理 8-5 令 $\{\pi_j \mid \forall j \in J\}$ 和 $\sum p_i(CPSF)$ 分别表示 CPSF 算法得到的机器指派方案和总加工时间。设 $l = n \bmod m$，$P_{\min}^j = \min_{\forall i \in \pi_j}\{p_i^*\}$，$P_{\max}^j = \max_{\forall i \in \pi_j}\{p_i^*\}$，$P_{CPSF}^{div} = \sum_{\forall j \in J} P_{\max}^j / \sum_{\forall j \in J} P_{\min}^j$。令 $\gamma = (\sum_{j=1}^{l} P_{\max}^j - \sum_{j=1}^{l} P_{\min}^j)/\sum_{j=1}^{l} P_{\min}^j$，且当 $l = 0$ 时 $\gamma = 0$，则以下结论成立：

若 $n \leqslant m$ 或 $(P_{CPSF}^{div} = 1) \wedge (\gamma = 0)$，则

$$\sum p_{i1}(CPSF)/\sum p_{i1}(OPT) = \min\{\lceil n/m \rceil,\ P_{CPSF}^{div} + \gamma\} = 1 \tag{8-30}$$

若 $n > m$ 且 $(P_{CPSF}^{div} \neq 1) \vee (\gamma \neq 0)$，则以下三个式子成立，当 $P_{CPSF}^{div} > 1$ 且 $l > 0$ 时第一个不等式为严格不等式：

$$\frac{\sum p_i(LSA)}{\sum p_i(OPT)} \leqslant \frac{\lfloor n/m \rfloor P_{CPSF}^{div}}{\lfloor n/m \rfloor + P_{CPSF}^{div} - 1} + \gamma < \min\left\{\lceil \frac{n}{m} \rceil,\ P_{CPSF}^{div} + \gamma\right\} \tag{8-31}$$

$$\lim_{P_{CPSF}^{div} \to +\infty} \sum p_i(CPSF)/\sum p_i(OPT) = \lceil n/m \rceil \tag{8-32}$$

$$\lim_{n/m \to +\infty} \sum p_i(CPSF)/\sum p_i(OPT) = P_{CPSF}^{div} + \gamma \tag{8-33}$$

其中，在 CPSF 算法中，工件指派方案 $\{\pi_j \mid \forall j \in J\}$ 仅由第二阶段的工件加工顺序和第一阶段的机器数所决定，因此 P_{CPSF}^{div} 和 γ 为定值。

证明：若 $n \leqslant m$，则 $\lceil n/m \rceil = 1$。由于每台机器上最多仅有一个工件，有 $\sum p_i(CPSF) = \sum p_i(OPT) = \sum_{\forall i \in I} p_i^*$。

若 $n > m$，则有 k 台机器加工 $\lceil n/m \rceil$ 个工件，其他机器加工 $\lfloor n/m \rfloor$ 个工件。与定理 8-3 的证明过程相似，有以下两个式子成立：

$$\sum p_i(LSA) \leqslant \lfloor \frac{n}{m} \rfloor \sum_{\forall j \in J} P_{\max}^j + \sum_{j=1}^{l} P_{\max}^j \tag{8-34}$$

$$\sum p_i(OPT) \geqslant \sum_{\forall j \in J} P_{\max}^j + \left(\lfloor \frac{n}{m} \rfloor - 1\right) \sum_{\forall j \in J} P_{\min}^j + \sum_{j=1}^{l} P_{\min}^j \tag{8-35}$$

其一，若 $k=0$，则 $\sum_{j=1}^{l} P_{\max}^{j}=\sum_{j=1}^{l} P_{\min}^{j}=0, \gamma=0$，且有：

$$\frac{\sum p_i(CPSF)}{\sum p_i(OPT)} \leqslant \frac{(n/m)P_{CPSF}^{div}}{P_{CPSF}^{div}+(n/m)-1} \tag{8-36}$$

若 $P_{CPSF}^{div}=1$ 则 $\sum p_i(CPSF)/\sum p_i(OPT)=1$，否则 $P_{CPSF}^{div}+(n/m)-1 > \max\{P_{CPSF}^{div}, n/m\}$，有 $\sum p_i(CPSF)/\sum p_i(OPT) < \min\{P_{CPSF}^{div}, n/m\}$，且当 $P_{CPSF}^{div}\to+\infty$时，$\sum p_i(CPSF)/\sum p_i(OPT)\to n/m$；当 $n/m\to+\infty$时有 $\sum p_i(CPSF)/\sum p_i(OPT)\to P_{CPSF}^{div}$。

其二，若 $l\neq 0$，由于 $\lfloor n/m\rfloor\sum\limits_{\forall j\in J} P_{\max}^{j} \geqslant \sum\limits_{\forall j\in J} P_{\max}^{j}+(\lfloor n/m\rfloor-1)\sum\limits_{\forall j\in J} P_{\min}^{j}$ 且 $\sum_{j=1}^{l} P_{\max}^{j} \geqslant \sum_{j=1}^{l} P_{\min}^{j}$，有：

$$\begin{aligned}\frac{\sum p_i(CPSF)}{\sum p_i(OPT)} &\leqslant \frac{\lfloor n/m\rfloor\sum\limits_{\forall j\in J} P_{\max}^{j}}{\sum\limits_{\forall j\in J} P_{\max}^{j}+(\lfloor n/m\rfloor-1)\sum\limits_{\forall j\in J} P_{\min}^{j}}+\frac{\sum\limits_{j=1}^{l} P_{\max}^{j}}{\sum\limits_{j=1}^{l} P_{\min}^{j}}-1\\ &\leqslant \frac{\lfloor n/m\rfloor P_{CPSF}^{div}}{P_{CPSF}^{div}+(\lfloor n/m\rfloor-1)}+\gamma\end{aligned} \tag{8-37}$$

当且仅当 $P_{CPSF}^{div}=1$ 且 $\sum_{j=1}^{l} P_{\max}^{j}=\sum_{j=1}^{l} P_{\min}^{j}$ 时，此式为等式，且 $\sum p_{i1}(CPSF)/\sum p_{i1}(OPT)=1$。对于其他情况，此式子为如下的严格不等式：

$$\frac{\sum p_i(CPSF)}{\sum p_i(OPT)} < \frac{\lfloor n/m\rfloor P_{CPSF}^{div}}{P_{CPSF}^{div}+(\lfloor n/m\rfloor-1)}+\gamma < P_{CPSF}^{div}+\gamma \tag{8-38}$$

根据上式，当 $n/m\to+\infty$时有：

$$\frac{\sum p_i(CPSF)}{\sum p_i(OPT)} < \frac{P_{CPSF}^{div}}{1+(P_{CPSF}^{div}-1)/\lfloor n/m\rfloor}+\gamma\to P_{CPSF}^{div}+\gamma \tag{8-39}$$

$\sum p_i(CPSF)/\sum p_i(OPT)$ 满足：

$$\frac{\sum p_i(CPSF)}{\sum p_i(OPT)} < \frac{\lceil n/m \rceil P_{CPSF}^{div}}{P_{CPSF}^{div} + \lfloor n/m \rfloor - 1} < \lceil \frac{n}{m} \rceil \tag{8-40}$$

根据上式，当 $P_{CPSF}^{div} \to +\infty$时有 $\sum p_i(CPSF)/\sum p_i(OPT) \to \lceil n/m \rceil$。

同时，CPSF 算法能够保证机器负荷的平衡，每台机器上的工件数是均等的，为 $\lfloor n/m \rfloor$ 或 $\lceil n/m \rceil$。

8.4.2 CP 规则改进算法

CPSF 算法基于 CP 规则确定机器指派方案，考虑了完工时间间隔约束指定的工件完工优先关系，但忽略了各工件的标准加工时间差异性，因而不能保证工件的实际加工时间最短。针对这一问题，下面对 CPSF 算法进行改进，提出了 ICPSF（Improved CPSF）算法，具体步骤如下：

步骤一 初始化。

步骤二 机器指派。① $T_j \leftarrow \varnothing(\forall j \in J)$，$i \leftarrow 1$，$SubL \leftarrow \varnothing$。②若 $|SubL| = m$ 或 $i = n$，转步骤二的③，否则转步骤二的⑤。③对集合 $SubL$ 内的工件按期望开工时间排序。④令 k 从 1 至 $|SubL|$，依此执行下述操作：记 $SubL$ 的第 k 个工件为 $SubL(k)$，将工件 $SubL(k)$ 指派至第 k 台机器 M_k，即 $T_k \leftarrow T_k + \{SubL(k)\}$；$SubL \leftarrow \varnothing$，转步骤二的②。⑤若 $i > n$，转步骤三；否则，$SubL \leftarrow SubL + \{i\}$，$i \leftarrow i + 1$，转步骤二的②。

步骤三 确定时间变量。

步骤四 算法结束，输出调度解。

ICPSF 算法在满足完工时间间隔约束的基础上，进一步考虑了工件标准加工时间对目标函数的影响。算法在机器指派时，对于经初始化后按完工优先顺序排列的工件集合，每次从前到后取 m 个工件（若存在），即将工件划分为$\lceil n/m \rceil$个组。每组的工件按期望开工时间的升序排序，再依次指派到相应机器。

对于算法的计算时间，若$n \leqslant m$，工件分为一组，计算时间为对所有工件排序的时间，即$O(n\log n)$。否则，对每组的工件排序的时间至多为$O(m\log m)$。因此，步骤二的复杂度为：

$$\begin{cases} \lceil n/m \rceil O(m\log m) = O(n\log m) \ for \ n > m \\ O(n\log n) \ for \ n \leqslant m \end{cases} \tag{8-41}$$

如上所述，步骤一和步骤三的复杂度分别为$O(n\log n)$和$O(n)$。因此，ICPSF算法的计算时间受制于步骤一和步骤二。若$n \leqslant m$，两个步骤的复杂度均为$O(n\log n)$；若$n > m$，则$n\log n > n\log m$。因此，ICPSF算法的复杂度为$O(n\log n)$。

与CPSF算法相似，ICPSF算法同样能够保证将工件均等地指派到各台机器，以平衡机器负荷。此外，可以从理论上证明，ICPSF算法能够获得比CPSF算法更优的调度解。

定理8-6 通过ICPSF算法得到的目标函数值不会大于CPSF算法得到的目标函数值。

证明：对于最小化Makespan的目标函数，由第7章的定理7-4和定理7-5可得，由两个算法得到的调度满足$C'_{\max}(\text{ICPSF}) = C'_{\max}(\text{CPSF}) = \min C'_{\max}$。

最小化总加工时间等价于最小化工件的实际加工时间与标准加工时间的差值总和，即$\sum_{i=1}^{n} \Delta p_i$，其中$\Delta p_i = p_i - p_i^*$。则由算法框架中的步骤三计算得到的加工时间差值总和为：

$$\sum_{i=1}^{n} \Delta p_i = \sum_{i=1}^{n} (p_i - p_i^*) = \sum_{j=1}^{m} \sum_{k=1}^{|T_j|} \max_{k \leqslant h \leqslant |T_j|} \{ S^*_{T_j(k)} - S^*_{T_j(h)} \} \tag{8-42}$$

不失一般性，假设由CPSF算法得到的调度解中，机器M_j上顺序加工

的工件序号为 $T_j = \{i(1), i(2), \cdots\}$，机器 M_j' 上顺序加工的工件序号为 $T_j' = \{g(1), g(2), \cdots\}$。将两台机器上的前 $\min\{|T_j|, |T_j'|\}$ 个工件划分为如下 4 个集合：

$$A_1 = \{J_{i(k)} \mid S_{i(k)}^* \leqslant S_{g(k)}^* \wedge k \leqslant \min\{|T_j|, |T_j'|\}\} \tag{8-43}$$

$$B_1 = \{J_{i(k)} \mid S_{i(k)}^* > S_{g(k)}^* \wedge k \leqslant \min\{|T_j|, |T_j'|\}\} \tag{8-44}$$

$$A_2 = \{J_{g(k)} \mid S_{i(k)}^* \leqslant S_{g(k)}^* \wedge k \leqslant \min\{|T_j|, |T_j'|\}\} \tag{8-45}$$

$$B_2 = \{J_{g(k)} \mid S_{i(k)}^* > S_{g(k)}^* \wedge k \leqslant \min\{|T_j|, |T_j'|\}\} \tag{8-46}$$

显然，属于集合 B_1 和 B_2 的工件不满足 ICPSF 算法中的机器指派规则。

交换集合 B_1 和 B_2 中工件的加工机器，令 p_i 表示工件 J_i 在原调度中的加工时间，p_i' 表示交换加工机器后工件 J_i 的加工时间，若 $\forall r \in [1, \min\{|T_j|, |T_j'|\}]$ 均有 $\Delta_r = (\Delta p_{i(r)}' + \Delta p_{g(r)}') - (\Delta p_{i(r)} + \Delta p_{g(r)}) \leqslant 0$，则说明这种转换不会影响加工时间差值总和，恒满足 $\sum_{i=1}^{n}(\Delta p_i' - \Delta p_i) \leqslant 0$。

任取 $r \in [1, \min\{|T_j|, |T_j'|\}]$，设：

$$A_{1r} = \{J_{i(k)} \mid J_{i(k)} \in A_1 \wedge r \leqslant k \leqslant \min\{|T_j|, |T_j'|\}\} \tag{8-47}$$

$$B_{1r} = \{J_{i(k)} \mid J_{i(k)} \in B_1 \wedge r \leqslant k \leqslant \min\{|T_j|, |T_j'|\}\} \tag{8-48}$$

$$A_{2r} = \{J_{g(k)} \mid J_{g(k)} \in A_2 \wedge r \leqslant k \leqslant \min\{|T_j|, |T_j'|\}\} \tag{8-49}$$

$$B_{2r} = \{J_{g(k)} \mid J_{g(k)} \in B_2 \wedge r \leqslant k \leqslant \min\{|T_j|, |T_j'|\}\} \tag{8-50}$$

通过时间变量的计算方法，可以得到这些集合内的工件的开工时间。

将 S_{A1}，S_{B1}，S_{A2}，S_{B2} 设为：$S_{A1} = \min\{S_{i(k)}^* \mid J_{i(k)} \in A_{1r}\}$，$S_{B1} = \min\{S_{i(k)}^* \mid J_{i(k)} \in B_{1r}\}$，$S_{A2} = \min\{S_{g(k)}^* \mid J_{g(k)} \in A_{2r}\}$，$S_{B2} = \min\{S_{g(k)}^* \mid J_{g(k)} \in B_{2r}\}$。显然有 $S_{A1} \leqslant S_{A2}$，$S_{B1} > S_{B2}$。

下面考虑如下两种情况。

情况一，若 $J_{i(r)} \in A_1$，与其对应位置的 $J_{g(r)}$ 有 $J_{g(r)} \in A_2$。根据式（8-42）可得：

$$\Delta_r = \max\{S^*_{i(r)} - S^*_{i(k)}, S^*_{i(r)} - S^*_{g(h)} \mid J_{i(k)} \in A_{1r}, J_{g(h)} \in B_{2r}\} + \max\{S^*_{g(r)} - S^*_{g(k)}, S^*_{g(r)} - S^*_{i(h)} \mid J_{g(k)} \in A_{2r}, J_{i(h)} \in B_{1r}\} - \max\{S^*_{i(r)} - S^*_{i(k)} \mid J_{i(k)} \in A_{1r} \cup B_{1r}\} - \max\{S^*_{g(r)} - S^*_{g(k)} \mid J_{g(k)} \in A_{2r} \cup B_{2r}\}$$
$$= \min\{S_{A1}, S_{B1}\} + \min\{S_{A2}, S_{B2}\} - \min\{S_{A1}, S_{B2}\} - \min\{S_{A2}, S_{B1}\} \tag{8-51}$$

情况二，若 $J_{i(r)} \in B_1$，与其对应位置的 $J_{g(r)}$ 有 $J_{g(r)} \in B_2$。根据式（8-42）可得：

$$\Delta_r = \max\{S^*_{i(r)} - S^*_{i(k)}, S^*_{i(r)} - S^*_{g(h)} \mid J_{i(k)} \in B_{1r}, J_{g(h)} \in A_{2r}\} + \max\{S^*_{g(r)} - S^*_{g(k)}, S^*_{g(r)} - S^*_{i(h)} \mid J_{g(k)} \in B_{2r}, J_{i(h)} \in A_{1r}\} - \max\{S^*_{i(r)} - S^*_{i(k)} \mid J_{i(k)} \in A_{1r} \cup B_{1r}\} - \max\{S^*_{g(r)} - S^*_{g(k)} \mid J_{g(k)} \in A_{2r} \cup B_{2r}\}$$
$$= \min\{S_{A1}, S_{B1}\} + \min\{S_{A2}, S_{B2}\} - \min\{S_{A2}, S_{B1}\} - \min\{S_{A1}, S_{B2}\} \tag{8-52}$$

因而，对于任意 r 均满足：

$$\Delta_r = \min\{S_{A1}, S_{B1}\} + \min\{S_{A2}, S_{B2}\} - \min\{S_{A2}, S_{B1}\} - \min\{S_{A1}, S_{B2}\} \tag{8-53}$$

由于 $S_{A1} \leqslant S_{A2} \wedge S_{B1} > S_{B2}$，所以 S_{A1}、S_{A2}、S_{B1} 和 S_{B2} 之间共存在六种关系，见表 8-1。

表 8-1　工件交换对 Δ_r 的影响

六类情况	Δ_r
$S_{A1} \leqslant S_{A2} \leqslant S_{B2} < S_{B1}$	$\Delta_r = S_{A1} + S_{A2} - S_{A1} - S_{A2} = 0$
$S_{A1} \leqslant S_{B2} \leqslant S_{A2} < S_{B1}$	$\Delta_r = S_{A1} + S_{B2} - S_{A1} - S_{A2} = S_{B2} - S_{A2} \leqslant 0$
$S_{A1} \leqslant S_{B2} < S_{B1} \leqslant S_{A2}$	$\Delta_r = S_{A1} + S_{B2} - S_{A1} - S_{B1} = S_{B2} - S_{B1} < 0$

续表

六类情况	Δ_r
$S_{B2} \leqslant S_{A1} \leqslant S_{A2} < S_{B1}$	$\Delta_r = S_{A1} + S_{B2} - S_{B2} - S_{A2} = S_{A1} - S_{A2} \leqslant 0$
$S_{B2} \leqslant S_{A1} < S_{B1} \leqslant S_{A2}$	$\Delta_r = S_{A1} + S_{B2} - S_{A1} - S_{B1} = S_{B2} - S_{B1} < 0$
$S_{B2} < S_{B1} \leqslant S_{A1} \leqslant S_{A2}$	$\Delta_r = S_{B1} + S_{B2} - S_{B2} - S_{B1} = 0$

如表 8-1 所示，对于这六类情况，均满足 $\Delta_r \leqslant 0$。这说明交换 B_1 和 B_2 中工件所在的加工机器不会影响工件的总加工时间。

综上，通过有限次的机器重指派，可将 CPSF 算法的调度解转化为 ICPSF 算法的调度解，且不会使 Makespan 和总加工时间增加。

推论 8-3 若对于任意 i，$i + m \in I$ 均满足 $p_{i+m}^{*} - p_i^{*} \leqslant \sum_{k=0}^{m-1} h_{i+k}$，则 ICPSF 算法能够获得问题的最优解。

证明：根据定理 8-4，ICPSF 算法获得的 Makespan 和总加工时间均不会大于 CPSF 算法。而定理 8-3 表明，若对于任意 i，$i + m \in I$ 均满足 $p_{i+m}^{*} - p_i^{*} \leqslant \sum_{k=0}^{m-1} h_{i+k}$，CPSF 算法能够获得最优调度。因此，在这种情况下，由 ICPSF 算法得到的调度解也是最优的。

定理 8-6 和推论 8-3 表明，ICPSF 算法获得的调度解不劣于 CPSF 算法的调度解。这也表明，对于给定的问题，ICPSF 的最坏性能比不劣于 CPSF，若 CPSF 算法能够获得最优调度，则 ICPSF 算法的解也是最优的，反之则不成立。

8.4.3 算例说明

下面通过一个实例说明上述两种算法的应用。

例 8-1 考虑 $Pm \mid smlt,\ p_i \geqslant p_i^{*},\ \Delta c_i = \theta_i \mid C'_{\max},\ \sum p_i$ 问题，其中 n

= 20, m = 3，工件按完工时间间隔约束指定的完工优先顺序编号，且对于所有工件 $i \in \{1, \cdots, n\}$，完工时间间隔均相等，为 $h_i = 3$，工件的标准加工时间见表 8-2。

通过初始化处理后得到的期望开工时间和最早完工时间见表 8-3；CPSF 算法和 ICPSF 算法得到的最终调度方案见表 8-4。

表 8-2　标准加工时间列表

工件号	p_i^*	工件号	p_i^*	工件号	p_i^*	工件号	p_i^*
1	13	6	11	11	19	16	13
2	15	7	28	12	10	17	17
3	19	8	21	13	11	18	20
4	18	9	19	14	18	19	24
5	22	10	13	15	22	20	20

表 8-3　工件期望开工时间及最早完工时间

工件号	S_i^*	C_i^*	工件号	S_i^*	C_i^*	工件号	S_i^*	C_i^*	工件号	S_i^*	C_i^*
1	0	13	6	17	28	11	24	43	16	45	58
2	1	16	7	3	31	12	36	46	17	44	61
3	0	19	8	13	34	13	38	49	18	44	64
4	4	22	9	18	37	14	34	52	19	43	67
5	3	25	10	27	40	15	33	55	20	50	70

表 8-4　CPSF 算法和 ICPSF 算法的调度结果

机器	CPSF				ICPSF			
	工件号	S_{i1}	p_i	C_{i1}	工件号	S_{i1}	p_i	C_{i1}
M_1	1	0	13	13	1	0	13	13
	4	3	19[a]	22	5	3	22	25
	7	3	28	31	7	3	28	31
	10	27	13	40	11	24	19	43
	13	38	11	49	15	33	22	55
	16	43	15[a]	58	17	43	18[a]	61
	19	43	24	67	19	43	24	67
M_2	2	1	15	16	3	0	19	19
	5	3	22	25	4	4	18	22
	8	13	21	34	8	13	21	34
	11	24	19	43	10	27	13	40
	14	34	18	52	14	34	18	52
	17	44	17	61	18	44	20	64
	20	50	20	70	20	50	20	70
M_3	3	0	19	19	2	1	15	16
	6	17	11	28	6	17	11	28
	9	18	19	37	9	18	19	37
	12	33	13[a]	46	12	36	10	46
	15	33	22	55	13	38	11	49
	18	44	20	64	16	45	13	58

注：a 大于标准加工时间的实际加工时间值。

可以看出，例 8-1 的 Makespan 为 $C_{max}(\text{ICPSF}) = C_{max}(\text{CPSF}) = 70$；对于总加工时间，问题的标准加工时间总和为 $\sum p_i^* = 353$，由算法得到的总加工时间为：$\sum p_i(\text{ICPSF}) = 354 < \sum p_i(\text{CPSF}) = 359$。

◎8.5 数据实验

为进一步考察问题性质并验证算法性能，进行以下数据实验。实验设置了六种经典调度启发式作为对比算法，详见表 8-5。六种对比算法与本章提出的两种算法均采用 C#语言在 Intel CPU Core i5-6300U，2.40GHz / RAM 8.0GB 上编程实现。考虑到影响算法的主要因素为问题的规模 n 和 m 、完工时间间隔 h_i 及标准加工时间 p_i^* 的分布，本节将实验分为三组，分别从问题规模、时间间隔、标准加工时间等角度比较算法求解性能，并分析这三类因素对问题求解的影响。

表 8-5 调度启发式对比算法说明

启发式	采用方法		说明	复杂度
	工件排序规则	指派规则		
Johnson 规则（简称 Jhn）	在算法框架步骤二的②中采用 Johnson 规则生成工件序列	同 CPSF	Johnson 规则为最小化 Makespan 的两阶段流水车间的多项式最优算法	$O(n\log n)$
Gilmore - Gomory 规则（简称 GG）	在算法框架步骤二的②中采用 Gilmore-Gomory 规则生成工件序列	同 CPSF	Gilmore-Gomory 规则为最小化 Makespan 的两阶段无等待流水车间的多项式最优算法	$O(n\log n)$
最长标准加工时间优先规则（简称 LMPT）	在算法框架步骤二的②中采用 LMPT 规则生成工件序列	同 CPSF	对于本章问题，对于第 2 阶段工件序列未指定的情况，LMPT 规则可以得到最优解	$O(n\log n)$

续表

启发式	采用方法		说明	复杂度
	工件排序规则	指派规则		
NEH	优化目标为 $\sum p_i$ 的改进 NEH 应用于算法框架步骤二的②	同 CPSF	NEH 算法为求解最小化 Makespan 的一般流水车间效果最佳的调度启发式	$O(n^3)$
RAN-A	在算法框架步骤二的②随机生成工件序列	同 CPSF	用来对比工件序列生成方法的有效性	$O(n\log n)$
RAN-B	直接采用完工时间间隔约束所指定的工件序列	随机指派	用来对比机器指派方法的有效性	$O(n\log n)$

8.5.1　有关问题规模的实验

第一组实验从优化效果和计算时间两方面分析问题规模对算法的影响，其中问题规模包括工件数 n 和机器数 m 。实验参数设置如下：工件数 $n \in \{100, 200, 300, 400, 500, 600, 700, 800\}$ ；机器数 $m \in \{2, 3, 4\}$ ；完工时间间隔 $h_i \in [1, 5]$ ，按均匀分布随机生成；标准加工时间 $p_i^* \in [20, 50]$ ，按均匀分布随机生成。

根据工件数和机器数的不同取值，将实验分为 8 × 3 = 24 组，每组随机生成 50 个算例进行实验，共计 24 × 50 = 1200 个算例。

算法有效性采用第一阶段总加工时间的相对偏差率（Percentage Relative Difference，PRD）作为评价指标，计算公式如下：

$$PRD = \frac{\sum_{\forall i \in I} p_i - \text{LB}}{\text{LB}} \times 100\% = \frac{\sum_{\forall i \in I} (p_i - p_i^*)}{\sum_{\forall i \in I} p_i^*} \times 100\% \qquad (8-54)$$

表 8-6 给出了 24 组实例的 PRD 均值（Mean）及其 95%置信区间（Confidence Intervals，CI），此外，Makespan 均值 $\overline{C_{\max}}$ 也在表中最末列给出。

表 8-6 不同问题规模下的实验结果

n	*m*	PRD（*Mean* ±95% *CI*）								$\overline{C_{\max}}$
		Jhn	*GG*	*LMPT*	*NEH*	*RAN-A*	*RAN-B*	*CPSF*	*ICPSF*	
100	2	11.42 ±0.54	11.35 ±0.52	11.32 ±0.49	9.99 ±0.45	11.32 ±0.49	11.25 ±0.43	9.99 ±0.45	6.71 ±0.36	335.02
	3	8.22 ±0.35	8.69 ±0.49	8.65 ±0.44	6.14 ±0.29	8.68 ±0.38	8.74 ±0.41	6.14 ±0.29	2.79 ±0.24	335.02
	4	6.64 ±0.42	6.47 ±0.38	6.74 ±0.36	3.69 ±0.22	6.81 ±0.37	6.79 ±0.42	3.69 ±0.22	0.96 ±0.13	335.02
200	2	11.10 ±0.29	11.46 ±0.30	11.35 ±0.32	9.71 ±0.29	11.37 ±0.34	11.22 ±0.32	9.71 ±0.29	6.47 ±0.23	640.42
	3	7.98 ±0.28	8.17 ±0.34	8.37 ±0.25	5.98 ±0.22	8.48 ±0.27	8.39 ±0.26	5.98 ±0.22	2.47 ±0.17	640.42
	4	6.35 ±0.27	6.71 ±0.26	6.78 ±0.26	3.66 ±0.20	6.70 ±0.27	6.77 ±0.29	3.66 ±0.20	0.87 ±0.09	640.42
300	2	10.98 ±0.33	11.25 ±0.29	11.32 ±0.28	9.89 ±0.27	11.25 ±0.28	11.15 ±0.28	9.89 ±0.27	6.41 ±0.23	935.84
	3	8.16 ±0.25	8.33 ±0.26	8.41 ±0.30	5.97 ±0.18	8.16 ±0.27	8.50 ±0.27	5.97 ±0.18	2.58 ±0.13	935.84
	4	6.34 ±0.23	6.53 ±0.24	6.71 ±0.28	3.69 ±0.13	6.64 ±0.22	6.66 ±0.23	3.69 ±0.13	0.85 ±0.07	935.84
400	2	11.08 ±0.26	11.36 ±0.23	11.44 ±0.22	9.96 ±0.21	11.22 ±0.23	11.23 ±0.22	9.96 ±0.21	6.56 ±0.16	1237.26
	3	8.28 ±0.24	8.43 ±0.18	8.43 ±0.21	6.12 ±0.17	8.31 ±0.21	8.39 ±0.21	6.12 ±0.17	2.59 ±0.11	1237.26
	4	6.35 ±0.20	6.81 ±0.18	6.79 ±0.16	3.78 ±0.12	6.61 ±0.20	6.72 ±0.17	3.78 ±0.12	0.92 ±0.07	1237.26
500	2	11.07 ±0.23	11.38 ±0.23	11.29 ±0.21	9.87 ±0.21	11.41 ±0.24	11.29 ±0.25	9.87 ±0.21	6.52 ±0.17	1535.00
	3	8.12 ±0.20	8.48 ±0.17	8.54 ±0.20	6.10 ±0.15	8.32 ±0.21	8.30 ±0.20	6.10 ±0.15	2.51 ±0.11	1535.00
	4	6.31 ±0.18	6.75 ±0.19	6.66 ±0.17	3.72 ±0.12	6.77 ±0.18	6.71 ±0.18	3.72 ±0.12	0.92 ±0.07	1535.00
600	2	11.12 ±0.21	11.26 ±0.20	11.38 ±0.19	10.00 ±0.18	11.28 ±0.18	11.34 ±0.18	10.00 ±0.18	6.72 ±0.15	1847.76
	3	8.22 ±0.17	8.39 ±0.17	8.46 ±0.16	6.04 ±0.15	8.46 ±0.18	8.43 ±0.17	6.04 ±0.15	2.57 ±0.11	1847.76
	4	6.32 ±0.17	6.53 ±0.17	6.74 ±0.15	3.71 ±0.11	6.54 ±0.12	6.54 ±0.15	3.71 ±0.11	0.94 ±0.05	1847.76
700	2	11.22 ±0.19	11.34 ±0.20	11.43 ±0.19	10.06 ±0.18	11.43 ±0.17	11.39 ±0.18	10.06 ±0.18	6.64 ±0.15	2132.92
	3	8.25 ±0.18	8.34 ±0.16	8.49 ±0.16	6.20 ±0.11	8.56 ±0.15	8.55 ±0.17	6.20 ±0.11	2.58 ±0.09	2132.92
	4	6.58 ±0.12	6.73 ±0.14	6.77 ±0.15	3.80 ±0.11	6.82 ±0.18	6.80 ±0.14	3.80 ±0.11	0.97 ±0.05	2132.92

续表

n	m	PRD (Mean ±95% CI)								$\overline{C_{max}}$
		Jhn	GG	LMPT	NEH	RAN-A	RAN-B	CPSF	ICPSF	
800	2	11. 25 ±0. 16	11. 45 ±0. 17	11. 50 ±0. 16	10. 12 ±0. 12	11. 43 ±0. 15	11. 49 ±0. 16	10. 12 ±0. 12	6. 67 ±0. 10	2437. 10
	3	8. 27 ±0. 13	8. 56 ±0. 13	8. 49 ±0. 12	6. 16 ±0. 11	8. 55 ±0. 15	8. 48 ±0. 15	6. 16 ±0. 11	2. 54 ±0. 08	2437. 10
	4	6. 54 ±0. 15	6. 84 ±0. 16	6. 88 ±0. 15	3. 81 ±0. 08	6. 81 ±0. 15	6. 76 ±0. 14	3. 81 ±0. 08	0. 97 ±0. 05	2437. 10

关于算法有效性，表 8-6 表明，ICPSF 能够取得最好（最小）的 PRD 值，其次是 CPSF 和 NEH，而 CPSF 和 NEH 对于同一实例总是产生相同的调度解。这是因为 NEH 在每次工件插入过程中要寻找可行的最优局部调度，而推论 8-1 指出，当且仅当工件序列与完工时间间隔约束所指定的顺序一致时，局部调度才是可行的。因此，NEH 生成的工件序列肯定与 CPSF 相同。尽管这两种启发式生成的调度解相同，但在时间复杂度方面，NEH 明显低于 CPSF。

其他启发式的 PRD 值没有显着差异，其中 Jhn 稍好于其他算法，但明显劣于上述三种方法。通过对实验结果的进一步统计分析，Jhn、GG、LMPT、RAN-A、RAN-B 和 CPSF / NEH 的 PRD 值与 ICPSF 的比例均值分别为 4. 26、4. 40、4. 43、4. 43、4. 41 和 2. 80。此外，就 95%置信区间而言，ICPSF 也有明显优势。

以上结果表明，首先，就总加工时间而言，ICPSF 不仅远远优于 CPSF，而且在八种启发式算法中效果最优；其次，Jhn、GG 和 LMPT 虽然是经典（混合）流水车间调度的多项式最优算法，但对于本章问题，在根据这些规则生成工件序列后，必须根据完工时间间隔约束所指定的顺序对工件重新排序，这相当于对由规则生成的初始顺序进行打乱重排，其效果与随机排序差距不大。实验结果验证了这一点，由表 8-6 可以看出，Jhn、GG 和 LMPT 的性能接近于 RAN-A 和 RAN-B。

关于启发式算法的计算效率，表 8-7 列出了启发式算法解决所有 1200

个实例的总计算时间，其中，CPSF 最快，其次是 RAN-B 和 ICPSF。这三种启发式算法有一个共同点，即它们生成的工件序列是可行的，从而不需要运行算法框架的步骤二的②修复不可行序列的时间，从而提高了计算效率。

表 8-7 启发式算法求解 1200 个算例的 CPU 时间

（单位：s）

	Jhn	*GG*	*LMPT*	*NEH*	*RAN-A*	*RAN-B*	*CPSF*	*ICPSF*
总计	0. 547	5. 750	0. 609	993. 645	5. 360	0. 313	0. 234	0. 437

关于第一阶段机器数的影响，表 8-6 中 PRD 值的变化表明，增加机器数可以明显减少总加工时间，这与定理 8-4 的分析是一致的。因此，合理的机器数可以有效减少因加工时间而引起的能耗成本。此外，表 8-6 的 $\overline{C_{\max}}$ 列表明，机器数对 Makespan 没有影响。

关于工件数的影响，表 8-6 中所有算法的 PRD 值受工件数影响不大，这说明，对于有效的调度算法，工件数 n 的变化很难对算法性能产生显著影响。此外，表 8-6 的 $\overline{C_{\max}}$ 列说明，工件数 n 是影响 Makespan 的主要因素之一。

8. 5. 2 有关完工时间间隔的实验

第二组实验旨在分析完工时间间隔的不同取值对问题和算法的影响，实验参数设置如下：工件数 $n = 500$；机器数 $m = 3$；完工时间间隔 $h_i \in \{1, 2, 3, 4, 5\}$；标准加工时间 $p_i^* \in [20, 50]$，按均匀分布随机生成。

根据 h_i 的不同取值共分为五组，每组随机生成 50 个算例，共计 $5 \times 50 = 250$ 个算例。实验结果见表 8-8。

表 8-8　不同完工时间间隔的实验结果

h_i	PRD (Mean ±95% CI)								$\overline{C_{max}}$
	Jhn	*GG*	*LMPT*	*NEH*	*RAN-A*	*RAN-B*	*CPSF*	*ICPSF*	
1	16. 89 ±0. 23	17. 52 ±0. 26	17. 63 ±0. 27	16. 38 ±0. 26	17. 54 ±0. 27	17. 40 ±0. 28	16. 38 ±0. 26	9. 03 ±0. 22	543. 26
2	10. 42 ±0. 22	11. 56 ±0. 24	11. 42 ±0. 19	9. 55 ±0. 19	11. 27 ±0. 20	11. 33 ±0. 21	9. 55 ±0. 19	4. 43 ±0. 15	1040. 22
3	7. 09 ±0. 16	8. 06 ±0. 17	8. 21 ±0. 17	5. 74 ±0. 12	8. 16 ±0. 18	8. 27 ±0. 13	5. 74 ±0. 12	2. 34 ±0. 11	1538. 10
4	5. 01 ±0. 14	6. 17 ±0. 19	6. 20 ±0. 18	3. 43 ±0. 10	6. 11 ±0. 17	5. 98 ±0. 17	3. 43 ±0. 10	1. 21 ±0. 06	2034. 82
5	3. 91 ±0. 13	4. 88 ±0. 12	4. 76 ±0. 13	2. 05 ±0. 08	4. 80 ±0. 12	4. 69 ±0. 13	2. 05 ±0. 08	0. 56 ±0. 04	2534. 90

由表 8-8 可以看出，随着 h_i 的增加，Makespan 最优值呈明显上升趋势，设 Δh 为完工时间间隔的增加步长，则 Makespan 增长值约为 $\Delta h \times n$ 。这说明完工时间间隔对 Makespan 有较大影响，这点也可以从定理 7-4 的 Makespan 下界公式得出。

此外，随着 h_i 的增加，各算法的 PRD 均值及其 95%置信区间长度呈快速下降趋势。这说明，随着工件的完工时间间隔的增加，完工时间间隔约束对问题求解的制约作用明显削弱，这与定理 8-4 的分析一致。

8.5.3　有关标准加工时间的实验

第三组实验旨在分析标准加工时间对问题求解的影响。对于标准加工时间将从标准加工时间分布与标准加工时间大小两个角度展开实验。对此，设计了两种问题结构，且这两种问题结构具有相同的问题规模和时间间隔，即 $n = 500$，$m = 3$，$h_i \in [1, 5]$，按均匀分布随机生成。标准加工时间的不同分布区间如下：

第一种问题结构（Group1）：$p_i^* \in [0, 100]$，$[10, 90]$，$[20, 80]$，$[30, 70]$，$[40, 60]$。

第二种问题结构（Group2）：$p_i^* \in [0, 30], [30, 60], [60, 90], [90, 120], [120, 150]$。

根据标准加工时间的分布区间，将实验分为两种问题结构各五组，每组随机生成 50 个算例进行实验，共计 2 × 5 × 50 = 500 个算例。

在 Group1 中，各组标准加工时间的均值相同，但分布的区间长度不同。实验结果见 8-9。

表 8-9　具有不同区间长度的标准加工时间的实验结果

p_i^*	PRD (Mean ±95% CI)								$\overline{C_{\max}}$
	Jhn	GG	LMPT	NEH	RAN-A	RAN-B	CPSF	ICPSF	
[0, 100]	42.01 ±0.79	42.33 ±0.74	42.24 ±0.67	40.03 ±0.72	42.05 ±0.65	41.87 ±0.78	40.03 ±0.72	22.59 ±0.54	1573.92
[10, 90]	29.98 ±0.52	30.08 ±0.62	30.23 ±0.54	27.90 ±0.54	29.98 ±0.57	29.95 ±0.56	27.90 ±0.54	15.10 ±0.40	1579.70
[20, 80]	18.59 ±0.29	18.85 ±0.28	18.71 ±0.28	16.77 ±0.25	18.96 ±0.29	18.83 ±0.34	16.77 ±0.25	8.64 ±0.19	1561.60
[30, 70]	9.27 ±0.17	9.52 ±0.20	9.65 ±0.17	7.64 ±0.15	9.52 ±0.19	9.45 ±0.19	7.64 ±0.15	3.46 ±0.13	1552.08
[40, 60]	2.47 ±0.07	2.51 ±0.07	2.54 ±0.07	1.30 ±0.05	2.51 ±0.08	2.52 ±0.08	1.30 ±0.05	0.45 ±0.03	1552.08

从表 8-9 的 $\overline{C_{\max}}$ 列可以看出，对于具有相同均值的标准加工时间分布，即使区间长度不同，其 Makespan 的最优值的差别不大，这是因为同时加工约束大大削弱了标准加工时间对 Makespan 的影响。从表 8-9 的 PRD 值可以看出，随着 p_i^* 区间长度的缩短，总加工时间的 PRD 均值及其 95% 置信区间长度呈缩短趋势。这是因为区间长度越小，工件间的标准加工时间差异越小，进而对总加工时间这一目标函数的影响越小。

在 Group2 中，各组标准加工时间分布的区间长度相同，但均值不同，实验结果见表 8-10。

表 8-10　不同均值下标准加工时间分布的实验结果

p_i^*	PRD (Mean ±95% CI)								$\overline{C_{max}}$
	Jhn	GG	LMPT	NEH	RAN-A	RAN-B	CPSF	ICPSF	
[0,30]	18.91 ±0.46	18.89 ±0.48	19.27 ±0.42	13.65 ±0.32	19.12 ±0.47	19.05 ±0.51	13.65 ±0.32	5.67 ±0.22	1511.76
[30,60]	6.05 ±0.14	6.25 ±0.14	6.36 ±0.13	4.42 ±0.12	6.11 ±0.14	6.23 ±0.16	4.42 ±0.12	1.83 ±0.09	1549.24
[60,90]	3.67 ±0.07	3.73 ±0.08	3.80 ±0.08	2.69 ±0.07	3.77 ±0.08	3.74 ±0.08	2.69 ±0.07	1.12 ±0.05	1576.18
[90,120]	2.56 ±0.05	2.63 ±0.05	2.63 ±0.07	1.88 ±0.06	2.61 ±0.06	2.64 ±0.06	1.88 ±0.06	0.77 ±0.04	1609.40
[120,150]	2.01 ±0.05	2.08 ±0.05	2.09 ±0.05	1.47 ±0.04	2.07 ±0.06	2.05 ±0.05	1.47 ±0.04	0.60 ±0.02	1631.90

p_i^*	$\sum \Delta p_{i1}$ (Mean ±95% CI)							
	Jhn	GG	LMPT	NEH	RAN-A	RAN-B	CPSF	ICPSF
[0,30]	1365.44 ±31.16	1364.96 ±34.16	1391.72 ±28.32	985.68 ±20.34	1380.50 ±30.95	1376.36 ±35.76	985.68 ±20.34	409.78 ±15.16
[30,60]	1345.86 ±30.01	1389.40 ±30.63	1413.72 ±29.95	983.78 ±26.22	1358.06 ±30.47	1383.90 ±34.48	983.78 ±26.22	407.96 ±20.96
[60,90]	1367.08 ±26.49	1389.92 ±31.31	1412.54 ±29.41	1002.84 ±27.15	1404.70 ±19.03	1390.58 ±30.10	1002.84 ±27.15	416.40 ±18.12
[90,120]	1338.88 ±28.33	1376.74 ±28.49	1378.80 ±35.43	985.20 ±30.09	1365.16 ±31.01	1381.18 ±32.77	985.20 ±30.09	400.94 ±18.34
[120,150]	1349.04 ±33.48	1396.56 ±31.28	1404.56 ±30.39	985.14 ±25.21	1391.22 ±37.59	1380.78 ±30.76	985.14 ±25.21	410.90 ±16.71

注：$\sum \Delta p_i = \sum (p_i - p_i^*)$。

从表 8-10 的 $\overline{C'_{max}}$ 列可以看出，随着标准加工时间的均值增长，Makespan 的最优值略有增加。设 Δp^* 为标准加工时间均值的增加步长，则 Makespan 的增长值约等于 Δp^*，这点也验证了定理 7-4 的 Makespan 下界公式。从表 8-10 的 PRD 值可以看出，虽然随着标准加工时间均值的增长，总加工时间的 PRD 均值呈下降趋势，但总加工时间与下界的差值 $\sum \Delta p_i$ 基本稳定。这说明 PRD 的下降仅是由于均值增长引起总标准加工时间的增多，进而导致了 PRD 分母值的增大，但其分子值是基本不变的。

由上述结果可以得出，标准加工时间的差异性对问题求解的影响较大，而标准加工时间的大小对算法的求解性能基本没有影响。

8.5.4 实验结论

数据实验从问题规模 n 和 m 、完工时间间隔 h_i 和标准加工时间 p_i^* 这三个维度对本节提出的两种调度算法，以及六种经典调度启发式算法进行了比较分析。由实验结果可以得到以下结论：

对于 Makespan 目标，工件数越多、完工时间间隔越大、标准加工时间越长，则最优 Makespan 值越大；而机器数和标准加工时间的区间长度对 Makespan 基本没有影响。

对于总加工时间的目标，机器数越少、完工时间间隔越小、标准加工时间的差异度越大，则实际加工时间与标准加工时间的偏差越大。因此，当机器数和完工时间间隔增大到足以缓冲不同工件的标准加工时间的差值时，完工时间间隔约束和同时加工约束对问题的制约作用明显降低。

从算法求解效果来说，ICPSF 算法的优化效果明显优于 CPSF 算法，且这两种算法优于其他经典调度启发式；从算法稳定性来说，两种算法的求解效果受问题规模影响较小，且随着完工时间间隔和标准加工时间的波动，ICPSF 算法更为稳定；从求解效率来说，这两种算法都能在短时间内得到调度解，均能满足生产调度的要求。

实验结果也表明，本节提出的算法框架是可行和有效的；此外，在机器指派的过程中，若能考虑工件间标准加工时间的差异性，则能有效地削弱完工时间间隔约束和同时加工约束对问题求解的影响，提高算法求解效果。

◎8.6 本章小结

本章结合现代钢厂多台并行加热炉对应一套热轧机组的实际生产背景，将第 7 章所考虑的存在多能力机的两阶段流水车间调度问题进一步扩展为第一阶段存在并行机的混合流水车间调度，在问题性质和求解算法方面取得如下研究成果：

第一，将上述存在多能力机的调度问题进一步扩展到第一阶段存在并行机的混合流水车间环境，以 Makespan 和总加工时间为优化目标，给出了问题模型，并将其转化为具有完工时间间隔约束、同时加工约束和最小加工时间约束的单阶段平行机调度问题，进而实现模型约简。

第二，通过对问题特征的分析，提出了算法求解框架，对任意一个机器指派方案，都可以通过此框架获得与之对应的最优可行调度。以求解框架为基础，设计了基于 CP 规则的调度算法及 CP 规则改进算法，时间复杂度均为 $O(n\log n)$，并证明了这两种算法在一定条件下可以获得最优解，且其改进算法的调度解不劣于原算法。

第三，通过大规模数据实验验证了算法框架与两种调度算法的有效性，并探讨了问题规模、完工时间间隔、标准加工时间等关键因素对算法求解性能的影响。

第 9 章 等待时间受限的置换流水车间订单承诺模型

◎9.1 引言

等待时间下限和上限约束均会增加机器空闲时间，机器产能无法充分利用，因此，在订单管理层面给出有关订单接受及交货期的订单承诺时，若仅考虑产能则会与实际生产存在较大偏差，产生不必要的订单拒绝或拖期惩罚。因此，有必要在订单承诺过程中考虑等待时间受限约束，将订单视为工件，对工件拒绝与生产调度进行联合决策，确定拒绝的工件并给出接受工件的调度方案，此即工件可拒绝的等待时间受限调度问题。置换流水车间是最基本的多工序生产环境，本章以此为背景展开研究。

工件可拒绝的调度（Scheduling with rejection）在理论上是一类多决策组合优化问题，在实践上能够优化订单和生产管理，近年来引起调度专家和管理者的关注。有关置换流水车间环境的研究较少，主要针对两机或成比例流水车间。对于两台机器的情况，Shabtay 等[168]证明了目标为最小化最大完工时间（Makespan）和工件拒绝成本之和的问题是“NP-难”的，并给出了近似算法；Zhang 等[169]证明了即使工件在某台机器上的加工时间相同，或拒绝成本相同，两机问题也是“NP-难”的；谢谢等[170]考虑了第一台机器带不可用区间、工件可中断的情况，以最小化 Makespan 与拒绝惩罚之和为目标，设计了动态规划算法和启发式算法；苗翠霞等[171]考虑了工件的退化效应，针对最小化 Makespan 与拒绝惩罚之和的目标设计了动态规划算法。对于成比例流水车间，Shabtay 等[172]考虑了拒绝成本和调度目标两类指标，分别针对指标加总为单目标、优化一个目标并为另一目标设上限约束、同时优化双目标这四种指标处理方式，探讨了问题的复杂性，并给出了近优方案；Li 等[173]以最小化调度成本与拒绝成本之和为目标，其中调度成本分别考察了最大拖期和总加权完工时间，证明了问题的“NP-难”特征并设计了近优算法。

本章针对工件可拒绝的流水车间调度问题，考虑了同时限定等待时间上下限的等待时间受限约束，并考虑总成本和 Makespan 两个优化指标，其中，总成本为拒绝成本和拖期成本总和。考虑到同时将两个指标作为目标函数会加大求解难度，且订单层面的决策更偏重收益，因此本章基于 ε-约束法[7]，将总成本指标作为最小化目标，并为 Makespan 指标设置上限约束，将问题转化为单目标优化。为了能在短时间内取得问题的优质解，提出一种协同进化遗传算法，结合问题特征和协同进化特点设计编码方案和解码规则，并给出了基于记忆的动态概率设计方法来确定遗传算子的执行概率。最后，通过数据实验对算法有效性，以及问题规模和等待时间受限约束对算法性能的影响进行分析。

◎9.2 考虑工件拒绝决策的调度问题描述

工件可拒绝的等待时间受限置换流水车间调度问题描述如下：给定 n 个工件 $\{J_1, J_2, \cdots, J_n\}$，工件允许拒绝，若拒绝则产生拒绝成本，否则工件被接受并安排生产，此时可能产生拖期成本（工件拒绝决策）。被接受的工件以相同的加工路径依次经过 m 台机器 $\{M_1, M_2, \cdots, M_m\}$，每台机器的工件加工序列均相同（置换流水车间环境），且工件在相邻机器间的等待时间必须位于给定的上下限之内（等待时间受限）。问题要求确定拒绝工件集合，并对接受工件进行调度，优化目标为最小化工件总拒绝成本和总拖期成本之和。此外，考虑到接受工件应在当前计划期间完成，将计划期间长度设为 Makespan 上限对其加以约束。

为便于描述，定义以下符号：

下角标和参数。i，j：工件和机器编号；n，m：工件和机器数量；J_i：编号为 i 的工件；M_j：编号为 j 的机器，即加工路径上的第 j 台机器；p_{ij}：J_i 在 M_j 上的加工时间；rej_i，w_i，d_i：J_i 的拒绝成本、单位拖期成本和交货期；$\theta_{ij}^{\min}$，$\theta_{ij}^{\max}$：J_i 在 M_j 和 M_{j+1} 间的等待时间下限和上限；$C_{\max}^{+}$：最大完工时间上限，即计划期间长度。

决策变量。RS：拒绝工件集合；π：工件加工序列，$\pi(k)$ 为 π 的第 k 个工件，$|\pi| = n$；C_{ij}：J_i 在 M_j 的完工时间。

决策变量的衍生变量。T_i：J_i 的拖期；f_i：J_i 的成本，若 J_i 被拒绝则 $f_i = rej_i$，否则 $f_i = w_i T_i$；$C_{\max}$：最大完工时间（Makespan）。

根据以上符号，等待时间受限约束表示为：

$$\theta_{ij}^{\min} \leqslant C_{i,\ j+1} - p_{i,\ j+1} - C_{ij} \leqslant \theta_{ij}^{\max} \tag{9-1}$$

总成本目标和 Makespan 约束表示为：

$$\min f = \sum_{\forall i} f_i = \sum_{i \in RS} rej_i + \sum_{k \in \pi} w_k T_k = \sum_{i \in RS} rej_i + \sum_{k \in \pi} w_k \max\{C_{km} - d_k,\ 0\} \tag{9-2}$$

$$C_{\max} = \max_{i \in \pi}\{C_{im}\} \leqslant C_{\max}^{+} \tag{9-3}$$

本章问题是工件拒绝和调度的联合决策，问题解可表示为 RS 和 π 的决策对 $\langle RS,\ \pi\rangle$。最小化总拖期的等待时间受限置换流水车间调度问题是本章调度子决策的特例，具有“强 NP-难”复杂性[121]，因此本章问题是“强 NP-难”的，不存在多项式最优算法，且分支定界等精确算法无法在有限时间获得问题解，不能满足实际应用需求，而遗传算法（GA）等群智能算法为快速求解该类问题提供了一种有效途径。

◎9.3 协同进化遗传算法

问题求解的关键在于如何生成高质量的决策对 $\langle RS, \pi \rangle$。遗传算法具有快速求解能力，能够灵活设置染色体编码和遗传算子。此外，协同进化是一类针对多决策问题的优化策略，现已成功应用于遗传算法、粒子群算法、蜂群算法等[174-176]。考虑到问题的联合决策特征，本节设计协同进化遗传算法（Co-evolutionary GA，CGA），并引入问题特征来优化算法搜索。

9.3.1 编码方案与初始种群生成

工件可拒绝的等待时间受限置换流水车间调度问题由工件拒绝和调度决策构成，因此，CGA 将染色体分解为两个子集 X 和 Y，子集 $X = \{x_1, \cdots, x_n\}$ 为二进制编码，表示工件拒绝情况，若 $x_i = 1$ 表示拒绝 J_i，$x_i = 0$ 为接受 J_i；子集 $Y = \{y_1, \cdots, y_n\}$ 为自然数的置换序列编码，表示工件序列，其中 n 为工件数。考虑 5 个工件的问题（$n=5$），若染色体 $[X, Y]$ 为 $X = [01001]$，$Y = [34215]$，则对应的决策对为 $\langle RS, \pi \rangle = \langle \{J_2, J_5\}, \{J_3, J_4, J_1\} \rangle$。

CGA 生成初始种群时，对每个染色体首先基于调度规则生成工件序列（子集 Y），进而确定拒绝工件集合（子集 X）。Hamdi 等[124]针对最小化总拖期的等待时间受限的置换流水车间提出了三种调度规则：最短加工时间优先规则（Shortest Processing Time，SPT）、基于瓶颈机的调整规则（Adjustment on the Bottleneck Machine，ABM）和预估完工时间规则（Estimated Completion Time，ECT），其中 SPT 和 ECT 分别生成 $m+1$ 和 m 个工件序列，从中选择最小拖期方案，m 为机器数。CGA 采用上述三种规则及经典的最早交货期优先规则（Earliest Due Date，EDD）生成工件序列（子集 Y），且为增加种群多样性并减少计算时间，对 SPT 和 ECT 得到的 $2m+1$ 个序列不再择优，而是各自编码为子集 Y，因此共计产生 $2m+3$ 个序列。限定种群规模 $ps \geqslant 2m+3$，随机生成种群中的剩余子集 Y。

给定子集 Y，根据总成本和 $C_{\max}^{+}$ 确定拒绝工件集合，生成子集 X：每次拒绝令总成本下降最多的工件，直至总成本不再下降或 $C_{\max}$ 满足上限约束。将该方法命名为 *Initializing_X*（Y），伪代码如下。显然，其复杂度为 $O(n^2m)$。

$\pi = Y$；$RS = \varnothing$；

令 $i=1$ 至 n，依次执行：$\{x_i = 0;\}$

调用 *Timing*（π）；$i^* = \arg\max\limits_{i\in\pi}\{w_iT_i - rej_i\}$；//复杂度为 $O(nm)$

当满足（$\Delta_{i^*} \geqslant 0 \vee C_{\max} > C_{\max}^{+}$）时，循环执行以下语句：

{

  $x_{i^*} = 1$；$RS = RS \cup \{i^*\}$；$\pi = \pi \setminus \{i^*\}$；

  调用 *Timing*（π）；$i^* = \arg\max\limits_{i\in\pi}\{w_iT_i - rej_i\}$；//复杂度为 $O(|\pi| m)$

}

9.3.2 协同进化策略

协同进化是一种有效解决多决策优化问题的求解策略，它将个体拆分成多个子集，每个子集对应一类决策，进而独立地对每个子集执行进化操作，再将各子集结合成一个完成的问题解，通过对问题解的评价实现子集种群的选择[175]。本章将协同进化引入算法，理由如下：首先，本章问题为工件拒绝与调度的联合决策，在算法的编码方案中，染色体由子集 X 和 Y 构成，分别对应这两类决策，且任意 X 和 Y 均可组合成一个问题解，这一特征符合协同进化的应用场景；其次，子集 X 和 Y 具有不同的编码特征，子集 X 为二进制编码，而子集 Y 则为置换序列编码，因此，为子集 X 和 Y 分别设计遗传算子并独立进化，这种方式比传统的统一进化更为灵活有效。

如上所述，协同进化的个体评价方法比较特殊，需要将当前进化的子集与其他子集个体结合，形成完整的问题解来进行评价，而选择哪些其他子集个体进行组合，这是协同进化策略的一个关键点。常用的选择方法有两种，选择其他子集种群的最优个体或随机选择个体。已有研究表明，在其他子集种群中选择最优个体进行协同进化能够取得较好的结果[174]，目前已在多篇文献中应用[76]。这种最优个体选择策略的实质是通过评价当前子集与其他子集种群中最优个体的协同效果，来寻找与此最优个体具有更佳协同性的个体，这意味这二者的组合会产生更优的解，以此保证进化过程的持续优化。因此，CGA 算法在进行子集评价时，将选择另一子集种群中的最优个体进行问题解的组合与评价。

CGA 协同进化策略示意如图 9-1 所示，每次迭代首先对子集 X 的种群 pop_X 执行遗传操作，得到子代集合 off_X，将 $pop_X \cup off_X$ 中的子集 X 与当前最优子集 Y^* 组合，形成个体集合并进行评价与选择，得到新种群 pop_X；然后，采用相同的方法进化子集 Y 种群 pop_Y，至此完成一代完整的进化。

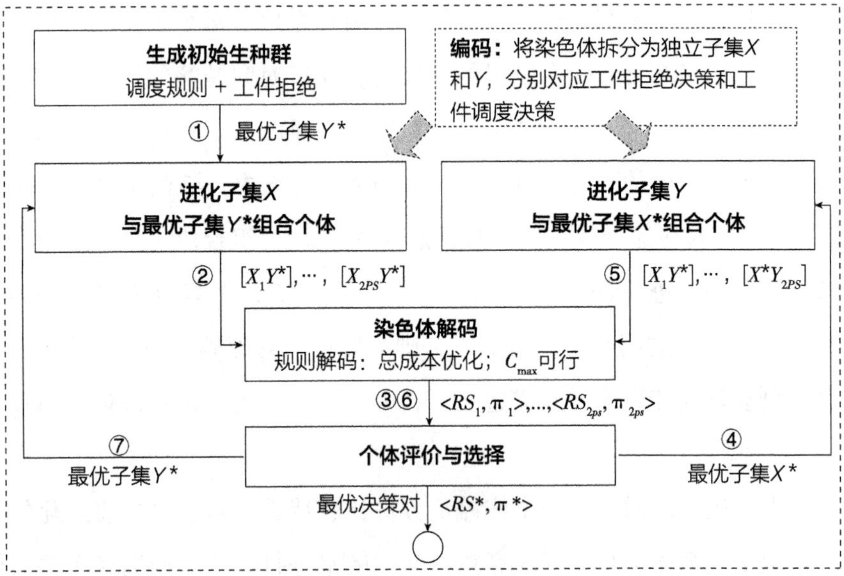

图 9-1　CGA 协同进化策略示意图

9.3.3　遗传算子及执行概率设计

在 CGA 中，子集 X 和 Y 采用了不同的编码方式，本节将根据编码特征分别为其设计遗传算子。子集 X 为经典的二进制编码，将采用传统的交叉和变异算子（记为 *X_Crossover* 和 *X_Mutation*）。子集 Y 是由自然数 $\{1\cdots n\}$ 构成的置换序列，若采用传统算子容易产生基因值相同的非法解。因此，算法中采用广泛应用于该类编码的单点交叉算子、插入变异算子和交换变异算子来生成子代子集 Y，分别记为 *Y_Crossover*、*Y_Insert* 和 *Y_Swap*。图 9-2 给出了上述五种遗传算子的示意图。

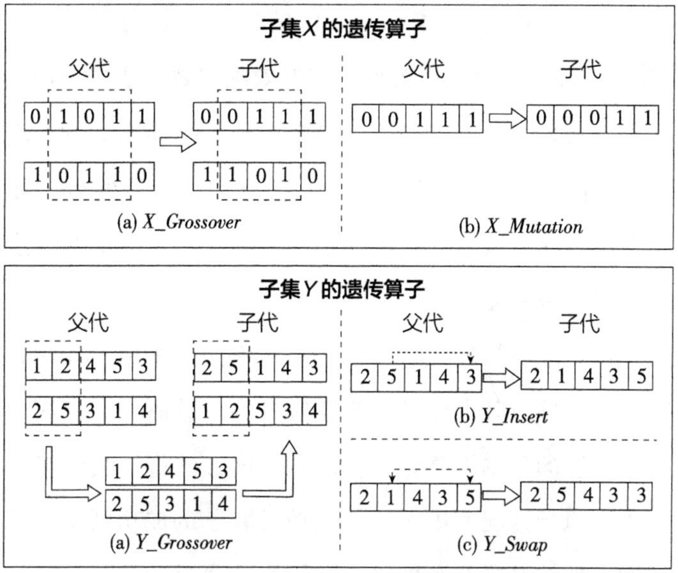

图 9-2　子集 X 和 Y 的遗传算子

给定遗传算子，如何确定执行该算子的概率，这是遗传操作的另一关键问题。算子执行概率一般被预先指定，不会根据实际进化情况自动调整。然而，对于不同的算例及相同算例下的不同进化阶段，遗传算子的执行效果往往是不同的，因此，算子概率应具有自适应能力，能够根据进化情况动态调整。本节提出一种基于记忆（Memory）的动态概率设计方法，使概率值具有自适应能力。在该方法中，每种遗传算子有两个执行概率：指定概率 P^s 和记忆概率 P^m 。其中，P^m 通过记忆遗传算子在进化过程中的优化效果来进行动态调整。此外，参考 Pan[176] 在蜂群算法中提出的自适应邻域算子（Self-adaptive Neighborhood Operator），设定控制概率 P^c ，每次遗传操作时若生成的随机数位于 $[0, P^c]$ ，则采用记忆概率 P^m ，否则采用指定概率 P^s 。

基于记忆的动态概率设计方法的思想源于近年发展起来的基于知识的调度算法（Knowledge - based Scheduling Algorithm），也称为基于机器学习的调度算法（Machine Learning - based Scheduling Algorithm）[177,178]。这种算法对优质染色体或有效的参数设置进行记忆，进而基于统计学习等方法来学习基因知识或参数知识，指导算法下一步搜索。在参数知识学习方面，Xing 等[178]针对蚁群算法设置参数组合，并记忆各组合的成功次数来更新参数组合的选择概率，文中指出，这种方法能够降低算法参数对优化的敏感度。

借鉴上述记忆学习策略，CGA 的动态概率设计采用统计学方法，记录并学习各算子对算例及其进化过程的适应程度，进而判定当前阶段的算子记忆概率。该方法的基本思路如下：首先，该方法将持续记忆遗传算子在各进化代数中的执行情况，进而不断更新各算子的成功概率，其中，若由该算子生成的子代被选择至新种群，则记为一次成功。若某算子的成功概率较高，则被认为由该算子进化后得到的子代具有较高的概率被选择至新种群，因而将该算子赋予较高的记忆概率 P^m 。可见，记忆概率 P^m 需记忆遗传算子的累计执行次数和累计成功次数，以此衡量该算子的有效性。其中，算子执行次数可以在遗传操作时进行累计更新，成功次数则在选择过程中进行判定和累加，进而采用以下规则更新 P^m ：

记忆规则 9-1：若累计执行次数=0，则 $P^m = P^s$ 。

记忆规则 9-2：若累计执行次数 ≠0 且累计成功次数 = 0，则 $P^m = 1/(2ps \cdot t)$ ，其中 t 为进化代数。

记忆规则 9-3：若累计成功次数≠0，则 P^m = 累计成功次数/累计执行次数 。

前两项规则确保遗传算子在从未执行或成功的情况下仍有运行机会。在协同进化中，每更新一类子集的遗传算子记忆概率后，将对概率进行总和标准化处理。例如，若某代进化子集 X 后，根据累计执行和成功次数得到的交叉和变异算子的记忆概率分别为 0.3 和 0.1，则用于子集 X 下次进化的记忆概率为其标准化值 0.75 和 0.25。

9.3.4 解码、评价与选择

如 9.3.1 节所述，CGA 的染色体可以直接解码为决策对 $\langle RS, \pi \rangle$。然而，遗传操作具有一定的随机性，得到的决策对可能违背 Makespan 上限约束，且总成本尚有优化余地。因此，CGA 设计了解码规则，工件按 π 中顺序依次执行以下规则，生成可行且较优的解。

解码规则 9-4：若 $C_{\pi(i),m} > C^{+}_{\max}$，则拒绝 $J_{\pi(i)}$。

解码规则 9-5：若 $rej_{\pi(i)} \leqslant w_{\pi(i)} T_{\pi(i)}$，则拒绝 $J_{\pi(i)}$。

规则 9-4 保证了解的可行性。此规则仅拒绝第一个违背 Makespan 上限的工件 $J_{\pi(i)}$，这样若有加工时间短或拖期成本小的工件位于 $J_{\pi(i)}$ 之后，则该工件有被接受的机会。规则 9-5 是对总成本的优化。这里没有采用复杂度为 $O(n^2m)$ 的 *Initializing_X*（*Y*），而是基于贪婪思想，在对 π 的解码过程中，每确定一个调度工件，即调用解码规则 9-5 进行拒绝判定，以此提高算法效率。CGA 的解码过程如下，记为 *Decoding*（[*XY*]），复杂度为 $O(nm)$：

$\pi = \varnothing$；$RS = \varnothing$；

令 $k = 1$ 至 n，依次执行：

{

  $i = y_k$；$r = x_i$； // k 为工件序列位置 i 的工件编号；r 为 J_i 的拒绝情况。

  若 $r = 1$，则 $RS = RS \cup \{i\}$

  否则 // 计算 C_{ij}，复杂度 $O(m)$

{

若 $\pi_i = \varnothing$，则执行：

{ $C_i = p_i$；令 $j = 2$ 至 m，依次执行：{ $C_{ij} = C_{i,j-1} + \theta_{i,j-1}^{\min} + p_{ij}$；} }

否则，执行：

{

令 $j = 2$ 至 m，依次执行：

{ $C_{ij} = \max\{C_{\pi(|\pi|),j},\ C_{i,j-1} + \theta_{i,j-1}^{\min}\} + p_{i,j}$；}

令 $j = m - 1$ 至 1，依次执行：{ $C_{ij} = \max\{C_{ij},\ C_{i,j+1} - p_{i,j+1} - \theta_{ij}^{\max}\}$；}

}

}

//基于解码规则的工件拒绝再判定

若 $C_{im} > C_{\max}^{+}$，则 $RS = RS \cup \{j\}$ // 解码规则 9-4

否则，执行：

{

$T_i = \max\{C_{im} - d_i,\ 0\}$；

若 $\mathrm{rej}_i \leqslant w_i T_i$，则 $RS = RS \cup \{j\}$ //解码规则 9-5

否则 $\pi_i = \pi_i \cup \{j\}$；

}

}

在染色体解码后将进行个体评价。根据订单承诺模型的优化指标，将总成本作为主评价函数，Makespan 作为平局判定函数（Tie Breaker），采用以下规则对个体 A 和 B 进行比较。

评价规则 9-6：若$f(A) \leqslant f(B) \vee (f(A) = f(B) \wedge C_{max}(A) < C_{max}(B))$，则个体 A 优于个体 B。

基于评价规则，CGA 采用父子锦标赛方法进行个体选择，即每次分别从父代集合和子代集合中随机抽取一个个体进行比较，保留较优个体。

9.3.5 算法步骤

CGA 算法步骤如下：

//初始化

若种群规模 $ps < 2m + 3$，则 $ps = 2m + 3$；

调用 SPT、ABM、ECT、EDD 规则生成 $2m + 3$ 个子集 Y，随机生成剩余子集 Y，形成种群 pop_Y；

令 $y = 1$ 至 ps，执行以下循环语句

{ $X = Initializing\_X(pop_Y(y))$；$pop_X = pop_X \cup \{X\}$；}

记录最优个体 $[X^* Y^*]$；

//协同进化

当不满足终止准则时，执行以下循环语句

{

//进化 pop_X

若随机数≤控制概率 P^c，则

按记忆概率 P^m(X_Crossover) 和 P^m(X_Mutation) 调用遗传算子 *X_Crossover* 和 *X_Mutation*，生成子代集合 off_X，并更新两种算子的累计执行次数；

否则

按指定概率 P^s(X_ Crossover) 和 P^s(X_ Mutation) 调用两种算子生成 off_X，更新算子累计执行次数；

令 x = 1 至 ps，依次执行：

{*Decoding* ($[pop_X(x)Y^*]$); *Decoding* ($[off_X(x)Y^*]$);}

调用父子锦标赛法，根据评价规则选择个体，更新 pop_X 和遗传算子累计成功次数；

根据记忆规则 9－1 至 9－3，计算 P^m(X_ Crossover) 和 P^m(X_ Mutation)，并进行总和标准化处理；

更新最优子集 X^*；

//进化 pop_Y

若随机数≤控制概率 P^c，则

按记忆概率 P^m(Y_ Crossover)、P^m(Y_ Insert) 和 P^m(Y_ Swap) 调用*Y_ Crossover*、*Y_ Insert* 和 *Y_ Swap*，生成子代集合 off_Y，并更新三种算子的累计执行次数；

否则，

按指定概率 P^s(Y_ Crossover)、P^s(Y_ Insert) 和 P^s(Y_ Swap) 调用三种算子，生成 off_Y 并更新算子累计执行次数；

令 y = 1 至 ps，依次执行：

{*Decoding* ($[X^* pop_Y(y)]$); *Decoding* ($[X^* off_Y(y)]$);}

调用父子锦标赛法，根据评价规则选择个体，更新 pop_Y 和遗传算子累计成功次数；

调用记忆规则 9－1 至 9－3 和总和标准化方法计算 P^m(Y_ Crossover)、P^m(Y_ Insert) 和 P^m(Y_ Swap)；

更新最优子集 Y^*；

}

输出 $[X^* Y^*]$ 对应的决策对 $\langle RS^*, \pi^* \rangle$

◎9.4 数据实验

9.4.1 实验设计

为检验 CGA 算法及其关键策略的有效性，实验中设置了四个对比算法：

第一种，CGA_P——协同进化遗传算法，遗传算子的执行概率预先指定。CGA_P 用来检验 CGA 动态概率方法的有效性。

第二种，CGA_I——协同进化遗传算法，初始种群随机生成，采用 Decoding（）解码优化。CGA_I 用来检验 CGA 初始种群生成方法的有效性。

第三种，CGA_D——协同进化遗传算法，初始种群随机生成，解码方案中仅保留规则 1 来保证解的可行性。CGA_D 除了保证可行的解码规则 1 外，不再应用任何问题特征，可以通过与 CGA_I 的对比检验 CGA 解码规则的有效性，通过与 CGA 的对比来检验 CGA 引入问题特征的优化效果。

第四种，TGA——传统遗传算法，将子集 X 和 Y 作为一条染色体同时进化，其初始种群生成、遗传操作、选择方法等均与 CGA 相同。TGA 用来检验 CGA 协同进化策略的有效性。

本节算法采用 C#语言编程，运行环境为 Intel Core i5 - 6300U/CPU2.40GHz 2.50GHz / RAM 8.00GB。实验的问题规模设置如下：工件数 n = 20，50，100，150，200；机器数 m = 2，5，10。根据问题规模分为 15 组实验，每组随机生成 50 个算例。参考文献［124］的实验设计，算例参数设置为：加工时间 $p_{ij} \in DU[20, 50]$，其中 $DU[a, b]$ 表示位于 $[a, b]$ 的离散均匀分布；等待时间上下限 $\theta_{ij}^{\max} \in DU[0, 14]$、$\theta_{ij}^{\min} \in DU[0, 7]$；工件拒绝成本 $rej_i \in DU[1, 20]$；Makespan 上限 $C_{\max}^{+} \in \lceil U[0.8, 1] \times 35 \times (n + m - 1) \rceil$；单位拖期成本 $w_i \in U[0.5, 1.5]$，交货期 $d_i \in DU[0.2C_{\max}^{-}, C_{\max}^{-}]$，其中 $C_{\max}^{-}$ 为不考虑工件拒绝时的 Makespan 下界，公式如下[140]：

$$C_{\max}^{-} = \max\{\max_i \sum_{j=1}^{m}(p_{ij} + \theta_{ij}^{\min}), \max_j [\sum_{i=1}^{n} p_{ij} + \min_i \sum_{k=1}^{j-1}(p_{ik} + \theta_{ik}^{\min}) + \min_i \sum_{k=j+1}^{m}(p_{ik} + \theta_{ik}^{\min})]\} \tag{9-4}$$

五种遗传算法的参数设置如下：在求解流水车间调度的遗传算法中，基于计算时间与求解质量的折中考虑，设种群规模 $ps = n$。在遗传算子的指定概率方面，对于子集 X，交叉算子作为遗传操作的核心，通常被赋予较高的执行概率，因此设 P^S（X_ Crossover）= 0.8、P^S（X_ Mutation）= 0.2[179]；对于子集 Y，考虑到算法采用了两种变异算子，且其实质为插入邻域和交换邻域，而这两种邻域结构是调度问题邻域构造的两种经典且有效的方法，因此我们适当提高了变异的整体概率，设定为 P^S（Y_ Crossover）= 0.6、P^S（Y_ Insert）= P^S（Y_ Swap）= 0.2。对于控制概率 P^c，参考 Pan[176]将控制概率设为 0.75，我们对 P^c = 0.7、0.75 和 0.8 这 3 种情况进行实验，针对问题规模 20 × 2、50 × 5 和 100 × 10 分别生成 50 个算例，对 3 种 P^c 取值下的 CGA 成本相对于三者最低成本的偏离率进行比较，其平均偏离率分别为 5.37%（P^c = 0.7），4.48%（P^c = 0.75）和 3.77%（P^c = 0.8），进而选定 P^c = 0.8（CGA_ P 中 P^c = 0）。算法终止准则为最大进化 500 代。

算法性能从有效性和求解效率两个方面衡量，其中求解效率的评价指标为 CPU 时间。本节提出 $g(\mathrm{Alg})$ 函数对算法 Alg 取得的总成本和 Makespan 进行综合评价（式（9-5）），并采用 $g(\mathrm{Alg})$ 的相对偏差率（Percentage Relative Difference，PRD）衡量算法有效性（式（9-6））。如式（9-5）所示，$g(\mathrm{Alg})$ 函数首先对 Makespan 进行极差标准化处理，进而与总成本加总，其中 $\max C_{\max}$ 和 $\min C_{\max}$ 分别为五种算法取得的 Makespan 最大和最小值。可见，$g(\mathrm{Alg})$ 既能反映算法对 Makespan 的优化效果，也保证了总成本优化目标的主导地位。在 PRD 的计算公式（9-6）中，g^* 为五种算法取得的 $g(\mathrm{Alg})$ 最小（最好）值。

$$g(\mathrm{Alg}) = \begin{cases} f(\mathrm{Alg}), & if \max C_{\max} = \min C_{\max} \\ f(\mathrm{Alg}) + \dfrac{C_{\max}(\mathrm{Alg}) - \min C_{\max}}{\max C_{\max} - \min C_{\max}}, & otherwise \end{cases} \tag{9-5}$$

$$PRD(\mathrm{Alg}) = \frac{g(\mathrm{Alg}) - g^*}{g^*} \times 100\% \tag{9-6}$$

9.4.2 算法性能对比与分析

表 9-1 给出了算法的 PRD 均值（Avg.）和标准差（Std.）。此外，我们采用方差分析（Analysis of Variance，ANOVA）对每组实验进行 PRD 均值差异性的显著性检验，其中设 $\alpha = 0.05$，对应的 F 临界值为 2.41。表 9-1 的最后两列给出了每组实验的 F 值与 P 值。

表 9-1 五种算法的 PRD 均值（Avg.）、标准差（Std.）与 ANOVA 分析结果（终止准则：进化 500 代）

$n \times m$	CGA		CGA_ P		CGA_ I		CGA_ D		TGA		ANOVA($\alpha = 0.05$)	
	Avg.	Std.	Avg.	Std.	Avg.	Std.	Avg.	Std.	Avg.	Std.	F	P-value
20 × 2	4.27	6.36	6.18	9.67	6.33	10.07	29.55	33.74	8.10	11.15	18.47	2.79×10^{-13}

续表

$n \times m$	CGA		CGA_ P		CGA_ I		CGA_ D		TGA		ANOVA(α = 0.05)	
	Avg.	Std.	Avg.	Std.	Avg.	Std.	Avg.	Std.	Avg.	Std.	F	P-value
20 × 5	3.16	5.37	5.32	7.70	4.50	8.44	23.27	17.93	6.21	7.62	32.24	1.37×10^{-21}
20 × 10	1.67	2.59	3.16	4.34	1.95	4.47	7.20	11.50	2.86	3.55	6.52	5.32×10^{-5}
50 × 2	3.08	4.08	4.19	5.35	8.61	10.53	26.47	20.18	11.34	10.33	33.03	4.97×10^{-22}
50 × 5	3.63	5.06	7.20	6.98	7.24	8.00	26.38	18.92	12.36	8.30	35.46	2.32×10^{-23}
50 × 10	2.93	4.02	3.67	4.28	5.07	5.30	20.64	11.10	8.69	7.38	55.44	3.02×10^{-33}
100 × 2	2.18	3.25	2.37	2.89	11.58	7.47	26.91	15.69	9.79	4.70	74.01	4.85×10^{-41}
100 × 5	1.88	3.25	3.01	4.12	10.50	7.33	31.29	18.29	11.08	4.39	80.09	2.30×10^{-43}
100 × 10	1.59	2.79	3.28	4.32	9.15	6.67	24.50	11.73	9.84	5.70	84.64	4.83×10^{-45}
150 × 2	1.12	1.69	1.44	2.24	16.17	7.23	37.14	16.02	10.41	4.72	161.18	2.20×10^{-67}
150 × 5	2.12	2.86	2.33	3.15	14.68	6.25	33.05	12.22	13.03	6.38	161.05	2.37×10^{-67}
150 × 10	1.64	2.77	2.95	3.66	10.10	5.63	26.88	8.82	12.38	6.38	148.56	2.76×10^{-64}
200 × 2	1.53	2.31	2.01	2.87	24.24	11.21	68.19	29.31	11.68	5.06	186.98	3.32×10^{-73}
200 × 5	1.94	2.86	2.43	3.48	20.68	7.81	44.75	15.32	15.67	5.29	222.36	2.81×10^{-80}
200 × 10	1.60	2.15	1.96	3.25	11.24	5.23	30.65	9.95	12.29	6.24	192.74	2.01×10^{-74}
平均值	2.29	3.72	3.44	5.17	10.80	9.61	30.46	21.99	10.38	7.37	714.34	0

由表9-1可以得到以下结论：

（1）CGA的PRD值最低，其次为CGA_P；CGA_I在工件数较少时优于TGA，但随着工件数增加则逐渐劣于TGA；CGA_D最差，这表明CGA能取得相对较优的解。每组实验进行ANOVA分析得到的P值均接近于0，明显小于α(0.05)，说明算法的求解质量存在显著差异。此外，表9-1中

CGA 的标准差也是最小的，说明 CGA 不仅求解质量较高，且求解性能相对稳定。

（2）CGA_P 的 PRD 值是 CGA 平均的 1.50 倍，最高 2.06 倍，这说明 CGA 基于记忆的动态概率设计方法比传统的指定概率具有更好的优化效果。

（3）CGA_I 的 PRD 值是 CGA 平均的 5.88 倍，最高 15.86 倍，这说明 CGA 基于调度规则的初始解生成方法能够生成高质量的初始解，提高算法有效性。此外，CGA_D 的 PRD 值是 CGA_I 平均的 3.15 倍，且是五种算法中求解质量最差的，这说明 CGA 在遗传算法中引入问题特征来设计求解规则的方法是可行且有效的。

（4）TGA 的 PRD 值是 CGA 平均的 5.24 倍、CGA_P 平均的 3.77 倍。显然，基于协同进化的 CGA 和 CGA_P 优于采用传统遗传策略的 TGA 算法。此外，虽然 CGA_I 的初始解劣于 TGA 基于调度规则生成的初始解，但二者求解性能相近，这也说明了 CGA 协同进化策略的有效性。

在算法效率方面，表 9-2 给出了算法在求解规模组 20 × 2、100 × 5、200 × 10 及所有 750 个实例的平均 CPU 时间。由于 CGA_P 与 CGA 的区别仅在于 P^c 不同，计算时间与 CGA 基本相同，这里不再列出。由表 9-2 可以看出，第一，算法计算效率由高至低分别为 TGA、CGA_D、CGA_I、CGA；第二，三种基于协同进化的遗传算法 CGA、CGA_I 和 CGA_D 的计算时间相差不大，说明初始解生成方法和解码方案的运算时间较快，对算法效率影响不大；第三，协同进化遗传算法的计算时间多于 TGA，这是因为每次进化要两个子集分别执行遗传和选择操作，而 TGA 则是将两个子集作为一个染色体进行进化；第四，CGA 虽然计算时间相对较长，但即使对于 200 个工件 10 台机器的问题，也能在 25s 内取得问题解，完全能够满足实际应用的需要。

表 9-2　算法的 CPU 时间

（单位：s）

$n \times m$	CGA	CGA_ I	CGA_ D	TGA
20 × 2	0. 15	0. 14	0. 14	0. 06
100 × 5	3. 66	3. 58	3. 29	1. 48
200 × 10	23. 43	22. 48	18. 97	9. 61
平均值	6. 91	6. 64	5. 88	2. 89

由表 9-2 可知，在相同进化代数下，三种协同进化遗传算法的计算时间与 TGA 存在明显差距。换言之，若在相同计算时间限制下，TGA 的进化代数为协同进化遗传算法的两倍以上。因此，可能会存在以下情况：情况一，若以 TGA 的计算时间为终止准则，则由于 CGA 的迭代次数过少，很可能处于快速收敛的初期阶段，搜索到的解可能劣于 TGA；情况二，若以 CGA 的计算时间作为终止准则，则 TGA 可能会由于增加了一倍以上的进化代数而有机会搜索到优于 CGA 的解。基于以上考虑，本节将进一步针对最大计算时间这一终止准则，来检验 CGA 的有效性。

针对上述两种假设情况，本节分别以 TGA 和 CGA 进化 500 代的计算时间作为五种对比算法的终止准则进行实验。算例的生成方法与以最大进化代数为终止准则的实验相同，根据问题规模分为 15 组实验，每组随机生成 50 个算例。实验方法如下：针对每个算例，运行 TGA 和 CGA，记录两种算法的计算时间，分别记为 t_ T 和 t_ C；以 t_ T 为最大计算时间，运行 CGA、CGA_P、CGA_I 和 CGA_ D；以 t_ C 为最大计算时间，运行 CGA_ P、CGA_I、CGA_D 和 TGA；根据式（9-5）和式（9-6）计算上述 10 次算法运行得到的 PRD 值，其中 g^* 为 10 次算法运算取得的

$g(\mathrm{Alg})$ 最小值。实验结果见表 9-3。

表 9-3 五种算法的 PRD 均值（Avg.）、标准差（Std.）与 ANOVA 分析结果（终止准则：计算时间）

$n \times m$	CPU	CGA		CGA_ P		CGA_ I		CGA_ D		TGA		ANOVA（$\alpha = 0.05$）	
	Time / s	Avg.	Std.	Avg.	Std.	Avg.	Std.	Avg.	Std.	Avg.	Std.	F	P-value
20 × 2	(t_T)0.05	12.33	13.98	9.55	13.75	13.42	14.03	30.46	34.11	12.87	11.77	9.30	5.13×10^{-7}
	(t_C)0.12	6.42	9.81	8.13	12.19	9.93	12.15	29.70	28.81	8.41	13.17	16.79	3.55×10^{-12}
20 × 5	(t_T)0.06	6.86	6.73	9.44	13.42	6.99	6.94	26.76	24.44	8.10	9.34	18.96	1.35×10^{-13}
	(t_C)0.15	4.05	7.50	5.54	6.72	4.79	6.82	19.42	13.83	4.12	5.95	29.44	5.38×10^{-20}
20 × 10	(t_T)0.09	2.58	3.88	4.37	6.24	2.45	3.10	8.84	9.32	2.88	4.10	10.85	4.12×10^{-8}
	(t_C)0.23	1.90	3.29	3.23	4.02	2.22	3.79	7.34	6.36	2.33	3.35	13.68	4.42×10^{-10}
50 × 2	(t_T)0.26	9.53	7.87	9.28	7.95	21.67	22.42	49.74	62.46	12.16	7.73	15.96	1.26×10^{-11}
	(t_C)0.65	4.45	5.54	7.22	6.27	7.81	6.48	29.67	27.72	8.95	7.87	27.73	5.31×10^{-19}
50 × 5	(t_T)0.32	9.24	6.39	9.88	7.34	16.96	12.63	37.07	22.20	11.05	6.17	43.69	1.17×10^{-27}
	(t_C)0.87	4.05	4.28	5.46	4.78	8.20	8.02	23.06	21.85	6.81	5.81	24.23	6.63×10^{-17}
50 × 10	(t_T)0.43	8.12	8.07	9.59	6.55	13.90	8.18	31.22	13.49	9.08	7.35	56.88	6.86×10^{-34}
	(t_C)1.17	3.56	4.70	8.04	6.03	6.32	6.24	23.06	13.33	4.94	3.89	54.21	1.10×10^{-32}
100 × 2	(t_T)1.01	7.18	3.96	7.73	5.31	32.09	14.22	63.46	29.00	9.72	4.47	134.02	1.77×10^{-60}
	(t_C)2.54	2.27	2.93	4.10	4.75	11.33	7.97	26.45	16.95	4.89	3.68	62.08	3.65×10^{-36}
100 × 5	(t_T)1.27	12.26	6.31	13.73	7.75	30.22	9.43	52.22	15.52	13.75	6.10	158.25	1.11×10^{-66}
	(t_C)3.41	3.32	3.64	3.96	5.57	11.74	6.89	24.73	11.80	4.65	4.77	81.11	9.54×10^{-44}
100 × 10	(t_T)1.72	11.59	7.16	10.85	8.77	21.36	7.51	36.94	13.36	10.68	5.65	81.55	6.56×10^{-44}
	(t_C)4.66	3.19	4.02	4.28	3.92	6.71	5.67	19.35	10.44	3.70	4.42	59.94	3.06×10^{-35}
150 × 2	(t_T)2.66	10.00	5.12	9.37	4.79	48.97	22.84	124.87	47.20	11.11	6.17	219.29	1.07×10^{-79}
	(t_C)6.23	2.11	2.73	3.02	3.74	17.96	7.84	31.30	15.59	3.85	3.09	121.48	5.81×10^{-57}
150 × 5	(t_T) 3.13	14.44	6.02	13.58	6.36	40.91	10.32	86.98	20.96	14.48	4.97	389.63	6.72×10^{-105}
	(t_C) 7.83	2.03	2.84	3.27	3.39	15.30	6.88	28.37	11.89	3.94	3.54	144.20	3.59×10^{-63}
150 × 10	(t_T)4.44	13.07	5.97	13.20	6.18	29.71	7.16	57.34	16.60	13.40	4.86	218.44	1.54×10^{-79}
	(t_C)11.88	2.62	3.51	3.23	3.55	10.25	4.48	23.30	7.90	3.71	3.08	164.26	4.10×10^{-68}

续表

n × m	CPU Time / s	CGA		CGA_P		CGA_I		CGA_D		TGA		ANOVA(α = 0.05)	
		Avg.	Std.	Avg.	Std.	Avg.	Std.	Avg.	Std.	Avg.	Std.	F	P-value
200 × 2	(t_T)4.97	9.91	4.22	10.42	4.16	74.29	29.23	180.31	39.16	12.33	4.15	560.59	5.52×10^{-122}
	(t_C)11.79	1.75	2.40	2.27	3.02	22.69	8.07	49.75	20.10	3.66	3.16	218.63	1.42×10^{-79}
200 × 5	(t_T)6.18	17.29	5.15	16.13	6.36	48.60	9.57	107.43	25.87	14.98	4.55	466.01	3.20×10^{-113}
	(t_C)15.48	1.70	2.38	3.07	3.29	18.07	5.84	35.29	11.41	3.06	2.79	280.05	4.14×10^{-90}
200 × 10	(t_T)9.09	16.52	8.12	14.54	7.19	34.41	7.94	71.50	15.69	11.88	5.70	338.84	1.50×10^{-98}
	(t_C)23.28	2.34	3.10	3.04	3.40	13.63	6.04	26.93	8.20	2.74	2.33	220.42	6.47×10^{-80}
平均值	(t_T)2.38	10.73	7.88	10.78	8.38	29.06	22.96	64.34	52.31	11.23	7.10	587.55	0
	(t_C)6.02	3.05	4.75	4.52	5.72	11.13	8.89	26.51	18.56	4.65	5.70	698.71	0

由表 9-3 可以得到以下结论：

第一，在计算时间较短时（终止准则为 TGA 进化 500 代时间），CGA 的 PRD 整体均值低于其他算法，其次为 CGA_P 和 TGA。有八组实验中 CGA 的解是稍劣于 CGA_P 或 TGA 的，其原因分析如下：①根据表 9-2 和表 9-3 可知，TGA 在进化 500 代时 CGA 仅进化了 200 代左右，此时 CGA 很可能处于持续优化阶段，而 TGA 已趋于平稳，因此，CGA 的解与 TGA 差距较小，甚至劣于 TGA；②CGA 的记忆概率是对进化代数的持续累积，当进化代数较少时，由于累积的记忆较少，对遗传算子执行效果的学习不准确，得到的解可能会劣于基于指定概率的 CGA_P。

第二，在计算时间较长时（终止准则为 CGA 进化 500 代时间），虽然 CGA_I、CGA_D 和 TGA 的进化代数多于 CGA，但四种对比算法的求解质量依然明显劣于 CGA。这说明 CGA 能在较少代数内快速收敛至较优的解，而其他对比算法在 500 代后的优化效果有限，在多数情况下即使放宽进化代数也很难搜索到优于 CGA 的解。

第三，计算时间以 CGA 为基准时，这五种算法的优化效果均明显优于以 TGA 计算时间为终止准则的情况。以问题规模最大的实验组 200 × 10 为例，CGA 的计算时间（25s）与 TGA（10s）同处于秒级，但相对于 t_T 终止时间，CGA、CGA_P、CGA_I、CGA_D 和 TGA 在以 t_C 为终止时间时 PRD 均值的改进倍数分别达到 6.06、3.78、1.52、1.66、3.44，优化效果均十分明显。因此，若以计算时间作为终止准则，将终止时间设置的稍长一些（如 CGA 的计算时间 t_C）会更适于实际应用要求。

为进一步验证以上结论，并检验算法的收敛性，下面对算法的收敛情况进行对比分析。针对 $n \times m = 100 \times 5$ 的随机实例，令每种算法迭代 2000 代，以保证其充分收敛，则各算法取得的最小成本及取得该成本的进化代数见表 9-4。由表 9-4 可以看出：首先，CGA 具有最快的收敛速度，且取得了最低成本 123；CGA_P 也取得了最低成本，但取得该成本的代数比 CGA 多了 1112 代。这也与上述结论的第二条一致。其次，TGA 在 1106 代时收敛至成本 127，此时 CGA 约进化到 440～450 代，其成本值为 129，略高于 TGA；反之，CGA 在 544 代收敛至成本 123，此时 TGA 进化到 1360 代左右，此时早已收敛至成本 127，劣于 123。这也与上述结论第一条的原因分析①一致。

表 9-4　算法的收敛值及其相应代数

	CGA	CGA_ P	CGA_ I	CGA_ D	TGA
最小成本	123	123	144	146	127
相应代数	544	1656	1955	1341	1106
初始最低成本	276	276	474	1380	276
600 代最低成本	123	131	148	160	140

为便于观察各算法的收敛情况，图 9-3 给出了算法的收敛曲线。为了

能够清晰看出算法的收敛趋势，且考虑到在 500～600 代出现了收敛的算法，600 代以后其他算法的收敛速度也明显放缓（见表 9-4），因此，图 9-3的收敛曲线给到了 600 代。可以看出，CGA、CGA_P 和 TGA 基于调度规则生成的初始种群质量较优；CGA_I 的初始种群虽然是随机生成的，但采用了解码规则进行优化，得到的最优初始解明显好于 CGA_D。以上结果验证了 CGA 初始解生成方法和解码规则的有效性。

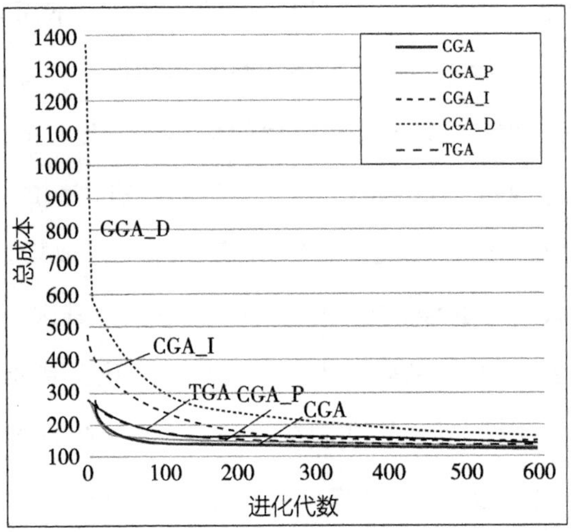

图 9-3　5 种算法的收敛曲线

为便于进一步观察，图 9-4 单列了 CGA、CGA_P 和 TGA 的收敛曲线。可以看出，两种协同进化算法的收敛速度明显快于 TGA，说明协同进化策略能够加快收敛；此外，CGA 在进化前期虽求解质量稍逊于 CGA_P，但从第 81 代开始优于 CGA_P，且随着代数增加，差距越发明显。这是因为随着累积记忆的增多，对算子执行效果的学习逐渐准确，记忆概率的优势也就越发明显，这也与上述结论第一条的原因分析②一致。以上表明，CGA 具有良好的收敛性和求解质量，而这是初始解生成方法、解码规则、协同进化和记忆概率共同作用的结果。

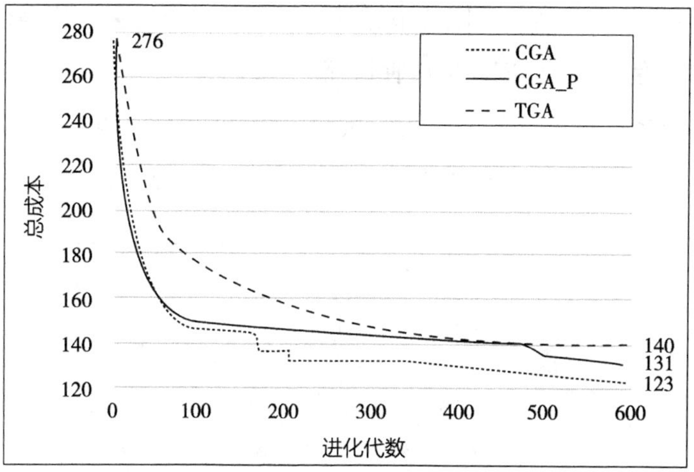

图 9-4　具有相同初始解的 3 种遗传算法收敛曲线

可以看出，CGA、CGA_P 和 TGA 基于调度规则生成的初始种群质量较优；CGA_I 的初始种群虽然是随机生成的，但采用了解码规则进行优化，得到的最优初始解明显好于 CGA_D。以上结果验证了 CGA 初始解生成方法和解码规则的有效性。

9.4.3　问题参数对 CGA 性能的影响

工件数、机器数和等待时间的限制区间是工件可拒绝的等待时间受限的置换流水车间调度问题的三个关键参数。对于工件数的影响，本节对 $m=5$ 的五组实验数据（$n=20, 50, 100, 150, 200$）进行总成本和单工件平均成本的均值及其 95%置信区间分析，如图 9-5（a）（b）所示。对于机器数的影响，本节对 $n=100$ 的三个实验组 $m=2, 5, 10$ 的数据进行总成本均值及其 95%置信区间分析，如图 9-5（c）所示。对于等待时间限制的影响，本节设置了四组实验，其等待时间上下限分别为 $\{\theta_{ij}^{\min}=7, \theta_{ij}^{\max}=14\}$、$\{\theta_{ij}^{\min}=0, \theta_{ij}^{\max}=14\}$、$\{\theta_{ij}^{\min}=7, \theta_{ij}^{\max}=+\infty\}$、$\{\theta_{ij}^{\min}=0, \theta_{ij}^{\max}=+\infty\}$，$\forall i$，

j，分别对应等待时间上下限约束、仅等待时间上限约束、仅等待时间下限约束和不存在等待时间约束四种情况。每组实验按照 9.4.1 节的实例参数设置随机生成 100 个问题规模为 100 × 5 的实例，共计 400 个实例。四组实验的总成本均值及其 95%置信区间如图 9-5（d）所示。

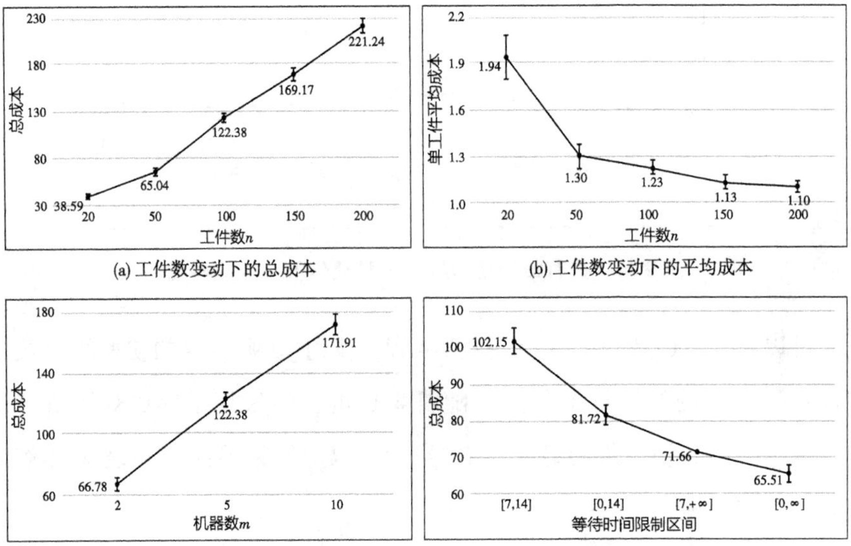

(a) 工件数变动下的总成本　(b) 工件数变动下的平均成本

(c) 机器数变动下的总成本　(d) 不同等待时间限制下的总成本

图 9-5　不同问题参数下的 CGA 成本均值及其 95%置信区间

由图 9-5（a）（c）可以看出，随着问题规模的增加，即工件数或机器数的增长，CGA 的总成本均呈明显上升趋势。由图 9-5（b）可以看出，随着工件数的增加，CGA 得到的平均每个工件的成本值是明显减少的。这说明，虽然工件数增加会导致总成本上升，但好的算法是能够降低单工件平均成本的。

由图 9-5（d）可以看出，等待时间限制会导致总成本增加，且等待时间上限的约束作用强于等待时间下限，而当等待时间上下限同时存在时，对总成本的影响最大。这是因为无论是等待时间上限还是下限，均会引起工件完工时间的增加，进而拖期或 Makespan 超出上限的可能性就越大，最终导致总成本增加。这也说明，对于存在等待时间限制，特别是等待时间上限的车间环境，若仅根据机器能力来进行工件拒绝决策，会导致实际成本与预期成本偏差过大（参见实验组 $\{\theta_{ij}^{\min}=0,\ \theta_{ij}^{\max}=+\infty\}$ 与其他组的成本差异），因此有必要进行工件拒绝和工件调度的联合决策。

◎9.5　本章小结

本章研究了一类工件可拒绝的等待时间受限置换流水车间调度问题，以最小化总拒绝成本和总拖期成本之和为优化目标，并为 Makespan 设定了上限约束。研究成果如下：

第一，结合问题特征，提出了一种协同进化遗传算法，算法将染色体编码分解为两个子集，分别对应工件拒绝情况和工件调度序列，并基于调度规则生成初始种群，进而采用协同进化策略对两个子集种群进行协同式进化操作。

第二，在遗传操作方面，根据两个子集的编码特征分别为其设计遗传算子，并提出了基于记忆的动态概率设计方法，为各算子确定执行概率；在个体选择方面，提出了解码规则来进一步优化总成本和 Makespan，并给出了个体评价规则和父子锦标赛选择方法。

第三，基于大量随机生成的实例展开数据实验。实验结果表明，当工件数或机器数较多、存在等待时间上下限特别是等待时间上限时，总成本将增加，而对于各种问题规模和等待时间限制下的算例，本章提出的协同进化遗传算法均具有很好的求解效果。

参考文献

[1] GRAHAM R L, LAWLER E L, LENSTRA J K, et al. Optimisation and approximation in deterministic sequencing and scheduling: A survey [J]. Annals of discrete mathematics, 1979, 5: 287-326.

[2] BAKER K R. Introduction to sequencing and scheduling [M]. New York: John Wiley & Sons, 1974.

[3] JOHNSON S M. Optimal two and three stage production scheduling with setup time times included [J]. Naval research logistics quarterly, 1954, 1: 61-68.

[4] GAREY M, JOHNSON D, SETHI R. The complexity of flow shop and job shop scheduling [J]. Mathematics of operations research, 1976, 1(2): 117-129.

[5] PINEDO M. Scheduling: Theory, algorithms, and systems [M]. 5nd Edition. Springer, 2016.

[6] ZOBOLAS G I, TARANTILIS C D, LOANNOU G. Minimizing makespan in permutation flow shop scheduling problems using a hybrid metaheuristics algorithm [J]. Computers & operations research, 2009, 36: 1249-1267.

[7] WANG X , TANG L . A machine-learning based memetic algorithm for the multi-objective permutation flowshop scheduling problem[J]. Computers & operations research, 2017, 79: 60-77.

[8] SHEIBANI K. A fuzzy greedy heuristic for permutation flow-shop scheduling

[J]. Journal of the operational research society, 2017.

[9] HEJAZI S R, SAGHAFIANB S. Flowshop-scheduling problems with makespan criterion: a review [J]. International journal of production research, 2005, 43(14): 2895-2929.

[10] NG C T, WANG J B, CHENG T C E, et al. A branch-and-bound algorithm for solving a two-machine flow shop problem with deteriorating jobs [J]. Computers & operations research, 2010, 37(1): 83-90.

[11]关静,唐立新,宋国骄.两台流水机器协调分解调度问题[J].控制与决策,2009,24(1):55-60.

[12] POTTS C N, STRUSEVICH V A. Fifty years of scheduling: A survey of milestones [J]. The Journal of the operational research society, 2009, 60: 41-68.

[13] LOURENCO H R. Sevast'yanov's algorithm for the flow-shop scheduling problem [J]. European journal of operational research, 1996, 91: 176-189.

[14] FRAMINAN J M, GUPTA J N D, LEISTEN R. A review and classification of heuristics for permutation flow-shop scheduling with makespan objective [J]. Journal of the operational research society, 2004, 55: 1243-1255.

[15] PALMER D S. Sequencing jobs through a multistage process in the minimum total time: A quick method of obtaining a near-optimum [J]. Operational research quarterly, 1965, 16: 101-107.

[16] GUPTA J N D. A functional heuristic algorithm for the flowshop scheduling problem [J]. Operational tesearch quarterly, 1971, 22(1): 39-47.

[17] BONNEY M C, GUNDRY S W. Solutions to the constrained flowshop sequencing problem [J]. Operational research quarterly, 1976,27:869-883.

[18] CAMPBELL H G, DUDEK R A, SMITH M L. A heuristic algorithm for the

n-job, m-machine sequencing problem [J]. Management science, 1970, 16: 630-637.

[19] DANNENBRING D G. An evaluation of flow-shop sequence heuristics [J]. Management science, 1977, 23: 1174-1182.

[20] RÖCK H, SCHMIDT G. Machine aggregation heuristics in shop-scheduling [J]. Methods of operations research, 1983, 45: 303-314.

[21] SELIM S Z, AL-TURKI U M. A new heuristic algorithm for the flowshop problem [A] // Modern production management systems. Netherland: elsevier science, 1987: 91-96.

[22] LAI T. A note on heuristics of flow-shop scheduling [J]. Operations research, 1996, 44: 648-652.

[23] GUPTA J N D. Travelling salesman problem-a survey of theoretical developments and applications [J]. Opsearch, 1968, 5: 181-192.

[24] STINSON J P, SMITH W. A heuristic programming procedure for sequencing the static flowshop [J]. International journal of production research, 1982, 20: 753-764.

[25] WIDMER M, HERTZ A. A new heuristic method for the flow-shop sequencing problem [J]. European journal of operational research, 1991, 41: 186-193.

[26] MOCCELLIN J V. A new heuristic method for the permutation flow-shop scheduling problem [J]. Journal of the operational research society, 1995, 46: 883-886.

[27] NAWAZ M, ENSCORE E E, HAM Jr I. A heuristic algorithm for the m-machine, n-job flow-shop sequencing problem [J]. Omega, 1983, 11 (1): 91-95.

[28] RUIZ R, MAROTO C. A comprehensive review and evaluation of permutation flow shop heuristics [J]. European journal of operational research, 2005, 165: 479-494.

[29] LAHAA D, CHAKRABORTYB U K. An efficient stochastic hybrid heuristic for flowshop scheduling [J]. Engineering applications of artificial intelligence, 2007, 20: 851-856.

[30] 黎群.流水车间作业排序中的改进 NEH 算法[J].系统工程理论方法应用,1999,8(4):68-71.

[31] KALCZYNSKI P J, KAMBUROWSKI J. An improved NEH heuristic to minimize makespan in permutation flow shops [J]. Computers & operations research, 2008, 35(9): 3001-3008.

[32] WOO D S, YIM H S. A heuristic algorithm for mean flowtime objective in flowshop scheduling [J]. Computers and operations research, 1998, 25: 175-182.

[33] MCCORMICK S T, PINEDO M L, SHENKER S, et al. Sequencing in an assembly line with blocking to minimize cycle time [J]. Operations research, 1989, 37: 925-936.

[34] GUPTA J N D, MAYKUT. Heuristic algorithms for scheduling n jobs in a flowshop [J]. Journal of the operational research society of Japan, 1973, 16: 131-150.

[35] SARIN S, LEFOKA M. Scheduling heuristic for the n-job m-machine flow shop [J]. OMEGA, 1993, 21: 229-234.

[36] RAJENDRAN C. Heuristic algorithm for scheduling in a flowshop to minimise total flowtime [J]. International journal of production economics, 1993, 29: 65-73.

[37] GOLVER F. Future path for integer programming and links to artificial intelligence [J]. Computers & operational research, 1986, 13(1): 533-549.

[38] GOLVER F. Tabu search-part I [J]. ORSA journal on computing, 1990, 1(3): 190-206.

[39] GOLVER F. Tabu search-part II [J]. ORSA journal on computing, 1991, 2(1): 4-32.

[40] EKSIOGLU B, EKSIOGLU S D, Jain P. A tabu search algorithm for the flowshop scheduling problem with changing neighborhoods [J]. Computers & industrial engineering, 2008, 54: 1-11.

[41] METRIPOLIS N, ROSENBLUTH A. Equation of state calculations by fast computing machines [J]. Journal of chemical physics, 1953, 21: 1087-1092.

[42] KIRPARTRICK S, JELATT C D, VECCHI M P. Optimization by simulated annealing [J]. Science, 1983, 220: 671-679.

[43] MOKOTOFF E. Algorithms for bicriteria minimization in the permutation flow shop scheduling problem [J]. Journal of industrial and management optimization, 2011, 7:253-282.

[44] HOLAND J. Adaptation in natural and artificial systems [M]. Ann Arbor: University of Michigan Press, 1975.

[45] NAGANO M S, RUIZ R, LORENA L A N. A constructive genetic algorithm for permutation flowshop scheduling [J]. Computers & industrial engineering, 2008, 55: 195-207.

[46] KENNEDY J, EBERHART R C. Particle swarm optimization [A] // Proceedings of IEEE international conference on neural networks. Australia, 1995.

[47] KUO I-H, HORNG S-J, KAO T-W, et al. An efficient flow-shop sched-

uling algorithm based on a hybrid particle swarm optimization model [J]. Expert systems with applications, 2009, 36: 7027-7032.

[48] DORIGO M. Optimization, Learning and Natural Algorithms [D]. Dip. Elettronica e informazione, Politecnico di milano, Italy, 1992.

[49] DORIGO M, MANIEZZO V, COLORNI A. The ant system: optimization by a colony of cooperating agents [J]. IEEE Transactions on systems, Man and cybernetics-part B,1996, 26(1): 1-13.

[50] DORIGO M, BLUM C. Ant colony optimization theory: a survey [J]. Theoretical computer science, 2005, 344: 243-278.

[51] YAGMAHANA B, YENISEY M M. A multi-objective ant colony system algorithm for flow shop scheduling problem [J]. Expert systems with applications, 2010, 37: 1361-1368.

[52] ZOBOLAS G I, TARANTILIS C D, IOANNOU G. Minimizing makespan in permutation flow shop scheduling problems using a hybrid metaheuristic algorithm [J]. Computers & operations research, 2009, 36: 1249-1267.

[53] GIARO K, KUBALE M. Compact scheduling of zero-one time operations in multi-stage systems[J]. Discrete applied mathematics, 2004, 145(1): 95-103.

[54] GIARO K. NP-hardness of compact scheduling in simplified open and flow shops[J]. European journal of operational research, 2001, 130(1):90-98.

[55] GIARO K, KUBALE M, MALAFIEJSKI M. Compact scheduling in open shop with zero-one time operations[J]. Infor information systems & operational research, 1999, 37(1):37-47.

[56] HODSON A, MUHLEMANN A P, PRICE D H R. A microcomputer based solution to a practical scheduling problem [J]. Operational research

society, 1985, 36(10): 903-914.

[57] 刘光航,李铁克.炼钢—连铸生产调度模型及启发式算法[J].系统工程,2002,6:44-48.

[58] 郭冬芬,李铁克.基于约束满足方法求解炼钢—连铸生产调度问题[J].信息与控制,2005,34(6):753-758.

[59] 俞胜平,郑秉霖,柴天佑.炼钢—连铸混合智能调度方法及其应用[J].华东理工大学学报(自然科学版),2006,32(7):844-848.

[60] 李铁克,苏志雄.炼钢—连铸生产调度问题的两阶段遗传算法[J].中国管理科学,2009,17(5):68-74.

[61] 张怀,江志斌,郭乘涛,等.基于EOPN的晶圆制造系统实时调度仿真平台[J].上海交通大学学报,2006,40(11):1857-1863.

[62] LEE H Y, LEE T E. Scheduling single-armed cluster tools with reentrant wafer flows [J]. IEEE Transactions on semiconductor manufacturing, 2006, 19(2): 226-240.

[63] SU Q, CHEN F F. Optimal sequencing of double-gripper gantry robot moves in tightly-coupled serial production systems [J]. IEEE Transactions on robotics and automation, 1996, 12(1): 22-30.

[64] 潘春荣,伍乃骐.晶圆制造自动化组合设备的调度问题研究[J].计算机集成制造系统,2009,15(3):522-528.

[65] YANG D L, CHERN M S. A two-machine flowshop sequencing problem with limited waiting time constraints [J]. Computers and industrial engineering, 1995, 28(1): 63-70.

[66] CHU C, PROTH J-M. Single machine scheduling with chain structured precedence constraints and separation time windows [J]. IEEE Transactions on robotics and automation, 1996, 12(6): 835-43.

[67] WERRA D D, SOLOT P. Compact cylindrical chromatic scheduling[J]. Siam journal on discrete mathematics, 1991, 4(4):528-534.

[68] WANG Z, XING W, BAI F. No-wait flexible flowshop scheduling with no-idle machines [J]. Operations research letters, 2005, 33(6):609-614.

[69] BRUCKER P, DREXL A, MÖHRING R, et al. Resource-constrained project scheduling: Notation, classification, models, and methods [J]. European journal of operational research, 1999, 112(1): 33-41.

[70] ARTIGUES C, BRIAND C. The resource-constrained activity insertion problem with minimum and maximum time lags [J]. Journal of scheduling, 2009, 12: 447-460.

[71] BALAS E, LENSTRA J K, VAZACOPOULOS A. The one-machine problem with delayed precedence constraints and its use in job shop scheduling [J]. Management science, 1995, 41(1): 94-109.

[72] FINTA L, LIU Z. Single machine scheduling subject to precedence delays [J]. Discrete applied mathematics, 1996, 70(3): 247-266.

[73] BRUCKER P, KNUST S. Complexity results for single-machine problems with positive finish-start time-lags [J]. Computing, 1999, 63(4): 299-316.

[74] WIKUM E D, LLEWELLYN D C, NEMHAUSER G L. One-machine generalized precedence constrained scheduling problems [J]. Operations research letters, 1994, 16(2): 87-99.

[75] BRUCKER P, HILBIG T, HURINK J. A branch and bound algorithm for a single-machine scheduling problem with positive and negative time-lags [J]. Discrete applied mathematics, 1999, 94: 77-99.

[76] HURINK J, KEUCHEL J. Local search algorithm for a single-machine scheduling problem with positive and negative time-lags [J]. Discrete ap-

plied mathematics, 2001, 112: 179-197.

[77] SHEEN G J, LIAO L W. A branch and bound algorithm for the one-machine scheduling problem with minimum and maximum time lags [J]. European journal of operational research, 2007, 181: 102-116.

[78] CONDOTTA A, SHAKHLEVICH N V. Scheduling coupled-operation jobs with exact time-lags [J]. Discrete applied mathematics, 2012, 160: 2370-2388.

[79] GONCHAROV Y, SEVASTYANOV S. The flow shop problem with no-idle constraints: A review and approximation [J]. European journal of operational research, 2009, 196(2):450-456.

[80] HALL N G, SRISKANDARAJAH C. A survey of machine scheduling problems with blocking and no-wait in process [J]. Operations research, 1996, 44: 510-515.

[81] PIEHLER J. Ein beitrag zum reihenfolgeproblem[J]. Mathematical methods of operational research, 1960, 4(3):138-142.

[82] REDDI S S, RAMAMOORTHY C V. On the flowshop sequencing problem with no-wait in process [J]. Operational research quarterly, 1972, 23: 323-331.

[83] BAGCHI T P, JATINDER N D G, SRISKANDARAJAH C. A review of TSP based approaches for flowshop scheduling [J]. European journal of operational research, 2006, 169: 816-854.

[84] GILMORE P C, GOMORY R E. Sequencing a one-state variable machine: A solvable case of the traveling salesman problem [J]. Operations research, 1964, 12(5): 655-679.

[85] RÖCK H. The three machine no-wait flowshop is NP complete [J]. Journal of the ACM, 1984, 31(2): 336-345.

[86] SRISK C, LADET P. Some no - wait shops scheduling problems: Complexity aspect [J]. European journal of operational research, 1986, 33(24): 424-438.

[87] DILEEPAN P. A note on minimizing maximum lateness in a two-machine no-wait flowshop [J]. Computers & operation research, 2004, 31(12): 2111-2115.

[88] SPIEKSMA F C R, WOEGINGER G J. The no-wait flow-shop paradox [J]. Operations research letters, 2005, 33(5): 603-608.

[89] KALCZYNSKI P J, KAMBUROWSKI J. On no-wait and no-idle flowshops with makespan criterion [J]. European journal of operational research, 2006, 178(3): 677-685.

[90] WISMER D A. Solution of the flowshop sequencing problem with no intermediate queues [J]. Operation research, 1972, 20: 689-697.

[91] KING J R, SPACHIS A S. Heuristics for flowshop scheduling [J]. International journal of production research, 1980, 18: 343-357.

[92] GANGADHARAN R, RAJENDRAN C. Heuristic algorithms for scheduling in the no-wait flowshop [J]. International journal of production economics, 1993, 32: 285-290.

[93] RAJENDRAN C. A no - wait flowshop scheduling heuristic to minimize makespan [J]. Journal of the operational research society, 1994, 45:472-478.

[94] FRAMINAN J M, NAGANO M S. Evaluating the performance for makespan minimisation in no-wait flowshop sequencing [J]. Journal of materials processing technology, 2008, 197: 1-9.

[95] 吴会江,崔国生.用规则调度方法求解无等待流水车间调度问题[J].科学技术与工程,2005,5(8):501-503.

[96] 潘全科,王文宏,朱剑英.解决无等待流水车间调度问题的离散粒子群优化算法[J].计算机集成制造系统,2007,13(6):1127-1130.

[97] 潘全科,朱剑英.解决无等待流水线调度问题的变邻域搜索算法[J].中国机械工程,2006,17(16):1741-1743.

[98] 潘全科,王文宏,朱剑英.求解无等待流水车间问题的若干算法[J].计算机集成制造系统,2007,13(5):967-970.

[99] WANG J, LI T, ZHANG W. A local search approach for no-wait flowshop to minimize makespan [J]. Asia-pacific journal of industrial management, 2009, 1: 40-49.

[100] ALLAHVERDI A, ALDOWAISAN T. No-wait flowshops with bicriteria of makespan and maximum lateness [J]. European journal of operational research, 2004, 152(6): 132-147.

[101] PAN Q-K, FATIH TASGETIRENC M, LIANG Y-C. A discrete particle swarm optimization algorithm for the no-wait flowshop scheduling problem [J]. Computers & Operations Research, 2008, 35: 2807-2839.

[102] WANG C, LIA X, WANG Q. Accelerated tabu search for no-wait flowshop scheduling problem with maximum lateness criterion [J]. European journal of operational research, 2010, 206: 64-72.

[103] 宋存利,刘晓冰,王伟.大规模无等待流水车间调度问题的邻域迭代搜索算法[J].控制与决策,2011,26(4):535-539.

[104] 李铁克,尹兆涛.等待时间受限的流水车间调度问题的启发式算法[J].管理学报,2009,6(10):1335-1339.

[105] FINKE G, ESPINOUSE M-L, JIANG H. General flowshop models: job dependent capacities, job overlapping and deterioration [J]. International transactions in operational research, 2002, 9: 399-414.

[106] BOUQUARD J-L. Two-machine Flowshop scheduling problems with no-wait jobs [J]. Operations research letters, 2005, 33(3): 255-262.

[107] 王晶,姚辉,王艳亮.有限等待流水车间调度邻域搜索算法[J].工业工程与管理,2010,(03):55-59.

[108] 尹兆涛,李铁克,肖拥军.等待时间受限 Flowshop 调度的 HGA 算法[J].计算机工程,2009,35(21):4-6.

[109] SU L H. A hybrid two-stage flowshop with limited waiting time constraints [J]. Computers & industrial engineering, 2003, 44: 409-424.

[110] LI T, LI Y. Constructive backtracking heuristic for hybrid flowshop scheduling with limited waiting times [J]. Wireless communications, Networking and mobile computing, 2007: 6671-6674.

[111] 尹兆涛,李铁克.考虑交货期和等待时间受限的 HFS 调度问题的混合算法[J].工业工程,2009,12(1):79-83.

[112] GICQUEL C, HEGE L, MINOUX M, VAN CANNEYT W. A discrete time exact solution approach for a complex hybrid flow-shop scheduling problem with limited-wait constraints[J]. Computers & operations research, 2012, 39(3):629-636.

[113] 轩华. 带有限等待的动态 HFS 调度的拉格朗日松弛算法[J]. 工业工程与管理, 2013, 18(3):24-29.

[114] ATTAR S F, MOHAMMADI M, TAVAKKOLI-MOGHADDAM R. Hybrid flexible flowshop scheduling problem with unrelated parallel machines and limited waiting times [J]. The International journal of advanced manufacturing technology, 2013, 68(5):1583-1599.

[115] CHENG X, XIA M, WANG X, XIAO Y. The hybrid flow shop scheduling with special time constraints [J]. Telkomnika indonesian

journal of electrical engineering, 2014, 12(5):4024-4029.

[116] 常晓坤，董明. 不确定环境下等待时间受限的混合流水车间调度问题研究[J]. 工业工程与管理，2016，21(5):35-41.

[117] 林晨，张志英. 考虑运输时间窗的批—离散混合流水车间调度[J]. 计算机集成制造系统，2015，21(9):2427-2434.

[118] 王朝晖,陈浩勋,胡保生.等待时间有限的 job-shop 调度[J].信息与控制,1998,27(2):119-123.

[119] CHEN J S, YANG J S. Model formulations for the machine scheduling problem with limited waiting time constraints [J]. Journal of information and optimization sciences, 2006, 27: 225-240.

[120] FONDREVELLE J, OULAMARA A, PORTMANN M C. Permutation flowshop scheduling problems with maximal and minimal time lags [J]. Computers & operations research, 2006, 33: 1540-1556.

[121] FONDREVELLE J, OULAMARA A, PORTMANN M C. Permutation flowshop scheduling problems with time lags to minimize the weighted sum of machine completion times [J]. International journal of production economics, 2008, 112: 168-176.

[122] FONDREVELLE J, OULAMARA A, PORTMANN M C, et al. Permutation flowshops with exact time lags to minimize maximum lateness [J]. International journal of production research, 2009, 47(23): 6759-6775.

[123] DHOUIB E, TEGHEM J, LOUKIL T. Lexicographic optimization of a permutation flow shop scheduling problem with time lag constraints [J]. International transactions in operational research, 2013, 20(3): 213-232.

[124] HAMDI I, LOUKIL T. Minimizing total tardiness in the permutation flowshop scheduling problem with minimal and maximal time lags [J]. Opera-

tional research, 2015, 15(1): 95-114.

[125] CAUMOND A, LACOMME P, TCHERNEV N. A memetic algorithm for the job-shop with time-lags [J]. Computers & operations research, 2008, 35: 2331-2356.

[126] ARTIGUES C, HUGUET M-J, LOPEZ P. Generalized disjunctive constraint propagation for solving the job shop problem with time lags [J]. Engineering applications of artificial intelligence, 2011, 24: 220-231.

[127]唐恒永,赵传立.排序引论[M].北京:科学出版社,2002.

[128] STOSKOV Y N, LAI T C. Minimizing total weighted flow time under uncertainty using dominance and a stability box[J]. Computers & operations research, 2012, 39(6):1271-1289.

[129]冯大光,唐立新.具有最大总加权满意度的单机调度问题的 dynasearch 算法[J].管理科学学报,2006,9(4):40-50.

[130] LAPORTE G. The traveling salesman problem: An overview of exact and approximate algorithms [J]. European journal of operational research, 1992, 59(2): 231-247.

[131] 苏丽杰,聂义勇.旅行商问题典型算法的综合性能[J].信息与控制,2003,32(7):686-691.

[132] ALDOWAISAN T, ALLAHVERDI A. New heuristics for no-wait flowshops to minimize makespan [J]. Computers & operations research, 2003, 30: 1219-1231.

[133]潘全科,赵保华,屈玉贵,等.一类解决无等待流水车间调度问题的蚁群算法[J].计算机集成制造系统,2007,13(9):1801-1804.

[134] TAILLARD E. Some efficient heuristic methods for the flow shop sequencing problem [J]. European journal of operational research, 1990, 47

(1): 65-74.

[135] PAN Q-K, WANG L, QIAN B. A novel differential evolution algorithm for bi-criteria no-wait flow shop scheduling problems [J]. Computers & operations research, 2009, 36: 2498-2511.

[136] WAUTERS T, VERBEECK K, VERSTRAETE P, et al. Real-world production scheduling for the food industry: an integrated approach [J]. Engineering applications of artificial intelligence, 2012, 25(2): 222-228.

[137] TANG L, GUAN J, HU G. Steelmaking and refining coordinated scheduling problem with waiting time and transportation consideration. Computers & industrial engineering, 2010, 58(2): 239-248.

[138] MÖNCH L, FOWLER J W, DAUZÈRE-PÉRÈS S, et al. A survey of problems, solution techniques, and future challenges in scheduling semiconductor manufacturing operations. Journal of scheduling, 2011, 14(6): 583-599.

[139] MEHRAVARAN Y, LOGENDRAN R. Non-permutation flowshop scheduling in a supply chain with sequence-dependent setup times [J]. International journal of production economics, 2012, 135(2): 953-963.

[140] HAMDI I, LOUKIL T. Minimizing the makespan in the permutation flowshop problem with minimal and maximal time lags [C]. In 2011 International conference on communications, Computing and control applications (CCCA), Hammamet: IEEE, 2011.

[141] TAILLARD E. Benchmarks for basic scheduling problems[J]. European journal of operational research, 1993, 64(2):278-285.

[142] POTTS C N, KOVALYOV M Y. Scheduling with batching: A review [J]. European journal of operational research, 2000, 120: 228-249.

[143] NUIJTEN W, AARTS E. A computational study of constraint satisfaction for multiple capacitated job shop scheduling [J]. European journal of operational research, 1996, 90(2): 269-284.

[144]肖拥军,李铁克,尹兆涛.考虑特殊时间约束的混合流水车间调度[J].计算机工程与应用,2010,46(8):205-207.

[145] TANG L, REN H, YANG Y. Reheat furnace scheduling with energy consideration. International journal of production research, 2015, 53(6): 1642-1660.

[146] TANG L, LIU J, RONG A, et al. A review of planning and scheduling systems and methods for integrated steel production [J]. European journal of operation research, 2001, 133: 1-20.

[147] YANG B, LIU B, YANG Y, et al. Fresh-cut processing preservation technology[J]. Academic periodical of farm products processing, 2011, (10): 36-40.

[148] 安月明,温治.步进梁式板坯加热炉数学模型及其仿真系统[J].系统仿真学报,2007,19(12):2827-2830.

[149] 陈海耿,王子弟,吴彬,等.连续加热炉在线控制系统的仿真研究[J].钢铁,2006,14(12):66-69.

[150] MUI C, OSINSKI E, MEECH J A, et al. A SCADA-based expert system to provide delay strategies for a steel billet reheat furnace [A]. // Proceedings of 2nd international conference on intelligent processing and manufacturing of materials. Hawaii: IEEE Press, 1999.

[151] 李婧,李苏剑,顾云舟.基于加热炉炉群生产物流仿真系统的热送热装[J].北京科技大学学报,2001,23(3):368-372.

[152] 宁树实,王伟,刘全利.钢铁生产中的加热炉优化调度算法研究[J].控

制与决策,2006,21(10):1138-1142.

[153] ZHAO J, WANG W. Charging plan model and scheduling algorithms for walking beam furnaces[C]// World congress on intelligent control & automation. IEEE, 2006.

[154] 赵玉芳,唐立新.极小化最大完工时间的单机连续型批调度问题[J].自动化学报,2006,32(5):730-737.

[155] TANG L, ZHAO Y. Scheduling a single semi - coninuous batching machine [J]. Omega, 2008, 36: 992-1004.

[156] 赵玉芳,唐立新.释放时间和工期同序的单机连续型批调度问题[J].自动化学报,2008,34(8):957-963.

[157] 赵玉芳,唐立新.一种带有链约束的连续型批处理机调度问题[J].控制与决策,2008,23(6):677-680.

[158] TANG L, WANG X. A two-phase heuristic for the production scheduling of heavy plates in steel industry[J]. IEEE Transactions on control systems technology, 2010, 18(1):104-117.

[159] TANG L, WANG X. A scatter search algorithm for a multistage production scheduling problem with blocking and semi-continuous batching machine [J]. IEEE Transactions on control systems technology, 2011, 19(5): 976-989.

[160] WANG S, LIU M. A genetic algorithm for two-stage no-wait hybrid flow shop scheduling problem[J]. Computers & operations research, 2013, 40 (4): 1064-1075.

[161] KHALILI M. A multi-objective electromagnetism algorithm for a bi-objective hybrid no-wait flowshop scheduling problem[J]. The international journal of advanced manufacturing technology, 2014, 70(9-12):1591-1601.

[162] GONCHAROV Y, SEVASTYANOV S. The flow shop problem with no-idle constraints: A review and approximation[J]. European journal of operational research, 2009, 196(2):450-456.

[163] WANG Z, XING W, BAI F. No-wait flexible flowshop scheduling with no-idle machines[J]. Operations research letters, 2005, 33(6):609-614.

[164]陈义宝,姚建初,钟毅芳,等.基于蚁群系统的工件排序问题的一种新算法[J].系统工程学报,2002,17(5):476-480.

[165] HU T C. Parallel sequencing and assembly line problems [J]. Operations research, 1961, 9: 841-848.

[166] CHEN N F, LIU C L. On a class of scheduling algorithms for multiprocessors computing systems [J]. Parallel Processing. Lecture notes in computer science, 1975, 24: 1-16.

[167] AHO I, MAKINEN E. On a parallel machine scheduling problem with precedence constraints [J]. Journal of scheduling, 2006, 9(5): 493-495.

[168] SHABTAY D, GASPER N. Two-machine flow-shop scheduling with rejection [J]. Computers & operations research, 2012, 39(5):1087-1096.

[169] ZHANG L, LU L, LI S. New results on two-machine flow-shop scheduling with rejection[J]. Journal of combinatorial optimization, 2016, 31(4):1493-1504.

[170] 谢谢, 孔祥玉, 郑勇跃. 二机流水作业带不可用区间、工件可拒绝的调度问题[J]. 沈阳大学学报(自然科学版), 2014, 26(6):473-478.

[171] 苗翠霞, 孟凡晓. 基于退化效应的两台机器流水作业可拒绝排序[J]. 运筹学学报, 2017, 21(2):66-72.

[172] SHABTAY D, ORON D. Proportionate flow-shop scheduling with rejection[J]. The Journal of the operational research society, 2016, 67

(5):752-769.

[173] LI S S, QIAN D L, CHEN R X. Proportionate flow shop scheduling with rejection[J]. Asia-Pacific journal of operational research, 2017, 34(4):1750015.

[174] 王凌,沈婧楠,王圣尧,等. 协同进化算法研究进展[J]. 控制与决策, 2015(2):193-202.

[175] LI X, YAO X. Cooperatively coevolving particle swarms for large scale optimization[J]. IEEE transactions on evolutionary computation, 2011, 16(2):210-224.

[176] PAN Q-K. An effective co-evolutionary artificial bee colony algorithm for steelmaking-continuous casting scheduling[J]. European journal of operation research, 2016, 250(3):702-714.

[177] KARIMI H, RAHMATI S H A, ZANDIEH M. An efficient knowledge-based algorithm for the flexible job shop scheduling problem[J]. Knowledge-based system, 2012, 36(6):236-244.

[178] XING L N, CHEN Y W, WANG P, et al. A knowledge-based ant colony optimization for flexible job shop scheduling problems[J]. Applied soft computing, 2010, 10(3):888-896.

[179] JOO C M, KIM B S. Hybrid genetic algorithms with dispatching rules for unrelated parallel machine scheduling with setup time and production availability[J]. Computers & industrial engineering, 2015, 85(C): 102-109.

[180] 刘志新,谢金星,李建国,董杰方.A Heuristic for Two-Stage No-Wait Hybrid Flowshop Scheduling with a Single Machine in Either Stage[J].Tsinghua Science and Technology,2003(01):43-48.

索 引

F

G

H

J

K

L

M

N

P

Q

S

T

W

X

Y

Z